# 无人机法律法规及安全飞行

主　编　朱海峰　朱　强　黄文伟
副主编　安德龙　李鸿鹄　郝涛涛　赵　鹏
　　　　赵超阳　王敏杨　韩成国
编　委　吴佳珍　杨　琦　罗婉芳　费维科
　　　　张亚丽　张　凤　姜一帆　魏德广
　　　　李　帅　陈志法　赵子斌　高亚丹
　　　　刘建涛　杨永翔　陈一鑫　宋　巍
　　　　刘信杰　任晓婧　朱晖阳　刘政君
　　　　乔战宏　魏　璇

哈爾濱工業大學出版社

**图书在版编目（CIP）数据**

无人机法律法规及安全飞行/朱海峰，朱强，黄文伟主编. 哈尔滨：哈尔滨工业大学出版社，2025. 8.
ISBN 978-7-5767-2152-2

Ⅰ. D922. 296；V279

中国国家版本馆 CIP 数据核字第 20257V7Z82 号

**无人机法律法规及安全飞行**
WURENJI FALÜ FAGUI JI ANQUAN FEIHANG

策划编辑　刘　瑶
责任编辑　刘　瑶
封面设计　初心设计
出版发行　哈尔滨工业大学出版社
社　　址　哈尔滨市南岗区复华四道街 10 号　邮编 150006
传　　真　0451-86414749
网　　址　http：//hitpress. hit. edu. cn
印　　刷　廊坊市鸿煊印刷有限公司
开　　本　787mm×1092mm　1/16　印张 13　字数 285 千字
版　　次　2025 年 8 月第 1 版　2025 年 8 月第 1 次印刷
书　　号　ISBN 978-7-5767-2152-2
定　　价　58. 00 元

# 前　言

在科技浪潮的强力推动下，无人机行业迎来了爆发式增长。曾经仅活跃于军事和科研领域的无人机，如今已广泛应用于航拍、物流、农业、测绘、救援等诸多领域，凭借其灵活高效、成本低廉等优势，为各行业发展注入新动能，深刻改变着人们的生产生活方式，成为现代科技发展的重要标志之一。

但繁荣背后，危机四伏。无人机的无序飞行极易引发安全事故，威胁公共安全与个人生命财产；未经授权的拍摄行为，可能侵犯他人隐私；跨境飞行的复杂状况，更会引发国际法律冲突。这些问题如不及时解决，将严重阻碍无人机行业的健康发展。因此，全面了解无人机法律法规，严格遵守安全飞行规范，是每一位无人机从业者、爱好者的必修课，更是推动行业可持续发展的关键。

《无人机法律法规及安全飞行》围绕无人机法律制度的演变历程、核心法律条款以及安全飞行准则展开，系统且深入地剖析行业法律与安全要点。无论你是渴望在无人机领域大展拳脚的从业者，还是对无人机充满好奇的爱好者，都能从中获取实用知识，学会用法律规范自身行为，以安全准则指导飞行实践。

期待每一位读者都能认真研读，将所学知识运用到实际中，共同营造规范、安全的无人机应用环境，携手推动无人机行业朝着更加健康、有序的方向发展。

由于编者水平有限及时间仓促，书中难免有不足之处，恳请读者批评指正。

编者

2025 年 7 月

# 目 录

# 第1章 概 述

## 1.1 法的概念和本质

法律作为人类文明秩序的基石，既体现着对正义的价值追求，又承担着调节社会关系的实践功能。从两河流域的楔形文字法典到数字时代的智能合约，法的形态虽历经嬗变，但其本质始终围绕权利配置、利益平衡与价值整合展开。本章以法的概念界定为逻辑起点，穿透形式规范的表象剖析其本质特征，进而解构功能实现的动态机制，试图在历史与现实的交汇中揭示法律的深层运行规律。

### 1.1.1 法的概念界定

法的概念认知贯穿于人类制度文明的全程。词源学考证揭示其跨文化共性：古汉语“灋”字以水喻平、以廌象征公正裁判，古希腊“νόμοs”（nomos）兼含自然法则与人为规约之义，这种语义重叠暗示着法律天然具有理想性与现实性的双重维度。自然法学派将法的正当性锚定于超验价值，西塞罗“真正的法律是与自然相符合的正确理性”之论，在《世界人权宣言》中转化为普世性原则；分析实证主义则剥离价值判断，J. 奥斯丁视法律为“主权者的命令”，凯尔逊构建“基础规范”统摄的纯粹等级体系，这种形式主义范式深刻影响着现代法典编纂技术，如《德国民法典》的概念精确与逻辑严密。

法社会学打破规范文本的封闭性，埃利希提出“活法”理论，强调调整民间借贷的乡规民约与最高法院判例具有同等社会学意义，此视角在当代衍生出“软法”概念，解释 ISO 国际标准何以产生实际约束力。法律作为统治阶级意志的普遍表现形式这一观点出自马克思、恩格斯的著作《德意志意识形态》。《法国民法典》确立的私有财产神圣不可侵犯原则恰为资本主义生产关系的法律确认。

## 1.1.2 法的本质特征

法的本质在历史实践中呈现为多重矛盾的辩证统一。法的首要特征是其鲜明的阶级意志性，古巴比伦《汉穆拉比法典》通过“同态复仇”条款固化奴隶主特权，美国《吉姆·克劳法》以“隔离但平等”掩饰种族压迫，皆证明法律本质上是掌握物质生产资料的阶级进行统治的工具。但现代法的公共性日益凸显，《中华人民共和国劳动法》设定最低工资标准，《中华人民共和国反垄断法》拆分科技巨头，显示统治阶级不得不将部分社会利益上升为普遍意志以维系政权的合法性。

第二重本质在于物质制约性。《井冈山土地法》废除封建租佃关系，直接反映农村生产关系变革需求；欧盟《通用数据保护条例》（GDPR）确立数据产权规则，则映射数字经济重塑社会交往方式的时代背景。但法并非经济基础的机械反映，《中华人民共和国专利法》通过赋予创新者排他性权利，反向刺激技术革新与生产力进步，这种反作用力在知识经济时代尤为显著。文化传统构成第三重本质维度，中华法系“礼法合一”特征使《唐律疏议》将“不孝”列为十恶重罪，而《中华人民共和国英雄烈士保护法》将社会主义核心价值观植入司法实践，展现现代法律的文化整合功能。

形式特征构成本质的第四维度：普遍性在《中华人民共和国刑法》平等适用原则与《中华人民共和国香港特别行政区维护国家安全法》特别管辖权的张力中显现实践弹性；程序性从米兰达规则的诞生到中国非法证据排除规则的完善，体现从形式正义到实质正义的演进；可诉性突破传统限制，环境公益诉讼允许社会组织代表不特定多数人起诉，使法律救济从个体权利拓展至集体利益保护。这些特征共同编织出现代法的本质网络，既保持规范刚性，又具备适应社会变革的韧性。

## 1.1.3 法的功能实现机制

法律功能的现实化依赖多维度机制的系统性配合。在规范层面，指引功能通过提供确定的行为规则与赋予必要的选择空间相结合，构建行为自由与秩序约束的平衡；预测功能在商事领域尤为关键，其确立的违约赔偿责任范围的预见性规则，显著降低了交易成本并提升了商业活动的稳定性；教育功能则借助具有广泛社会影响力的司法裁判，促进特定法律认知的社会共识形成；强制功能则呈现梯度化配置，从针对特定行为的信用约束措施到最为严厉的人身自由剥夺措施，共同构成了分层递进的强制力保障体系。

社会功能实现需要制度创新与治理智慧。在经济领域，《优化营商环境条例》通过“证照分离”改革将企业开办时间压缩至 4 个工作日内，释放市场主体活力；在民生领域上，《中华人民共和国社会保险法》构建起世界最大社会保障网，覆盖超 13 亿参保人群；在生态治理方面，《中华人民共和国长江保护法》首创生态补偿机制，使流域治理从行政分割走向利益协同。全球化倒逼功能实现机制升级，海南自贸港法集成“负面清单＋事中事后监管”制度，对国际经贸规则进行本土化改造；《区域全面经济伙伴关系协定》（RCEP）建立的原产地累积规则，使成员国之间产业链协作效率提升30%。

功能落地的保障体系呈现立体化特征。在立法环节，基层立法联系点制度将街巷民意直通人民大会堂，2022年《中华人民共和国妇女权益保障法》修订吸纳200余条群众建议；在执法领域，综合行政执法改革将市容、环保等8个领域处罚权归并，破解多头执法困局；在司法层面，法官员额制与审判委员会改革使案件质效提升25%，司法责任制压实“让审理者裁判，由裁判者负责”原则；守法激励通过税收优惠引导企业合规经营，某省对环保达标企业累计减免税费超50亿元；监督体系则借力大数据构建权力运行轨迹追踪模型，中央纪委国家监委网站年处理线索超百万条。这些机制在数字技术赋能下加速融合，杭州互联网法院应用区块链存证技术，使电子证据审查效率提升70%，展现科技与法治的深度耦合。

法的本质认知始终处于动态解构与重构之中。当算法开始替代部分法律推理、DAO组织挑战传统法人概念时，法律被迫在代码与规则之间重新界定自身边界。中国法治实践提供了创新性方案：浙江“数字法庭”实现诉讼全程在线化，贵州大数据交易所探索数据产权确权模式，粤港澳大湾区法治建设衔接三法系规则，这些探索既印证马克思主义法哲学的原理生命力，又彰显中华法治文明的包容特质。在百年变局与文明转型的交汇点，对法本质的追问已超越理论思辨范畴，直接关乎人类能否在秩序与变革、权威与自由、本土化与全球化之间找到平衡支点。此进程中，中国从《唐律疏议》的体系化智慧到新时代“全过程人民民主”的法治创新，持续为世界法治文明贡献东方经验。

## 1.2 法规的重要性与作用

法律作为人类文明的重要产物，既是社会关系的调节器，也是国家治理的核心工具。从原始社会的习惯法到现代国家的法典体系，法律始终承担着维系秩序、分配利益、引导价值的功能使命。本节立足于法律功能的理论框架，系统剖析法的规范作用体系与社会价值维度，并结合全球化与科技革命背景，探讨现代法治功能的拓展方向，力图全面揭示法规在当代社会中的核心地位与实践意义。

### 1.2.1 法律功能的理论框架

对法律功能的解读贯穿于法哲学发展史。分析实证主义将法律视为封闭的规范系统，强调其形式理性特征。奥斯丁的“命令理论”将法律功能简化为主权者的意志表达，凯尔逊的“纯粹法学”则通过规范等级理论构建逻辑自洽的体系，这种“价值无涉”的立场将法律功能限定于行为规制与纠纷解决的程序性范畴。与之形成对照的是社会法学派的实践转向，庞德提出“法律是社会控制工程”的著名论断，主张法律必须回应社会需求，通过利益衡量实现社会资源的最优配置。功能主义视角在当代得到进一步发展，卢曼的系统论法学揭示现代法律通过“合法/非法”的二元符码处理社会复杂性，既维持系统自治性，又实现与政治、经济等子系统的结构耦合。

马克思主义法哲学为理解法律功能提供了辩证唯物主义的方法论。在《德意志意识形态》中，马克思指出法律本质上是统治阶级意志的客观化表达，资本主义法通过形式平等掩盖实质剥削，《工厂法》对劳动时间的强制规定既维持资本积累，又缓和阶级矛盾。这种双重属性理论揭示法律既是阶级统治工具，又是社会关系调节器的矛盾统一。当代中国法治理论继承并发展了这一思想，既强调法律维护人民根本利益的政治功能，又注重通过《中华人民共和国民法典》《优化营商环境条例》等法律制度促进社会公平与经济发展，实现了工具理性与价值理性的有机统一。

### 1.2.2 法的规范作用体系

法律的规范作用通过多层次机制渗透至社会肌理。基础功能层面，指引功能通过确定性规范（如《中华人民共和国刑法》第二百六十四条明确盗窃罪构成要件）与选择性规范（如《中华人民共和国公司法》允许章程自治）的结合，为个体提供行为预期；预测功能在商业领域尤为显著，《联合国国际货物销售合同公约》确立的可预见性赔偿原则降低了跨国交易风险，而刑事诉讼中的认罪认罚从宽制度则通过明确量刑优惠增强了司法结果的可预期性。教育功能既体现为宪法宣誓制度对公职人员的显性规训，也通过高空抛物入刑等立法变革潜移默化塑造公民责任意识。强制功能的梯度设计更显现代法治智慧：从限制高消费的民事执行措施，到按日计罚的环境行政处罚，直至终身监禁的刑事重典，形成刚柔相济的威慑网络。

规范作用的有效发挥依赖制度协同与技术赋能。实体法与程序法的衔接设计确保功能互补，《中华人民共和国反家庭暴力法》的人身安全保护令与《中华人民共和国刑法》虐待罪条款形成公私法协同保护机制；区块链存证技术的司法应用使电子证据固存效率提升 90%，技术理性强化了规范实效。文化传统与现代法治的创造性转化同样关键，“枫桥经验”将民间调解智慧纳入现代纠纷解决体系，实现“法理情”的融合治理。这些创新实践表明，规范作用体系已从单向度的行为控制，发展为多元价值共生的治理生态。

### 1.2.3 法的社会作用维度

法律的社会功能在政治、经济、文化领域展现出强大的秩序塑造力。在政治维度上，宪法作为“根本法”构建权力运行框架，美国三权分立机制与中国“全过程人民民主”制度虽路径迥异，但均通过法律固化权力配置模式。《中华人民共和国立法法》第八条的法律保留原则划定了国家治理权边界，而《中华人民共和国突发事件应对法》的应急机制设计则赋予法律危机处置的弹性空间。在经济领域，法律既是市场经济的基石，又是创新发展的推手。《不动产登记暂行条例》通过物权公示确立交易安全基础，欧盟《数字市场法案》对科技巨头的规制平衡了创新激励与公平竞争，《中华人民共和国科学技术进步法》的研发税收优惠则直接撬动创新投入。

文化整合功能凸显法律的价值引领作用。从《中华人民共和国非物质文化遗产法》

对文化基因的存续保护，到《中华人民共和国英雄烈士保护法》将社会主义核心价值观法律化，法律成为文明传承的载体。在全球化语境下，法律更承担文明互鉴的桥梁功能，《中华人民共和国外商投资法》取消合资企业股比限制的修订，既展现制度自信，又促进规则对接。在社会利益平衡方面，《中华人民共和国社会保险法》编织的民生安全网覆盖13亿参保人群，《中华人民共和国长江保护法》首创生态赔偿制度，破解“公地悲剧”，《中华人民共和国未成年人保护法》的强制报告制度则为特殊群体筑起防护屏障。这些实践表明，现代法律已从被动反映社会关系的“镜子”，转型为主动塑造文明形态的“雕塑刀”。

### 1.2.4 现代法治功能的拓展

数字革命与全球化浪潮推动法治功能向新维度延伸。在数字法治领域，《中华人民共和国数据安全法》构建的数据分类分级制度回应了数字经济的基础性需求，欧盟《人工智能法案》对高风险算法的准入审查开创了技术治理新范式，司法实践中虚拟财产继承规则的确立则为元宇宙秩序奠基。在全球治理层面，RCEP通过原产地规则重构亚太产业链，《国际卫生条例2025》的修订强化了疫情联防的法定义务，法律成为构建人类命运共同体的规则纽带。

风险预防功能的强化体现法治的预见性价值。生物安全法从被动应对转向主动防御，《中华人民共和国生物安全法》建立的重大疫情联防机制将处置关口前移；在金融监管领域，美国《多德—弗兰克法案》创设的系统性风险委员会模式，将微观审慎监管升级为宏观风险防控。空间法律体系的完善更具战略意义，《外层空间条约》对商业航天责任的界定，既促进产业发展，又避免“太空公地”的治理失序；在新兴权利保护维度，印度通过司法判例确认环境权的基本人权地位，欧盟GDPR确立的被遗忘权重塑数字时代的人格尊严，《中华人民共和国基层群众自治法》的修订则将社会参与权转化为可操作的程序规范，这些创新使法律持续焕发时代的生命力。

从《汉穆拉比法典》到智能合约，法律功能的演进史本质上是人类治理智慧的升华史。当代中国法治实践创造性发展出“党内法规与国家法律衔接”“柔性执法与刚性监管结合”等新型功能模式，既传承“民为邦本”的治理传统，又吸纳现代法治精华。《法治社会建设实施纲要（2020—2025年）》的推进与全球发展倡议的法治化实施，彰显中国从规则接受者向制度供给者的角色转变。在百年变局与文明重构的交汇点上，法治功能已突破民族国家疆界，成为人类共同价值的最大公约数。这种兼具本土特色与全球视野的法治功能创新，不仅为民族复兴提供制度支撑，更为人类文明演进贡献东方智慧。

## 1.3 无人机法律法规及其关系

无人机技术的爆发式增长与法律规制的渐进调适，构成了数字时代最具张力的治理图景。从消费级航拍到物流配送，从农业植保到军事侦察，无人机应用场景的拓展不断挑战既有法律边界。本节以全球主要国家立法实践为样本，系统解析无人机法律体系的基本框架与效力层级，揭示跨部门协同的实施逻辑，并前瞻技术迭代下的规则演进方向，为构建安全与创新兼顾的无人机治理范式提供理论支撑。

### 1.3.1 无人机法律体系的基本框架

全球无人机法律体系呈现“金字塔”形结构，底层由国际公约与行业标准铺垫基础，中层以国家立法构筑核心框架，顶端通过技术规范实现动态调整。在国际法层面，国际民航组织（ICAO）发布的《遥控驾驶航空器系统（RPAS）手册》（Doc 10019）确立空域准入、适航认证、操作人员资质等基本原则，虽无强制约束力，但为各国立法提供通用模板。区域性立法以欧盟《无人机通用规则》（EU 2019/947）为代表，统一划分“开放”“特定”“认证”3类风险等级，允许成员国在过渡期内保留特殊条款，形成“框架指令＋国家细则”的弹性结构。

国内法体系则体现差异化治理逻辑。我国采用“综合立法＋专项规章”模式，《无人驾驶航空器飞行管理暂行条例》作为基础性法律，衔接《中华人民共和国民用航空法》《中华人民共和国治安管理处罚法》等上位法，配套《民用无人驾驶航空器实名登记管理规定》、《轻小无人机运行规定（试行）》等12项部门规章，形成全链条管控体系。

美国联邦航空管理局（FAA）通过《联邦法规汇编》第14编第107部建立小型商业无人机规则，辅以400余项豁免条款应对特殊场景需求，同时各州制定隐私保护、保险责任等地方法规，形成联邦与州权的动态平衡。日本《航空法》修订案引入“水平分离”概念，将无人机空域划分为禁止区、许可区与自由飞行区，通过电子围栏技术实现物理空间与法律约束的精准映射。

技术标准构成法律实施的关键工具。ISO发布的《无人机系统标准》（ISO 21384系列）从制造端规范抗电磁干扰、数据加密等性能参数；RTCA（航空无线电技术委员会）制定的DO－365B标准为超视距（BVLOS）运行提供风险评估框架；中国民用航空局发布的《民用无人机驾驶航空器系统适航审定管理程序》将设计生产、检测认证等环节纳入行政许可，使技术标准成为硬法的“软性延伸”。这种多层架构既保持法律稳定性，又通过标准迭代适应技术快速进化。图1-1所示为无人机法律体系基本框架。

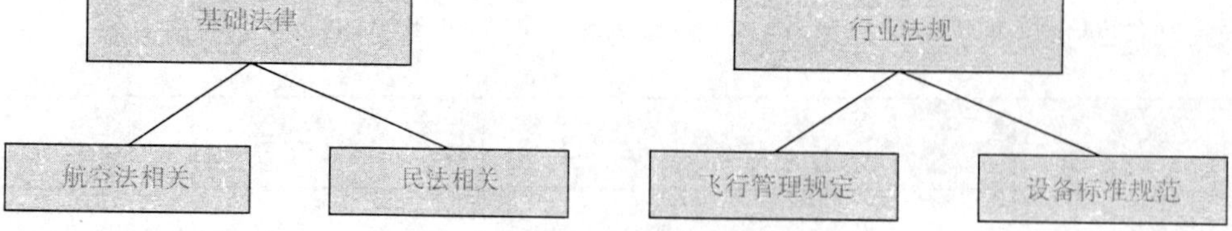


图1-1　无人机法律体系基本框架

## 1.3.2 核心法律规范的管辖范畴

现行法规体系明确将无人机纳入国家空域统一管理体系，并确立了分类划区管理制度。依据相关规定，空域被划分为不同类型，例如特定安全区域、限高运行区域以及面向特定小型无人机的飞行区域，并据此建立了差异化的准入规则。新近出台的管理规定进一步细化了空域资源的动态调整机制，为拓展民用无人机的应用场景提供了必要的法律保障。

无人机运行需遵循法定的申报流程。法规依据飞行高度、重量等关键指标将无人机划分为多个等级，实施对应级别的管理要求。举例而言，特定类别的小型无人机在允许的飞行区域内无需预先申请飞行计划，但需通过指定监管平台实时报送动态信息。涉及跨越国界的飞行活动，则必须遵守海关监管法规框架下关于航空器出入境申报的相关规定。

现行法规要求无人机制造商必须取得型号认证与生产许可。主管部门制定的适航审定管理规范进一步细化了技术审查标准，涵盖飞行控制系统可靠性、抗干扰性能等关键指标。对于应用于特定领域的机型，例如农业作业，法规还设定了额外的专项技术认证要求，建立了跨部门协作的监管机制。

在数据治理方面，针对无人机的规范框架由数据安全与个人信息保护的核心法律要求共同构成。从事测绘活动的无人机所获取的地理信息数据，需遵守关于数据出境的专门监管规定。而配备特定识别技术的执法用途无人机，其运行则受到严格的警务信息保密规则约束。最新出台的人工智能服务管理规定，也将具备自主决策能力的无人机纳入算法监管体系。

## 1.3.3 法律规范的效力关系

无人机法律效力层级间的张力集中体现为3组关系：国内法与国际公约的调适、中央立法与地方立法的权限划分、硬法与软法的功能互补。国际法优先性原则在航空领域面临挑战，《国际民用航空公约》（通称《芝加哥公约》）第8条要求成员国对无人航空器实施特殊许可，但美国FAA第九十一部规则允许250 g以下无人机免申请飞行，二者冲突需通过保留条款解决。中国在加入ICAO《无人机系统指导意见》时，声明保留对边境地区无人机活动的绝对管辖权，凸显主权安全对国际规则的内化限度。

欧盟通过“授权法案”机制，允许成员国在夜间飞行、城市物流等领域制定严于统一标准的规则，德国《无人机运行条例》要求所有操作者购买第三方责任险，较欧盟最低标准提高保障水平。中国《海南省民用无人机管理办法》试点放宽120 m以下空域管制，为全国性法律修订提供压力测试，这种“中央定框架、地方探边界”的互动模式，既维护法制统一，又释放地方创新活力。

硬法与软法的协同增效成为显著趋势。在硬法层面，《俄罗斯联邦空域使用规则》对违法飞行设置最高50万卢布罚款及刑事处罚；软法则通过行业自律实现事前预防，大疆“地理围栏”系统自动禁飞敏感区域，国际无人机系统协会（AUVSI）制定《道德操作指南》引导企业自我约束。英国民用航空局（CAA）实施“创新沙盒”计划，允许企业在隔离空域测试新技术，期间豁免部分法律责任，这种“条件性软法”为监管创新提供安全空间。

### 1.3.4 法律实施中的协同机制

无人机治理需破解“九龙治水”困局，中国建立以国务院、中央军委空中交通管制委员会牵头，工业和信息化部、公安部、中国民用航空局等12部门参与的联席会议制度，开展的专项整治行动查处了大量未经许可的无人机飞行案件，并通过多方协同的预警机制实现了对违规飞行的实时监控。在管理流程优化方面，有国家通过建立航空管理机构与国防、安全部门的联合数据平台，整合空中交通管制信息与低空空域快速授权功能，显著缩短了空域使用的审批时间。

在区域协同方面，欧盟通过SESAR（欧洲单一天空研究计划）开发UTM（无人机交通管理）系统，实现27个成员国空域数据互联互通；东盟建立跨境无人机电子识别码制度，确保飞行器在成员国间可追溯。政企协同模式中，顺丰联合中国民用航空局在江西赣州试点无人机物流航线，通过专用通信协议规避客机航线冲突；亚马逊Prime Air项目与FAA合作开发感知避障系统，使监管要求直接嵌入技术架构。

技术赋能重构执法范式。中国民用航空局无人机云系统接入大疆、极飞等主流厂商数据，实时监控全国85%以上的无人机飞行；新加坡采用“声纹识别”技术，通过螺旋桨噪声频谱分析追踪非法改装无人机；迪拜警方部署“鹰眼”反制系统，可对2 km内无人机实施无线电压制与精准捕获。这些技术手段与法律工具的结合，推动治理从“事后处罚”转向“过程控制”。

### 1.3.5 法律体系的发展趋势

技术迭代持续倒逼法律进化。超视距运行（beyond visual line of sight，BVLOS）催生新型责任规则。加拿大交通部2024年新规引入“远程识别符”制度，要求无人机实时广播操作者身份与飞行目的。城市空中交通（urban air mobility，UAM）的兴起推动三维产权界定，日本《空中通路法》试点设立50～150 m“无人机走廊”，赋予沿线建筑业主有限的空间使用权。人工智能自主决策引发归责难题，欧盟拟修订《产品责任指令》，将无人机AI系统纳入“数字产品”范畴，实行过错推定责任。

基于风险等级的差异化立法正成为主要趋势。相关国际标准组织正在推动制定动态分类标准，该标准依据飞行器运营中的关键参数将其活动划分为多个风险等级，并对应不同的监管要求。部分国家立法草案中提出的管理框架，对应用于特定行业的机型给予简化管理，而对载人飞行器则采取接近传统航空器的严格监管措施。同时，伦理考量正加速融入法律规范，例如通过要求操作者承诺尊重个人隐私，或立法限制在生态敏感区域周边的影像采集活动，体现了对技术中立原则的必要修正。

全球规则协调日益迫切。由国际民航组织主导的全球性框架旨在推动关键领域标准的统一，包括适航认证、人员资质和跨境飞行规则，并已获得广泛参与。主要国家推动的适航互认安排正在特定区域率先实践，通过检测结果互认显著降低了合规成本。私营部门在规则塑造中的作用也日益突出，主要制造商开发的核心技术在多国被纳入强制性技术要求，显示出企业标准向行业规范演进的重要趋势。

无人机法律体系的演进史，本质上是技术进步与制度调适的辩证互动史。从早期简单禁限到当前精准治理，规则设计逐渐从对抗性管制转向激励性引导。中国深圳、美国硅谷等地试点的“监管沙盒”机制，允许企业在可控环境中突破现行法规测试新技术，这种“试错一反馈一立法”的螺旋上升模式，或许代表着未来法治创新的方向。在低空经济全面开放的背景下，法律既要筑牢国家安全与公民权利的底线，又需为技术进化保留弹性空间。这种平衡艺术，正是无人机时代给予法治文明的新命题。

## 1.4　无人机相关管理部门与证件

无人机产业的迅猛发展倒逼管理架构与证件制度系统性革新，传统航空管理范式在应对海量低空活动时面临重构压力。本书以全球主要国家实践为样本，穿透“部门职责一证件体系一权益实现”的全链条逻辑，剖析无人机管理从分散管制向综合治理的转型路径，揭示技术赋能下的制度创新趋势，为构建敏捷、包容、安全的低空治理体系提供理论参照。

### 1.4.1　无人机管理部门的组织架构

全球无人机治理呈现“国际协调一国家主导一地方协同一行业自治”的立体架构。国际民航组织（ICAO）设立无人机系统咨询组（RPAS Panel），推动《遥控航空器系统手册》修订与跨境规则互认，但其建议性属性导致执行力受限，2023 年仅有 67 个国家采纳其空域分类标准。国家层面，中国构建“国家空管委统筹、中国民用航空局主管、多部门联动”的矩阵式体系：国务院、中央军委空中交通管制委员会制定空域战略规划，中国民用航空局负责适航审定、人员资质认证与运行监管，工业和信息化部监管生产制造环节，公安部落地反恐维稳职责，农业农村部主导植保无人机行业标准。美国联邦航空管理局（FAA）通过第 107 部规则确立中央权威，但各州保留隐私保护、保险责任等立法权，形成“联邦管天空、州政府管地面”的垂直分工。

地方治理创新突破传统科层限制。深圳试点成立低空经济办公室，整合 12 个部门的无人机审批权限，实行“一窗受理、并联审查”，审批时限压缩 70%；浙江省建立“低空智联网”平台，打通民航、公安、应急管理数据壁垒，实现飞行计划在线报备、实时监控、违规预警全流程闭环。行业自治组织填补监管缝隙，国际无人机系统协会（AUVSI）发布《道德操作指南》，大疆创新科技有限公司牵头成立无人机安全联盟，通过企业自律守则约束 800 万用户群体。通过军民航联合行动，广泛划定禁飞区域，并部署大量无人机反制装备。相关机构有效处置了大量异常飞行事件，构建起融合技术防控、人员防范与法规约束的综合立体防控体系。中国通过军民航联合行动，广泛划定禁飞区域，并部署大量无人机反制装备。相关机构有效处置了大量异常飞行事件，构建起融合技术防控、人员防范与法规约束的综合立体防控体系。图 1-2 所示为无人机管理部门组织架构。

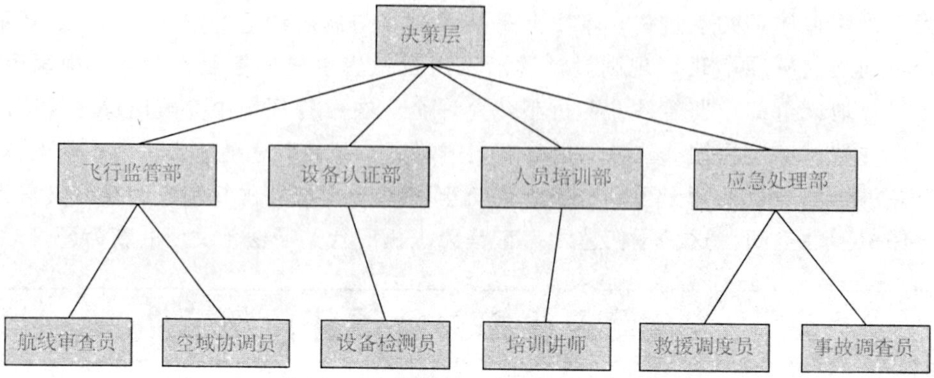


图 1-2　无人机管理部门组织架构

## 1.4.2 无人机证件分类体系

证件制度遵循“风险分级、精准施策”原则，形成操控资质、设备认证、场景许可三大支柱。操控资质方面，中国民用航空局（CAAC）划分视距内驾驶员、超视距驾驶员、教员 3 个等级，实操科目涵盖紧急避障、复杂气象处置等高阶技能；FAA 第 107 部认证区分商业运营与休闲飞行，休闲用户仅需通过免费在线测试，但商业操作者需每两年通过体检与知识更新。欧盟 EASA 引入“开放类－A1/A3”“特定类－STS”“认证类”三级体系，A1 类允许 16 岁以上青少年在人员密集区操作 250 g 以下无人机，体现风险适配的灵活性。

设备认证标准持续随技术进步而更新。相关国家航空管理机构依据风险等级对飞行器实施多级分类管理，其中载人飞行器需通过严格的型号认证和生产许可审查流程。对于超视距运行机型，特定国家的监管机构强制要求配备增强空域感知能力的设备，以提升安全性。基于应用场景的差异化许可制度日益成熟。部分国家和地区将空域划分为不同管理等级区域，并对诸如夜间作业、货物运输等特殊任务设立额外的特别授权许可机制。主要国家则针对农业服务、地理信息采集、灾害响应等关键应用场景设立了专门的特许飞行许可类别，并在紧急响应等领域显著提升了审批效率。

区域间证件互认机制快速发展。例如，区域性国家联盟推行统一的资质认可体系，使持证者可在成员国范围内自由开展合规飞行活动。其他区域组织实施的共享信息计划，有效提升了跨地区违规操作行为的管控能力。主要国家间达成的跨境适航互认安排，通过检测结果互认显著降低了企业的市场准入门槛。同时，分布式账本技术正应用于构建新型证件信用体系，部分城市试点将飞行器核心认证信息与运行数据整合上链，实现全流程可追溯管理，图 1-3 所示为无人机证件分类体系。

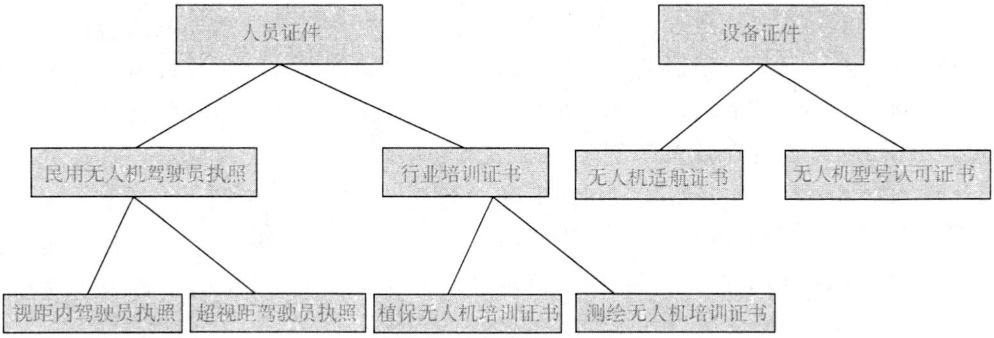


图 1-3　无人机证件分类体系

## 1.4.3　证件权益的实现机制

证件不仅作为运营准入的许可证，更成为保障运营者权益的关键制度安排。在空域使用权方面，部分国家通过自动化审批系统实现高效空域授权，持证者可便捷地获取实时空域状态信息。主要国家的监管平台也已实现与重要航空节点的数据互通，允许持证用户申请特定空域使用权，并为特殊飞行任务提供支持。证件效力与保险权益紧密关联。特定区域法规要求持证操作者必须购买满足最低标准的责任保险。同时，保险机构开发了多种创新保险产品，结合运营模式提供差异化定价，并对合规持证用户提供显著的保费优惠。

责任豁免机制激励合规操作。部分国家法规明确规定，持有有效证件并遵循规则的运营者，在非故意或遭遇不可抗力的情况下，可享有特定行政处罚或赔偿责任的减免。权益救济渠道也呈现多元化发展，部分国家设立专门机构处理相关纠纷，而主要城市则探索建立专业化争议解决平台，利用数字化手段提升案件处理效率。新兴权益伴随技术进步不断拓展。在特定试点地区，持证运营方可基于合规采集的数据获得相应收益；拥有特许授权的物流企业可优先使用专用通道提升服务效率；符合资质的企业被赋予参与城市数字化建设的优先权。这些实践推动证件由单纯的监管工具，逐步演变为创造和分配价值的核心载体。

## 1.4.4　证件管理的挑战与完善

（1）制度面临多重挑战。技术发展速度远超法规更新进程，具备高度自主决策能力的智能飞行器出现，但现有责任认定框架仍主要基于人类操作设定；跨境飞行活动频繁引发不同区域法律适用冲突；伪造证件非法流通形成地下市场。

（2）基于风险的动态分类管理正成为关键应对策略。国际标准制定机构正推动建立综合多项关键运行参数的实时风险评估与分级体系，据此匹配差异化的监管要求。

部分国家提出的管理办法探索构建多维度评估体系，对特定用途飞行器实施覆盖其完整使用周期的追踪管理。技术应用显著提升监管效能，例如，引入自动化系统辅助证件审核以提高材料核验精度，以及运用预测性分析技术提前识别证件续期需求。

（3）伦理规范正加速融入证件制度。部分区域拟要求证件申请者承诺遵守算法应用伦理准则，禁止利用飞行器进行歧视性监控；特定应用领域的资质认证增加了生态影响评估要求；主要国家已将安全伦理原则纳入操作人员考核体系。未来证件可能整合伦理验证功能，实时监控操作合规性。

（4）加强全球协同治理日益迫切。国际性登记框架正逐步建立，推动实现飞行器跨国识别追溯；区域间标准互认与合作持续深化；国际执法协作机制着力打击相关跨国犯罪活动。私营部门在规则制定中的角色愈发重要，部分企业开发的专业资质标准已在多国获得官方认可。

（5）证件管理正经历从基础管控向生态构建的深刻转型。特定区域已授权开展载人空中交通的初步商业化探索；主要物流网络获得超视距运营许可，显示证件制度兼具保障安全底线与激发产业创新的双重功能。未来管理将呈现更灵活、更智能、更具人文关怀的趋势。例如，设置测试性许可机制允许在可控环境下豁免部分规定；开发虚拟化服务平台优化资质申领流程；在特定文化敏感区域作业前实施前置文化影响评估。这些探索共同致力于在维护秩序与促进发展之间，建立更具适应性的低空治理新模式。

## 习　题

### 简答题

1. 法的概念界定包含哪些核心要素？
2. 简述法的本质特征具体表现。
3. 法的功能实现机制包含哪些方面？
4. 法律功能的理论框架主要有哪些内容？
5. 法的规范作用体系由哪些构成？
6. 简述法的社会作用维度的主要体现。
7. 无人机法律体系的基本框架包含哪些内容？
8. 无人机法律规范的效力关系是怎样的？
9. 简述无人机管理部门的组织架构及职责分工。
10. 无人机证件管理存在哪些挑战及完善措施？

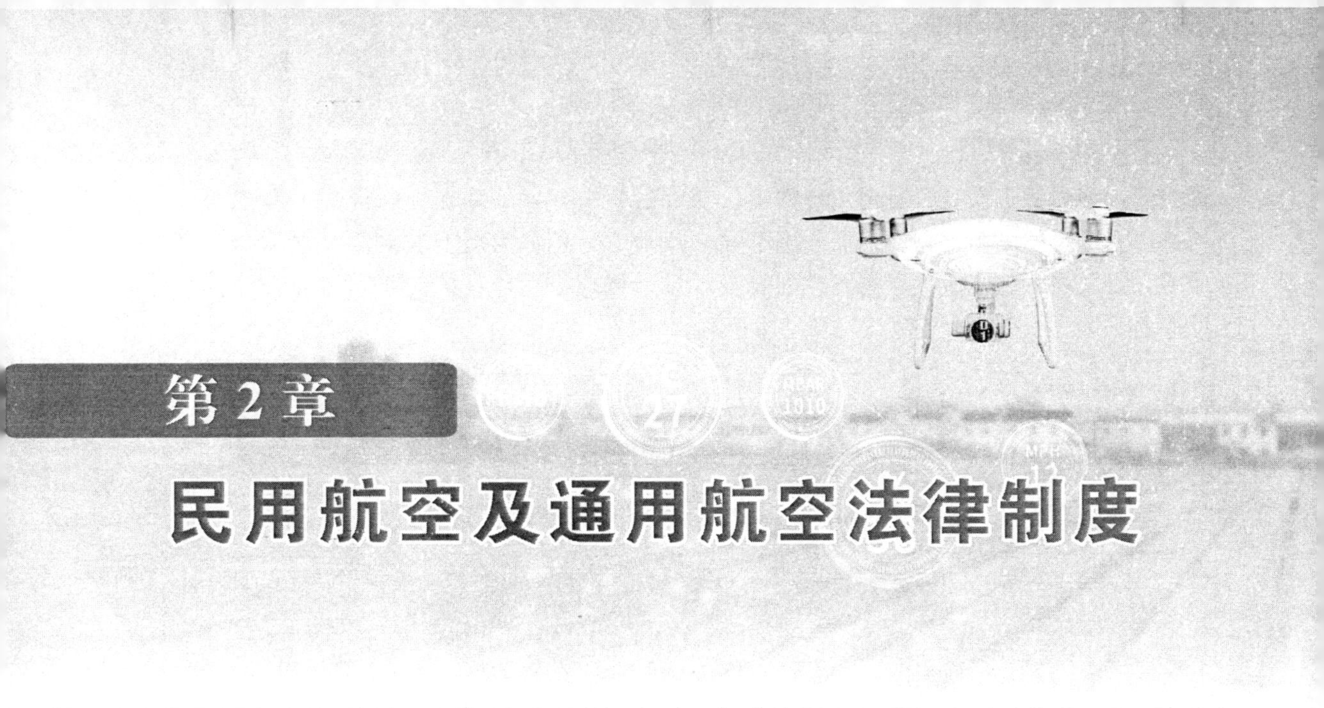

# 第 2 章

# 民用航空及通用航空法律制度

## 2.1 民用航空法

从莱特兄弟的首次动力飞行到 C919 翱翔天际，人类征服天空的历程始终与法律秩序的建立相伴而行。民用航空法作为调整航空活动社会关系的规范总和，既要捍卫领空主权与飞行安全，又需促进航空产业创新发展，这种双重使命使其成为国家治理能力现代化的重要标尺。本节以法律体系演进为经、实践挑战为纬，系统解析中国民用航空法的制度架构与运行机理，揭示其在全球化与技术革命背景下的适应性变革。

### 2.1.1 立法框架与基本原则

民用航空领域的法律规范体系通常呈现多层级架构。在国际层面，核心国际公约确立了关于空域管辖、航空器身份认定以及跨境飞行的基本原则，构成了全球航空秩序的基石。另一项重要的国际责任公约则为航空运输设定了现代化的赔偿规则。国家立法通过国内基本法转化或吸收这些国际规则。

国家层面的核心立法覆盖航空活动的关键领域，经过多次修正以适应发展需求，近年来的修正案已扩展至涵盖新型飞行器的管理规定，形成了涵盖航空器认证、空域管理、运输协议及事故处理等全链条的规范体系。行业规范层面则体现出技术治理特点，由大量行政法规与详细技术标准共同构建起精细化的监管网络。

法律基本原则在动态演进中保持稳定。国家空域主权原则体现为对空域的专属管辖权，国内法对此有明确规定，并建立了空域分类体系及相应的飞行计划审批制度。安全优先原则贯穿航空活动的全周期管理体系，从航空器设计制造的认证要求到运营维护的安全监管措施，构建了多重保障机制。

权益平衡原则在运输责任制度中表现突出，采纳了对运输服务使用者有利的严格责任规则，同时也设置了特定免责情形以兼顾运营方权益，并在特殊情况下考虑公共利益以实现新的平衡。创新发展原则引导制度演进，例如为新型航空器设立加速认证通道，以及在特定区域试点更开放的航空政策，体现了适应技术变革和扩大合作的制度取向。图 2-1 所示为立法框架及基本原则。

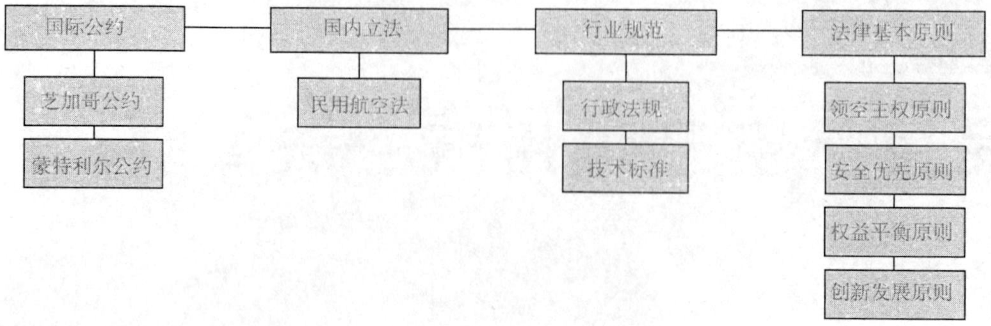


图 2-1　立法框架及基本原则

## 2.1.2 核心制度规范体系

民用航空领域的法律规范构建了围绕主体资格、行为准则与责任归属的三维治理框架。在主体规则维度，确立了航空器强制登记制度以明确法律身份，并对不同类型的航空运输企业实施差异化的准入管理，以促进市场有序竞争。在行为控制维度，通过严格的技术安全标准规范航空器及其部件的设计、生产与改装活动，确保其符合持续适航要求。完善的运行规则体系则对各类飞行活动进行规范，设定必要的操作限制以保障空中秩序与安全。在责任配置维度，运输合同责任根据对象类型设置了不同的归责原则。针对安全事故，建立了强调技术归因的独立调查机制，并致力于提升调查过程的透明度。

为应对新兴挑战，法律体系不断扩展。针对新型飞行器，已建立基于风险的分级管控框架，实施实名注册并纳入监管平台进行追踪管理。环境责任规范日益强化，设定能效提升目标并推动机队升级以降低排放。数字经济发展催生的新型权利（如个人数据保护）受到重点关注，明确了信息处理规则并实施严格执法。图 2-2 所示为民用航空法律规范系统。

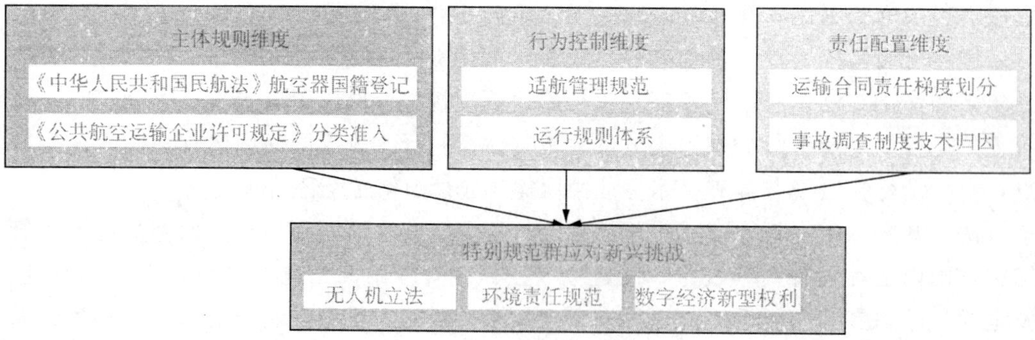


图 2-2　民用航空法律规范系统

### 2.1.3 法律实施与时代挑战

法律实施机制借助技术手段持续优化。智慧监管平台整合多业务模块，实现了从审批到监督的全流程线上管理闭环，提升了监管效能。协同治理机制有效整合不同管理系统资源，显著改善了航班运行效率。部分地区设立专门审判机构处理航空纠纷，提升了案件审理的专业性和效率。

全球化进程与技术发展也带来挑战。国际规则主导权差异可能形成技术壁垒，延长新型航空器进入国际市场的时间。跨境数据流动规则与国内法规要求存在潜在冲突。航空器自动化技术的应用对传统责任认定框架提出新问题，特定型号事故也暴露了设计理念偏差的风险。履行国际环保义务将增加行业运营成本。

应对挑战的制度创新正在推进。航空器适航审定体系针对不同类型采用差异化管理模式，加速新型航空器的合规进程。部分地区探索空域资源管理新模式，尝试通过市场化机制配置使用权。争端解决机制更加多元，推动争议高效化解。服务规则修订关注消费者权益保障，探索更合理的赔偿机制；货运单证纳入统一登记体系则提升了行业融资便利性。

从航空发展早期至今，民用航空法律始终在多重核心价值间寻求动态平衡。相关法律体系通过吸收国际经验并结合自身实际，正逐步提升在全球规则制定中的影响力，在航空器认证、新型飞行器监管、环保规则等领域的实践展现了其发展特点。

## 2.2 通用航空飞行管制条例

通用航空作为现代交通运输体系的“毛细血管”，其发展水平直接折射国家空域治理能力与产业创新活力。中国《通用航空飞行管制条例》的出台与修订，标志着低空空域从军事主导向军民融合的历史性转变。本节以制度变迁理论为分析框架，穿透立法文本与实践运行的互动逻辑，系统解构条例在空域资源配置、安全监管模式、产业促进机制等方面的创新突破，并基于实施数据透视改革成效与深层挑战，为低空经济高质量发展提供制度优化路径。

### 2.2.1 立法定位与制度创新

中国通用航空飞行管理规则的调整始终围绕平衡低空开放与空域安全两大核心目标展开。早期框架侧重确立空域管理权责划分，强调集中管控与部门协作原则，但在实际操作中显现出对民用活动保障不足的问题，通航飞行审批平均耗时长达 15 日，制约了行业成长。后续优化以适应国家推动通航产业发展的战略为导向，推动管理理念由严格管控向高效服务转变，主要体现在三大突破：对 3 km 以下空域实施管制、监视、报告三类精细划分，释放超六成低空资源；通过负面清单制度明确农林喷洒、紧急救援等 12 类免审批活动，削减七成审批事项；构建整合军方、民航、公安及应急管理等九大系统的协同平台，实现“一网受理、并联审核”，全流程最短可压缩至 2 h。

区域实践进一步深化制度创新：四川通过“三区三线”新型空域规划模式，使监视空域覆盖全省八城五区域，带动通航飞行量一年内激增 2 倍；湖南依托 ADS－B 与 5G 专网融合技术建立动态空域调配机制，实现空域利用率提升 3 倍。浙江创新“空域使用协议”模式保障企业稳定使用军方训练空域；海南探索物流航路市场化拍卖机制，将收益用于反哺监管体系，形成资源有偿使用的闭环生态。

### 2.2.2 核心管制机制解析

中国通用航空飞行管理构建了分类管控、过程监督与责任约束相结合的制度框架。其核心在于动态划分空域类型：管制类空域对敏感区域施行严格的前置审批；监视类空域采用报备飞行机制，通过系统自动完成安全校验；报告类空域实施开放原则，允许事后补充备案。三类空域的结构比例经过持续优化，显著提升了资源供给效能。

全国飞行服务网络作为支撑体系，集成多项关键保障功能，高效处理飞行事务，审批自动化程度显著提高。同步加强低空监视设施建设，重点区域实现精细化监控能力覆盖。安全监管融合技术与制度：推行差异化的航空器审定分类管理，大幅缩短特定类别审定周期；构建企业信用评价体系，对严重失信主体施加联合约束；常态化实施跨部门联合监督执法。

责任机制实行双向规范：既对运营主体的违规行为设定严格处罚上限，又建立空管服务单位履职评价制度。该体系协同作用有效推动了飞行安全绩效的持续提升。

### 2.2.3 实施成效与发展挑战

中国通用航空飞行管理规则实施以来释放显著改革红利。通航产业规模实现大幅跃升，运营企业数量激增，通用航空器保有量快速增长。公共服务能力取得实质性突破，航空应急救援网络覆盖绝大多数人口聚居区，高效参与多次重大灾害救援任务；航空医疗转运体系有效运转，成功完成大量紧急医疗运输任务，响应时效显著提升。新兴业态呈现蓬勃发展态势，无人机物流在主要企业实现广泛应用，年配送规模巨大；低空旅游市场迅速扩张，开通众多航线，接待游客数量可观，成为拉动区域经济的重要力量。

然而，制度供给与产业发展的动态适配仍面临挑战。空域资源的结构性短缺在经济发达区域尤为突出，无人机应用面临释放时效瓶颈。技术快速迭代对现行规则构成压力，新型航空器适航审定沿用传统框架导致周期较长；自动驾驶场景下的责任认定规则存在适配困难。监管能力存在区域不平衡现象，部分地区基础设施覆盖不足导致监管效能差异。国际规则对接遭遇壁垒，制造业出海面临境外认证成本高企，跨境低空业务拓展受到准入和数据规则制约。

深层次矛盾指向治理体系现代化需求：军民航协同效能需优化，审批流程中跨部门协调耗时较长；空域资源市场化配置机制尚未建立；现行法律责任框架对新兴业态的包容性不足，在一定程度上抑制了创新活力。解决这些矛盾要求超越简单的规则叠加，在安全与发展、秩序与创新间构建更为动态和高效的平衡机制。

相关规则的演进历程是中国空域治理现代化的生动体现。未来深化改革的重点方向包括：探索空域资源高效配置的创新机制；积极应用数字孪生、智能合约等前沿技术赋能监管能力升级，实现风险精准识别与合规自动管理；深度参与全球低空治理规则塑造，推动国内新型航空器标准获得国际认可。推动制度创新与技术创新深度融合，将为中国通用航空实现从跟随到引领的历史性跨越奠定坚实基础，开启低空经济发展的广阔前景。

## 2.3　飞行基本规则

飞行活动从人类最初的冒险尝试演变为高度组织化的社会行为，其秩序化进程始终与法律规则同频共振。《中华人民共和国飞行基本规则》作为空中交通管理的“根本法”，既承载着领空主权维护的国家意志，又肩负着保障航空安全、提升运行效率的使命。本节立足全球航空治理变革背景，系统解析中国飞行规则的立法逻辑与制度架构，结合技术革命与空域开放带来的挑战，探讨规则体系的现代化转型路径。

### 2.3.1　立法定位与空域管理框架

《中华人民共和国飞行基本规则》立足于国家领空主权，确立了“统一管制、分类使用、军民融合”的空域治理框架。它衔接上位法律授权，融合国际通行规则与本国军事管理特殊要求，形成了具有自身特色的法源体系。作为航空领域的基础性法规，其效力贯穿低空空域至高空空域，为各类飞行活动提供了基本规范依据。

该规则的核心创新在于建立了精细化的空域分类管理制度。空域根据使用特点和管制要求被划分为多级类别，体现了差异化管理原则。在高层级管制空域实施严格管控，而在特定低空空域则采取更为灵活的报告准入模式。近年来，民用航空可使用的空域资源范围持续优化，重点区域的基础保障能力显著增强。

军民协同机制有效突破了体制壁垒，通过联合运行平台实现了全国范围内的统一协调，显著提升了处理空域使用冲突的效率。同时，先进监视与通信技术的深入应用，为空域资源的动态调配和精细化管理提供了有力支撑，大幅提升了整体空域运行容量和效率。

### 2.3.2　飞行规则与运行标准

《中华人民共和国飞行基本规则》建立了基于风险分级的“目视－仪表”双轨飞行制度。目视飞行规则赋予飞行员一定自主权，但严格要求在良好天气条件下实施；

而仪表飞行规则则依赖于先进的导航技术和全程管制指挥，显著提升了复杂气象条件下的运行能力与安全性。例如，特定显示技术的应用成功降低了起飞所需的最低天气标准。运行标准体系展现了精细化的技术治理特征。导航精度的提升使得航路间隔得以大幅压缩，垂直间隔标准的优化则有效释放了空域资源。大型枢纽机场通过跑道布局的创新优化，显著提升了运行容量。同时，新兴导航定位技术的深度集成，为精密进近着陆提供了更强支撑。规则设计也充分考虑了特殊场景的需求，体现了人性化考量。针对高原机场的运行特点，特别增加了对座舱环境监控和发动机性能的特殊条款要求，并优化了相关导航程序标准。在无人机融合运行方面，通过划设专用通道、探索空域分时复用机制，实现了与有人机的安全协同运行。应急处置规则也进行了适应性调整，放宽了特定运行标准，使得部分远程航线能够选择更优路径，提升运行效率。

### 2.3.3 法律实施与时代挑战

飞行规则的实施机制正借助先进技术不断升级。重要监控机构整合飞行数据，实现了对绝大部分运输航班的实时风险监控与预警处置。信用监管体系将违规行为纳入统一管理，对违规主体采取相应限制性措施。航空领域的司法专门化也在推进，专门法院处理相关案件，确立更精细的处罚标准，填补规则适用空白。

新技术的快速发展对现有规则框架构成显著冲击。无人机超视距运行模式挑战传统的飞行间隔标准，促使规则向基于探测规避的新原则转变。新型能源（如氢能源）飞机的独特设计特征，使得现行的大量适航审定条款面临适用性调整。人工智能在飞行决策中的应用，特别是在紧急状态下的决策逻辑，引发了与现有飞行责任原则的伦理冲突。

我国积极参与全球航空治理，但也面临规则协调的压力。国产导航系统标准的国际互认进程直接影响国产航空器的国际市场准入。国际空域管理计划与国内现行空域划分存在潜在规则兼容性问题。国际环保协定要求航司承担减排义务，如何与国内碳排放管理体系衔接构成挑战。新兴低空交通载具（如电动垂直起降器）在实际运行中，现有关于备降距离等规定难以适用，凸显规则重构的迫切需求。

飞行规则始终在平衡安全与效率、自由与秩序中动态发展。中国相关规则体系通过吸收国际经验并结合本土实践，正展现出越来越多的创新特质，例如在无人机综合管理、航权开放、新型国产航空器审定等领域的探索。面向未来，规则体系的重构需关注 3 个关键方向：在技术中立原则下构建更具弹性的标准框架，包容技术创新；建立覆盖空天一体化运行的规则网络；深度参与并推动国际规则制定，促进中国标准的全球认可。当法律规则与技术创新形成良性互动，中国将在人类航空事业的新篇章中做出重要贡献。

# 2.4　法规对比与行业应用

在数字经济与全球化深度融合的当下，法律制度已成为国家竞争力的核心要素。从数据跨境流动到人工智能伦理，从低空经济到元宇宙治理，各国法规体系的适应性变革正在重塑全球产业格局。本书以制度经济学为分析框架，穿透法律文本与实践运行的互动逻辑，系统解构中国法规体系的结构性特征与制度短板，提炼国际经验的“制度基因”，探索“放管服”改革下的体系重构路径，为治理现代化提供理论支撑。

## 2.4.1　法律框架的结构性差异与制度短板

主要经济体的法规体系呈现出不同的发展路径。有的国家倾向于采用以判例为基础、结合行业自我监管的模式，监管机构通过灵活机制应对技术创新，例如在无人机监管领域运用豁免条款，在数字经济领域运用原则性监管。这种方式为持续的科技革命提供了支撑。以欧盟为代表的地区则构建了统一的法律框架，要求成员国转化为国内法具体实施。在例如数据保护这样的关键领域，统一的框架下又允许成员国根据自身情况引入特色制度，形成了既统一又兼具多样性的治理生态。某些国家则擅长运用科技创新赋能监管精准度，通过将新兴业态纳入现有监管框架并实施灵活的沙盒机制，显著提升了特定领域的渗透率和发展活力。

在高速发展的背景下，中国法规体系也面临着结构性挑战。部门规章分散，监管要求重叠，企业在跨部门、跨地域运营中面临复杂的多重审批流程。标准体系更新速度滞后于产业创新步伐，使得部分新兴产业（如新能源汽车电池回收、人工智能医疗设备）缺乏及时的规范指导，影响了行业有序发展。司法实践中存在法律适用衔接不畅的问题，某些新型业态纠纷可能涉及多部法律，容易出现裁判尺度不一的情况。在国际规则制定层面，主导权相对有限，这使得国内企业在应对海外法律挑战时可能缺乏足够支撑。

这些制度性的挑战在不同行业产生了显著的放大效应。在生物医药领域，审批与数据互认环节的阻滞延迟了创新药品的上市进程。在数字贸易领域，复杂的数据出境合规要求增加了企业的运营成本。在低空经济领域，烦琐的运行审批程序推高了运营成本，限制了市场活力。这些制度成本正在影响相关产业的全球竞争力。

## 2.4.2　国际经验借鉴与制度创新路径

解决当前制度性挑战，关键在于精准识别并转化国际经验中的核心机制。国际实践中值得关注的路径包括：基于风险的动态分类监管，根据不同活动或技术的属性、场景和潜在影响实施精细化管理，在确保安全可控的前提下释放低风险领域的活力；原则导向的立法框架，通过设定清晰底线和分层风险管控，在限制特定高风险应用的同时为有益创新预留空间，寻求规范与发展的平衡点；多元协同的治理模式，授权专业组织参与规则的细化和执行，有效降低合规负担并增强规则的适用性。

面向未来，我国制度创新需着力实现3个关键转向：从零散修补转向系统重构，探索在关键领域构建基础性顶层法律框架，确立核心治理原则以整合现有规则体系；从被动应对转向主动引领，将监管科技深度融入制度设计与执行过程，探索构建全国性合规支持平台提升效能；从单向移植转向双向互构，在特定区域试点包容性更强的监管模式，建立允许在可控范围内探索突破现行框架的机制，为规则体系的动态演进积累现实经验。

在本土实践中，系统性探索已初显成效。特定政策区域对低风险市场准入实施基于承诺的简化备案流程；重点产业园区推动研发、审批、生产全链条流程整合优化；在数据跨境流动领域应用前沿技术构建安全可信的流动环境促进数字贸易。这些聚焦具体场景、解决实际痛点的制度优化实践，正为更广泛深入的改革积累动能。

### 2.4.3 “放管服”改革下的体系重构方向

面对改革深化阶段的新挑战，制度体系的重构需把握3个核心战略方向。首先是建立动态化的风险分类管理机制，作为基础性工程。这要求根据不同行业、规模和技术的内在特征构建多维评估体系，对低风险新业态采取更宽松的管理方式如备案制，而对涉及重大安全伦理的高风险领域则实施严格的专家审查机制。地方实践中探索的风险监测系统可升级为全国性平台。其次是构建多元协同治理体系作为突破重点，政府制定基础框架、引导行业协会制定具体细则并参与治理的模式，在特定领域已显示出有效性，具备向其他新兴领域推广的潜力。最后，科技深度赋能监管是提升效率的关键，整合多部门数据的统一平台能显著提升监管响应速度，而特定领域试点的柔性监管模式可扩展应用到更多前沿技术领域。

实现制度体系的重构需要攻克若干关键难题：在立法协同方面，亟须建立跨部门的立法协调审查机制，前瞻性预防规则冲突；在标准引领方面，应重点加强前沿科技领域的标准研究与投入，将国内主体在某些领域的成功经验复制扩展到更多新兴技术领域；在国际规则对接层面，需构建更高效的多边规则国内适配与落地机制，提升对国际规则变化的响应能力。

重点领域的改革尝试已初见成效。资本市场推行更灵活的准入与监管机制，显著缩短了特定类型企业的融资周期；统一大市场建设通过清理制度壁垒，有效降低了社会流通成本；口岸通关流程的智能化升级大幅提升了贸易便利化水平。这些实践成果印证了系统性制度重构的现实价值。

当前全球治理格局正经历深刻调整，制度优势日益成为关键竞争力。中国持续推进的制度改革，在激发制度创新活力方面具有独特价值。未来需立足自主探索，同时吸收借鉴有益经验。当动态风险管理机制能精准匹配产业发展需求、多元共治体系有效激发社会活力、科技赋能显著提升监管效能时，中国必将建成更具全球竞争力的现代化制度体系，为高质量发展提供坚实持久的制度支撑。

## 习　题

选择题

1. 以下属于我国民用航空领域的基本法律的是（　　）。

A.《通用航空飞行管制条例》

B.《中华人民共和国民用航空法》

C.《中华人民共和国飞行基本规则》

D.《民用机场管理条例》

2.《通用航空飞行管制条例》主要针对飞行活动进行管制的是（　　）。

A. 定期航班运输飞行

B. 军事飞行

C. 通用航空飞行

D. 航天器飞行

3.《中华人民共和国飞行基本规则》规定，目视飞行时，航空器在管制空域内飞行，高度层的配备应当按照（　　）执行。

A. 仪表飞行规则

B. 管制员指令

C. 飞行员自行决定

D. 机场塔台要求

4. 当民用航空活动中出现航空人员违规操作，应依据（　　）进行处罚。

A.《中华人民共和国民用航空法》

B.《通用航空飞行管制条例》

C.《中华人民共和国民用航空法》及相关配套法规

D.《中华人民共和国飞行基本规则》

5.《通用航空飞行管制条例》规定，从事通用航空飞行活动的单位、个人实施飞行前，应当向（　　）部门提出飞行计划申请。

A. 当地人民政府

B. 中国民用航空局

C. 有关飞行管制部门

D. 机场管理机构

6.《中华人民共和国飞行基本规则》与《中华人民共和国民用航空法》的关系是（　　）。

A. 两者相互独立，无关联

B.《中华人民共和国飞行基本规则》是《中华人民共和国民用航空法》的具体实施细则

C.《中华人民共和国民用航空法》指导《中华人民共和国飞行基本规则》制定

D.《中华人民共和国飞行基本规则》涵盖《中华人民共和国民用航空法》内容

7. 在通用航空飞行活动中，违反《通用航空飞行管制条例》规定，情节严重的，可能面临的处罚不包括（　　）。

A. 罚款

B. 吊销飞行执照

C. 追究刑事责任

D. 禁止进入机场

8.《中华人民共和国民用航空法》对民用航空器的权利登记有（　　）规定。

A. 自愿登记

B. 仅对大型航空器强制登记

C. 民用航空器所有权、抵押权等权利应依法登记

D. 由航空公司自行决定是否登记

9.《中华人民共和国飞行基本规则》中关于空中交通管制的规定，主要目的是（　　）。

A. 限制航空器飞行　　B. 提高航空公司运营效率

C. 保障飞行安全和空中交通秩序　　D. 增加机场收益

10. 在实际行业应用中，以下（　　）情况主要依据《通用航空飞行管制条例》处理。

A. 民航客机航班延误纠纷

B. 通用航空企业开展观光飞行活动的审批

C. 机场跑道建设规划

D. 航空货运合同纠纷

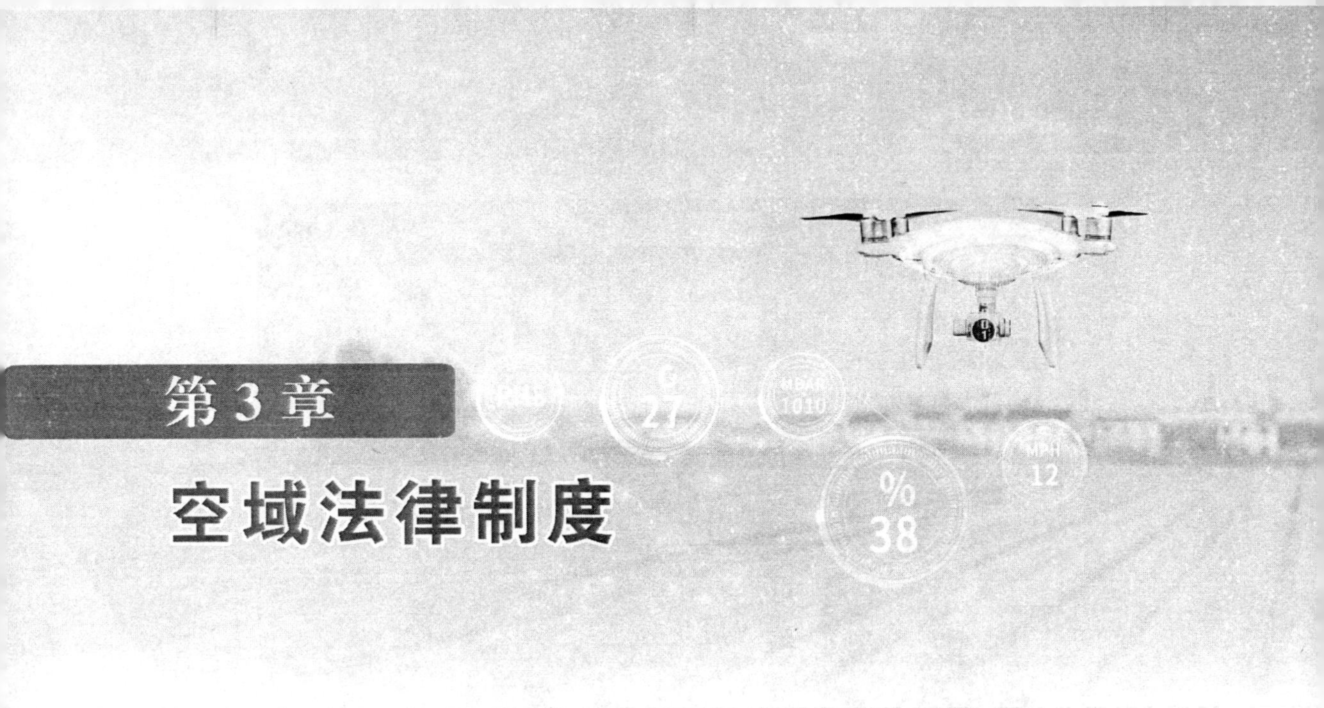


# 第3章 空域法律制度

## 3.1 空域概述

空域又称可航空间，是空中交通工具在大气空间中的活动范围，它具有法律属性、自然属性和技术属性。空域管理（air space management，ASM）是指依据既定空域结构条件，实现对空域的充分利用，尽量满足空域使用各方的需求。空域管理的主要内容为空域划分和空域规划。空域管理的实现方式是对空域的“时分共用”，以及经常性地按照种种短期需求划分空域，以满足不同类型的用户需要。

## 3.2 空域分类

国家对空域分类通常依据航空器飞行规则、性能要求、空域环境、空管服务内容等要素进行。在我国，空域被划分为以下 7 类，如图 3-1 所示。

（1）A 类空域：通常为标准气压高度 6 000 m（含）以上至标准气压高度 20 000 m（含）的空间。只允许仪表飞行规则（IFR）飞行，所有航空器之间需配备间隔，提供空中交通管制（ATC）服务，要求实现地空双向通信，进入空域需进行 ATC 许可。

（2）B 类空域：通常划设在民用运输机场上空。允许 IFR 和目视飞行规则（VFR）飞行，其他要求与 A 类空域相同。

（3）C 类空域：通常划设在建有塔台的民用通用机场上空。要求 IFR 飞行之间、IFR 和 VFR 飞行之间配备间隔，对 IFR 飞行之间、IFR 和 VFR 飞行之间提供 ATC 服务，其他要求与 B 类空域相同。

（4）D 类空域：除 A、B、C、G、W 类空域外的空间，可以根据运行和安全需求选择划设。标准气压高度 20 000 m 以上统一划设为 D 类空域。只要求 IFR 飞行之间

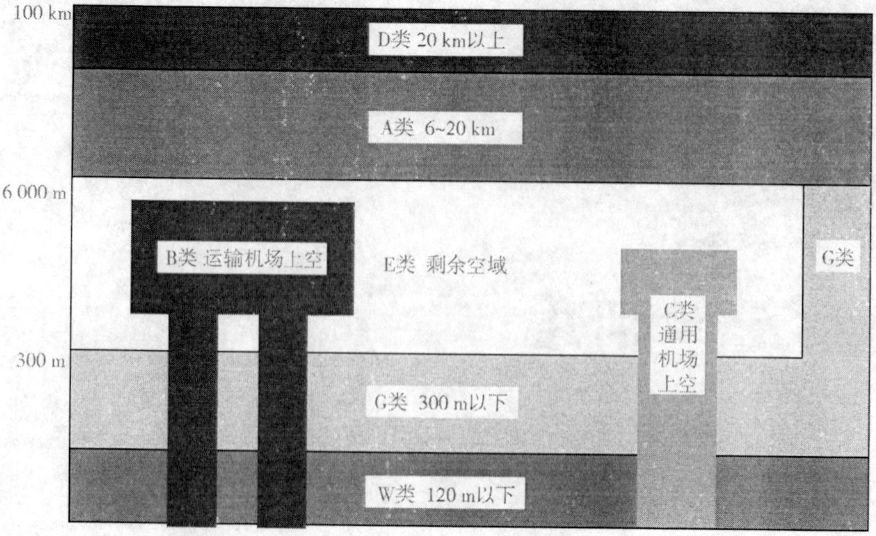


图 3-1　空域分类

配备间隔，对 IFR 飞行之间提供 ATC 服务，对 VFR 飞行提供飞行情报服务。

（5）E 类空域：是除 A、B、C、D、G、W 类空域外的另一类空域。只需要 IFR 飞行实现地空双向通信，VFR 飞行进入空域不需要 ATC 许可，其他要求与 D 类空域相同。

（6）G 类空域：通常为 B、C 类空域以外真高 300 m 以下空域（W 类空域除外），以及平均海平面高度低于 6 000 m、对军事飞行和民航公共运输飞行无影响的空域。G 类空域不需要提供间隔服务，对飞行提供飞行情报服务。IFR 飞行需实现地空双向通信，进入空域不需要 ATC 许可。

（7）W 类空域：真高 120 m 以下，主要用于轻型无人机的飞行。它与 G 类空域类似，但主要针对特定类型的无人驾驶航空器。

## 3.3　空域管理

### 3.3.1　民用无人机的空域分类及特殊空域管理

#### 1. 民用无人机的空域分类

对民用无人机的空域分类及管理主要基于一系列法规和规定进行，旨在确保飞行安全、维护公共利益和满足民用无人机的飞行需求。根据《无人驾驶航空器飞行管理暂行条例》等相关法规，民用无人机的空域被划分为以下两类：

（1）管制空域。管制空域包括空中禁区、空中危险区、机场周边一定范围、国境线、边境线、军事禁区、军事管理区等敏感区域，以及需要重点保护的核心区域。在这些区域内飞行，通常需要经过严格的审批和许可程序。

（2）适飞空域。管制空域以外的 120 m 以下空域，通常被划为适飞空域。适飞空域开放给运行安全风险相对较小的微、轻、小型、农业无人机用户使用，降低了合法飞行的门槛。

**2. 民用无人机的特殊空域管理**

对于测试、演示或其他特殊活动所需的空域，需向当地航空管理部门提前申请并获得许可。申请流程通常需要持有中国民用无人驾驶航空器操控员执照。该执照是从事无人机行业的必备资质，也是对整个行业健康发展的保障。该执照需在中国民用航空局网站进行实名登记，并在优云系统进行报备。中国民用航空局网站实名登记平台如图 3-2 所示。

图 3-2　中国民用航空局网站实名登记平台

## 3.3.2　航空器空域管理

空域管理既是为维护国家安全，又是兼顾民用、军用航空的需要和公众利益，对空域进行统一规划、合理、充分、有效利用的管理工作。其主要内容包括：

**1. 空域划设与调整**

空域划设应综合考虑国家安全、飞行需要、飞行管制能力和通信、导航、雷达设施建设，以及机场分布、环境保护等因素，按照国家有关规定履行审批、备案手续。

**2. 空域使用**

空域用户需根据飞行任务和空域类型向相关空中交通管理机构或承担相应职责的单位进行报备或申请许可。对于非管制空域（如 G 类、W 类空域），空域用户需遵守相关法规，确保飞行安全。

**3. 空域保障**

空中交通管理机构需为空域用户提供必要的飞行情报服务、气象服务等，确保飞行安全。在特殊情况下，如空中禁区、空中限制区、空中危险区等，需采取相应措施保障空域安全。

4. 监督检查

相关部门需对空域使用情况进行监督检查，确保空域管理法规得到有效执行。对于违反空域管理法规的行为，需依法进行处罚。

## 3.3.3 飞行空域申请与责任保险

### 3.3.3.1 飞行报备与飞行限制

1. 飞行报备

民用无人机飞行需在指定的适飞空域内进行。飞行高度超过 120 m 的无人机，需要提前申请空域，只有申请通过后才能飞行。在管制空域内飞行，需按照国务院民用航空主管部门的规定经培训合格，并申请批准。微型无人机在禁止飞行空域外飞行，无需申请飞行计划。轻型、植保无人机在相应适飞空域飞行，无需申请飞行计划，但需向综合监管平台实时报送动态信息。其他类型的无人机在执行飞行任务前，需按规定报送飞行计划，并获批准后方可执行。民用无人机一般飞行活动申请如图 3-3 所示。

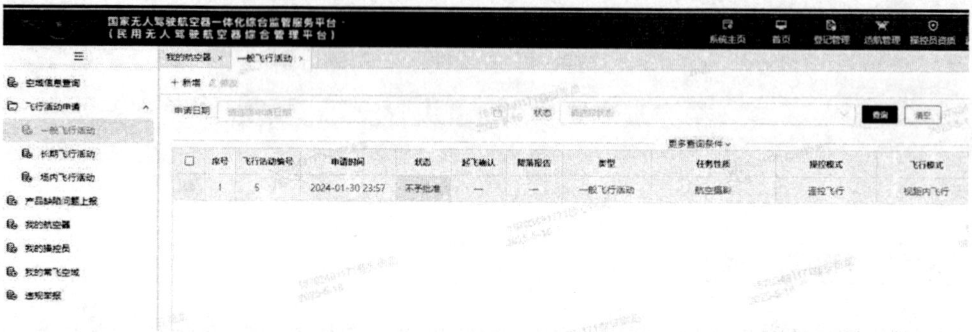


图 3-3 民用无人机一般飞行活动申请

2. 飞行限制

无人机通常不得在超过 120 m 的高空飞行（特殊地区可能有更严格的限制）。无人机操作者必须时刻保持无人机在视线范围内，以确保能及时应对风险情况。在机场、政府机关、军事设施等禁飞区域，严格遵守规定，不得飞行。

### 3.3.3.2 商业飞行与责任保险

使用民用无人机从事经营性飞行活动，以及使用小型、中型、大型民用无人机从事非经营性飞行活动，应当依法投保责任保险。

1. 法规要求

根据《无人驾驶航空器飞行管理暂行条例》(2024 年 1 月 1 日正式施行)的规定,使用民用无人机从事经营性飞行活动,以及使用小型、中型、大型民用无人机从事非经营性飞行活动,应当依法投保责任保险。这意味着,无论是商业飞行还是非商业飞行,只要涉及小型、中型、大型无人机,都需要投保责任保险。

2. 保护第三方利益

无人机在飞行过程中可能对第三方造成人身伤害或财产损失。责任保险可以为无人机操作者提供相应的保障,确保在无人机事故发生时,受害方能够得到合理的赔偿。

3. 规范无人机市场

责任保险的实施可以规范无人机市场,减少无人机操作者的违法行为和不当操作。强制要求无人机操作者购买保险,可以促使其更加谨慎地使用无人机,降低事故的发生率。

(1) 第三方责任保险。无人机飞行中可能对第三方造成人身伤害或财产损失,无人机责任保险可以为无人机操作者提供相应的责任保险,保障第三方的合法权益。

(2) 无人机损失保险。无人机在飞行过程中可能遭受意外损坏或丢失,无人机损失保险可以为无人机机主提供相应的损失保障,减轻经济负担。

(3) 其他附加保险。无人机责任保险还可以提供其他附加保险,如无人机设备损失保险、无人机设备盗窃保险、飞手意外险、无人机失踪险等,为无人机使用者提供全方位的保障。

### 3.3.3.3 其他规定

生产、维修、使用民用无人机系统,应当遵守无线电管理法律法规以及国家有关规定。

无人机系统的空域保持能力、可靠被监视能力、速度或者高度等出厂性能以及参数发生改变的,其所有者应当及时在无人机一体化综合监管服务平台更新性能及参数信息。

综上所述,民用无人机的最新管理规定涵盖了分类管理、飞行空域与申请、商业飞行与责任保险以及其他相关规定。这些规定旨在规范无人驾驶航空器飞行以及有关活动,促进无人驾驶航空器产业健康、有序发展,同时维护航空安全、公共安全和国家安全。

## 3.4 航空器空域管理的挑战与应对措施

空域管理对于维护国家安全、保障飞行安全、促进航空事业发展具有重要意义。然而,随着经济社会的发展和航空需求的不断增长,空域管理也面临着诸多挑战,如空域资源紧张、空域使用效率不高、低空经济快速发展带来的新需求等。因此，需要不断完善空域管理法规、优化空域资源配置、提高空域使用效率，以满足不同空域用户的需求，并推动航空事业的持续发展。

1. 优化空域资源配置

通过科学规划和管理，提高空域资源的利用效率；设立更多的适飞空域，满足民用无人机的飞行需求。

2. 加强飞行安全监管

建立健全无人机飞行安全监管体系，加强飞行活动的监测和预警；对无人机飞手进行安全教育和培训，提高飞行安全意识。

3. 保护隐私和公共安全

加强对无人机拍摄活动的监管，防止侵犯个人隐私和泄露国家机密；在敏感区域和关键设施周边设立禁飞区，确保公共安全。

综上所述，民用无人机的空域分类及管理是一个复杂而系统的过程，需要综合考虑飞行安全、公共利益和法规要求，并不断完善相关法规和政策。通过优化空域资源配置、加强飞行安全监管和保护隐私与公共安全等措施，推动民用无人机行业健康发展。

## 3.4.1 飞行规则与程序

无人机的飞行过程遵守一般运行和飞行规则，这两个内容是不同领域中的概念，分别涉及不同行业的操作规范和安全要求。无人机在日常运行过程当中，遵守一般运行规则和飞行规则的主要目的是保障安全、维护空中交通秩序安全、保护公众隐私和安全、避免法律风险等。以下是对这两个规则的详细阐述：

### 3.4.1.1 一般运行规则

飞行规则是指为确保飞行安全而制定的规范和标准，主要涉及航空领域。这些规则涵盖了飞行活动的各个方面，包括空域管理、飞行管制、机场区域内飞行、航路和航线飞行、飞行间隔、飞行指挥等。具体规则因国家而异，但通常包括以下几个方面的要求：

（1）空域管理。规定空域的划设、调整和使用要求，以确保空域资源的合理利用和飞行活动的安全有序进行。

（2）飞行管制。对飞行活动进行统一的管制和指挥，包括飞行计划的审批、飞行过程中的监控和指挥等，以确保飞行活动的安全和效率。

（3）飞行安全要求。制定飞行安全标准和程序，包括飞行员的资质要求、飞行前的准备工作、飞行过程中的安全操作要求等，以减少飞行事故的发生。

（4）应急处理方案。制定飞行过程中可能出现的紧急情况的应对方案，包括机械故障、恶劣天气、空中相撞等紧急情况的处置程序，以确保飞行安全。

以《中华人民共和国飞行基本规则》为例，该规则详细规定了中华人民共和国境内的飞行活动应遵循的基本原则和要求，包括空域管理、飞行管制、机场区域内飞行、航路和航线飞行等方面的具体规定。这些规则旨在维护国家领空主权，规范飞行活动，保障飞行安全。

《一般运行和飞行规则》规定要求：

（1）设备操作规范。规定设备的正确操作方法、启动和停机程序、日常维护和保养要求等，以确保设备的稳定运行和延长使用寿命。

（2）安全管理规定。制定安全操作规程、事故预防措施、应急处理方案等，以减少或避免安全事故的发生，保障人员和设备的安全。

（3）人员培训和资质要求。规定操作人员必须接受的专业培训、考核和资质认证要求，以确保他们具备必要的技能和知识来安全、有效地执行工作任务。

（4）记录和报告制度。要求记录设备运行的关键参数、故障情况和维修记录等，以便进行故障分析和性能评估，同时要求定期提交运行报告，以监测和评估系统的整体性能。

以电网运行为例，其运行规则包括电网的规划、设计与建设要求，并网与互联的规范，电网运行的安全稳定要求等。这些规则旨在确保电力系统的安全、优质和经济运行，维护社会公共利益和电力投资者、经营者、使用者的合法权益。

综上所述，《一般运行和飞行规则》适用于不同领域和行业，是为确保相关活动的安全、有序和高效进行而制定的规范和标准。

#### 3.4.1.2 飞行规则

飞行规则是指为确保飞行安全而制定的规范和标准，主要涉及航空领域。这些规则涵盖了飞行活动的各个方面，包括空域管理、飞行管制、机场区域内飞行、航路和航线飞行、飞行间隔、飞行指挥等。

无人机的运行和飞行需遵循一系列规则，以确保航空安全、公共安全和个人安全。以下是根据《无人驾驶航空器飞行管理暂行条例》及相关规定整理的限制要求：

##### 1. 空域限制

微型、轻型、小型无人驾驶航空器在真高 120 m 以下（管制空域除外）为适飞空域，可自由飞行，无需提交飞行活动申请。注意，组织微型、轻型、小型无人驾驶航空器在适飞空域内的飞行活动，如存在通过通信基站或者互联网进行无人驾驶航空器中继飞行、运载危险品或者投放物品（常规农用无人驾驶航空器作业飞行除外）、飞越集会人群上空、在移动的交通工具上操控无人驾驶航空器、实施分布式操作或者集群 5 种情形的，也应当提出飞行活动申请。

在管制空域内飞行，如真高 120 m 以上的空域、空中禁区、空中限制区及其周边空域、军用航空超低空飞行空域、机场及周边区域、军事禁区、重要革命纪念地等，必须提前向相应飞行管制分区的空中交通管制机构递交申请，并获得许可后方可进行。

组织无人驾驶航空器飞行活动的单位或个人，应在拟飞行前1日12时前，通过民用无人驾驶航空器综合管理平台（UOM）提出飞行活动申请，以确保飞行活动的合规性和安全性。

2. 行为限制

（1）无人机飞行应遵守指定区域、高度和时间限制，不得侵犯他人隐私或妨碍其他飞行器。

（2）禁止在机场、重要设施周围或禁飞区域飞行无人机。

（3）无人机必须注册并标识，飞行中应保持可见性，避免与其他航空器发生碰撞。

（4）操作者不得使用无人机从事非法活动、侵犯他人权益或危害公共安全。

### 3.4.1.3 不遵守一般运行规则和飞行规则须承担的责任

（1）法律责任方面。

①罚款。根据《中华人民共和国民用航空法》等相关法律法规，违反飞行规则的单位或个人可能会被处以罚款。例如，民用航空器未经空中交通管制单位许可进行飞行活动，对该民用航空器所有人或者承租人处以1万元以上10万元以下的罚款。

②吊销执照。对于违反飞行规则的航空人员，如飞行员、空中交通管制员等，可能会被吊销执照。比如，机长违反规定未对民用航空器实施检查而起飞，情节较重的，可以给予吊销执照的处罚。

③刑事处罚。如果违规行为导致了严重的后果，如造成重大安全事故、人员伤亡等，相关人员可能会面临刑事处罚。例如，因飞行员操作失误导致飞机坠毁，造成大量人员伤亡和财产损失，该飞行员可能会被追究刑事责任。

（2）安全风险方面。

①空中相撞风险。不遵守空域规定、飞行高度、航线等规则，会使空中交通变得无序，极大地增加了与民航航班或其他航空器发生碰撞的危险。

②干扰空管指挥系统。违规飞行可能导致空中交通管理指挥失效，影响其他正常飞行的安全，对整个空域管理造成混乱，形成连锁反应。

③地面人员与财产安全隐患。不规范的飞行行为不仅威胁到空中的安全，也使得地面人员和财产暴露在潜在风险之下，增加了意外发生的可能性。

（3）行业影响方面。

①企业层面。对于企业来说，违规飞行的直接后果是面临重罚，可能包括巨额罚款、停业整顿，甚至吊销经营许可，严重打击企业声誉。

②个人层面。对于违规飞行的个人来说，可能面临的严重法律制裁将让个人蒙受经济损失，甚至可能导致飞行执照的吊扣和吊销，影响其职业生涯。

③行业层面。违规飞行破坏了民航业严格空域管理秩序的根基，对飞行安全构成极大威胁，可能导致全行业安全水平的下降，破坏了行业秩序，威胁到整体飞行安全。

不遵守无人机一般运行规则和飞行规则的案例如下：

2022 年 10 月，某单位与被告某测绘公司签订《地质灾害点隐患排查委托协议》，委托该测绘公司通过无人机航拍方式，获取工作地面航拍照片，用于开展山区地质灾害隐患排查、废弃矿区治理等各项工作。然而，该测绘公司在未取得空域管理部门批准的情况下，擅自指派未取得民用无人机驾驶执照的林某进行无人机测绘工作。

2022 年 11 月 28 日，林某在明知未申请飞行空域的情况下，擅自在涉案地区空域操控自己组装的无人机进行拍照测绘。这一行为被空军雷达监测识别为异常空情，随后军队有关部门组织空地多支力量及装备参与查证处置，导致大量国防战备资源被损耗。

案情的处理

①调查取证。军事检察机关将案件线索移送至该市检察院，检察院启动民事公益诉讼程序。检察院依法立案，并向相关部门调取涉案违法证据，积极与军事检察机关进行沟通，协调相关部队向检察院提供军事损失证据材料。

②确定违法行为人。在查明违法事实后，确定某测绘公司、林某为违法行为人。

③公益诉讼。经过公告程序，未有法律规定的机关和有关组织提起诉讼。检察院作为公益诉讼起诉人，依法向该市中级人民法院提起民事公益诉讼，诉请被告赔偿国防军事利益损失并在国家级媒体公开赔礼道歉。

④法院判决。该市中级人民法院对本案进行公开宣判，判决被告某测绘公司及林某赔偿国防战备资源损失共计 12 万余元，并通过国家级媒体公开赔礼道歉，消除不良影响。被告认可判决结果，愿意承担赔偿责任，并通过国家级媒体做出诚恳道歉。

案情的启示

无人机“黑飞”行为严重扰乱空域管理秩序，危害国防安全，造成国防战备资源损失，侵害了国家利益。

无人机操作者应严格遵守相关法律法规，确保飞行活动的合法性和安全性。对于无人机不遵守一般运行规则和飞行规则的“黑飞”等违法行为，军地检察机关应密切协作，联合开展调查取证，依法提起诉讼，维护国防利益和公共安全。

综上所述，这是一起典型的无人机不遵守一般运行规则和飞行规则，从而导致国防战备资源损失的案件，国家有关部门将重点整治和打击违法行为。它提醒我们，无人机操作者必须严格遵守飞行规则，确保飞行活动的合法性和安全性，以避免类似事件的发生。

## 3.4.2 空域的管理要求

### 3.4.2.1 实名登记管理

1. 实名登记的主体

(1) 中华人民共和国公民。

(2) 依照中华人民共和国法律设立的法人。

所有民用无人驾驶航空器所有者应当依法进行实名登记。访问民用无人驾驶航空器综合管理平台（UOM）的官方网址：https：//uas. caac. gov. cn。

进入首页后，点击右上角的“登记管理”选项，再选择“实名登记”。具体如图 3-4 所示。

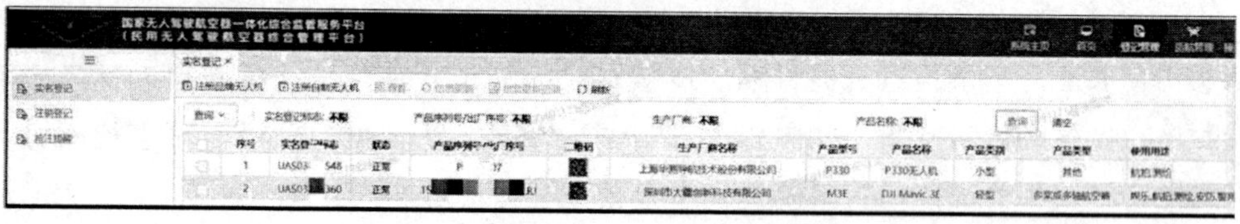


图 3-4　民用无人驾驶航空器综合管理平台实名登记管理

注册品牌无人机，并验证所有人信息，包括手机扫码刷脸验证。根据要求上传照片，完成无人机注册。

完成注册后，在无人机不易损伤、不需要借助任何其他工具就能查看的部件上采用耐久性方法粘贴包含登记号和唯一识别二维码的不干胶粘贴牌。

2. 操控员管理

(1) 操控员执照。操控小型、中型、大型民用无人驾驶航空器的人员必须满足以下条件，并向国务院民用航空主管部门申请相应的操控员执照：

①具备完全民事行为能力。

②接受专业的安全操控培训，并通过民用航空管理部门的考核。

③确保无可能影响操控行为的疾病病史，且无吸毒行为记录。

④近 5 年内无因危害国家安全、公共安全或侵犯公民人身权利、扰乱公共秩序等故意犯罪而受到刑事处罚的记录。

操控小型、中型、大型民用无人机的人员必须持有相应执照。民用无人机操控员执照如图 3-5 所示。操控微型、轻型民用无人机的人员无需取得操控员执照，但应熟练掌握有关机型的操作方法，了解风险警示信息和有关管理制度。

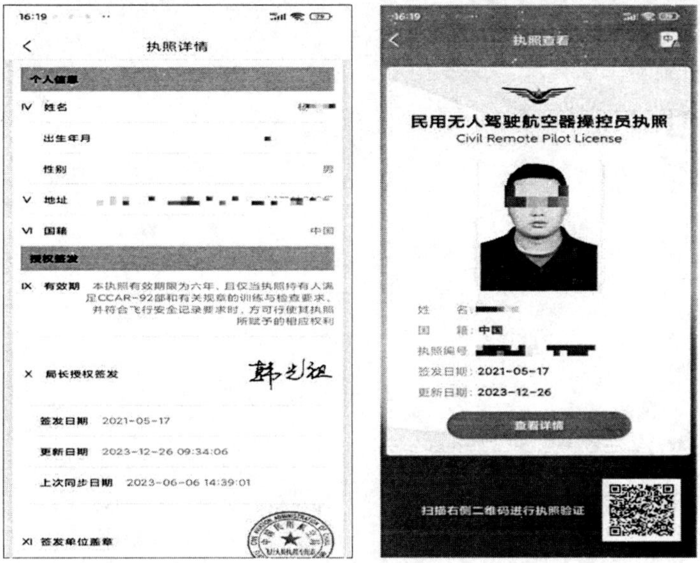

图 3-5　民用无人机操控员执照

（2）特殊规定。

①从事常规农用无人驾驶航空器作业飞行的人员无需取得操控员执照，但必须由农用无人驾驶航空器系统生产者按照国务院民用航空和农业农村主管部门的规定进行培训及考核，合格后方可取得操作证书。

②无民事行为能力人只能操控微型民用无人驾驶航空器飞行，限制民事行为能力人只能操控微型、轻型民用无人驾驶航空器飞行，且必须在完全民事行为能力人（需符合取得操控员执照的条件）的现场指导下进行。

### 3.4.2.2　飞行许可证申请条件

（1）首先，申报主体必须是企业法人，而且法定代表人应是中国籍公民。

（2）企业得至少拥有一架无人驾驶航空器，并且要在民用无人驾驶航空器实名登记信息系统中完成实名登记，让无人机有合法身份。

（3）如果想从事培训类经营活动，还应具备行业主管部门或经其授权机构认可的培训能力。要有专业的师资队伍、科学的培训课程和完善的教学设施。

（4）要投保无人驾驶航空器地面第三人责任险，为可能出现的意外情况做好保障。

（5）不同地区可能会有一些额外的申报条件，所以在申报之前一定要详细咨询当地民用航空管理部门或代办机构，了解清楚具体要求和流程。

### 3.4.2.3　无人机运营合格证申请材料

（1）企业工商营业执照。

（2）法定代表人身份证明文件。

（3）无人驾驶航空器、运行设备设施的购买合同、租赁合同或者协议文件的副本。

（4）与管理人员、无人驾驶航空器操控员签订的劳动合同。

（5）说明计划运行的性质和范围的文件。

（6）其他材料。

无人机经营许可证如图 3-6 所示。

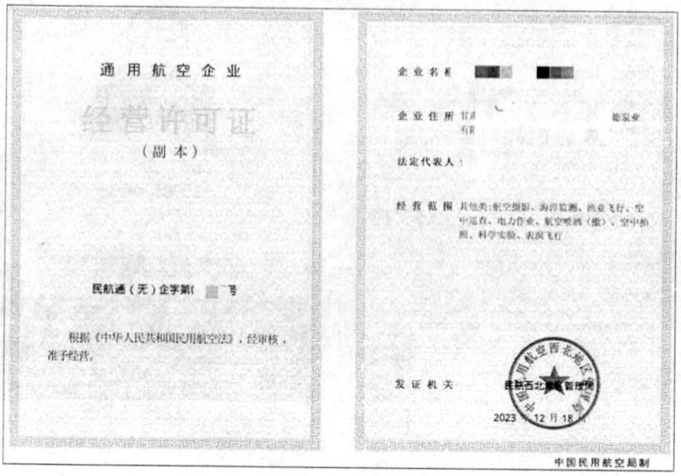
通用航空企业
经营许可证
（副本）
民航通（无）企字第（[redacted]）号
根据《中华人民共和国民用航空法》，经审核，准予经营。

企业名称 [redacted]
企业住所
法定代表人：
经营范围 其他类：航空摄影、海洋监测、渔业飞行、空中巡查、电力作业、航空喷洒（撒）、空中拍照、科学实验、表演飞行
发证机关 民航西北地区管理局
2023 年 12 月 18 日
中国民用航空局制

图 3-6　无人机经营许可证

### 3.4.2.4　无人机运营合格证办理流程

步骤 1：登录民用无人驾驶航空器综合管理平台（https：//uom.caac.gov.cn/#/login），注册并登录单位账号（若已有账号可忽略）。

步骤 2：进入运营许可模块，点击“初始合格审定申请”。

步骤 3：点击“新建”，进入民用无人驾驶航空器运营合格证申请界面，按要求填写带 * 号的必填字段，包括申请人信息、运营信息、无人机型号、风险评估信息、运行风险等。

步骤 4：上传相关附件材料，如符合局方（中国民用航空局飞行标准司）所要求内容的手册，民用无人驾驶航空器及运行设备设施的购买或租赁合同副本，与管理人员和民用无人驾驶航空器操控员签订的劳动合同，说明计划运行的性质和范围的文件，符合局方要求的保证持续具备按照制度、规程、手册实施安全运营能力的运行风险评估报告及测试验证文件，申请人符合相关规则所有适用条款的符合性声明等；若申请从事经营活动，还应当提交营业执照、法定代表人身份证明文件，涉及外商投资的需提供股东、实际控制人及管理团队合规性声明文件、拟申请的经营种类及相关说明材料等。

步骤 5：填写运营规范（开放类则无需填写）；

步骤 6：填写完成后点击“完成”并提交申请，等待相关部门审查。

民用无人驾驶航空器运营合格证如图 3-7 所示。

中国民用航空局
CIVIL AVIATION ADMINISTRATION OF CHINA(CAAC)

民用无人驾驶航空器运营合格证
Remotely Piloted Aircraft Systems (RPAS)
Air Operator Certificate

编号（NUMBER）：

运营人名称/NAME OF OPERATOR [redacted]
运营人地址/BUSINESS ADDRESS
主运行基地/PRINCIPAL BASE OF OPERATIONS 甘肃

经审查，该航空运行人符合**中国民用航空规章第 92 部（CCAR-92）**的要求。
Upon findings that the air operator complies with the requirements of CHINA CIVIL AVIATION REGULATION Part 92 (CCAR-92).

批准从事如下运行种类：
the air operator is approved to conduct operations of the following category:
□留空飞行 Hover Operation ☒航线飞行 Line Operation ☒其他飞行 Others

批准从事如下经营种类：
the air operator is approved to conduct commercial operations of the following category:
□载客类 Passenger Transportation □载人类 Person onboard □载货类 Laden ☒培训类 Training ☒其他类 Others

请扫描二维码核验经批准的具体运营内容。
Please scan the QR code to verify the approved operation.

上述运行的具体限制详见局方批准的**《运营规范》**。
Limitations for above operations may refer to **OPERATION SPECIFICATION** approved by CAAC.

本合格证有效期至 2029年02月28日
This certificate is valid until

局长授权/FOR THE ADMINISTRATOR OF CAAC
签字/SIGNATURE: 韩光祖　　签发日期/DATE ISSUED: 2024 年　月/M 08日/D
职务/POSITION: 飞行标准司司长　　更新日期/DATE UPDATED:　年　月/M　日/D

图 3-7　民用无人驾驶航空器运营合格证

### 3.4.2.5　避让规则

无人机避让规则主要包括以下几点：

（1）在飞行过程中，无人机应避让有人驾驶航空器、无动力装置的航空器，以及地面、水上交通工具。

（2）单架飞行避让集群飞行。单个无人机在飞行时，应避让已经在空中的无人机集群。

（3）微型无人驾驶航空器避让其他无人驾驶航空器。小型无人机在飞行时，应主动避让体型较大或其他类型的无人机。

（4）国家空中交通管理领导机构规定的其他避让规则。除上述规则外，还应遵守国家相关部门可能规定的其他避让原则或指导方针。

这些规则旨在确保无人机飞行的安全，避免不必要的空中交通冲突。在操作无人机时，操作者应始终保持警觉，遵守相关空域规定，确保无人机安全飞行。

### 3.4.2.6　高度限制

根据中国民用航空局相关规定，无人机飞行高度限制如下：

1. 基础高度限制

①微型无人机（≤0.25 kg）：真高（距离地面真实高度）不超过 50 m。

②轻型无人机（≤7 kg）：真高不超过 120 m。

③中、大型无人机：无适飞空域，需提前申请空域。

2. 特殊场景补充

①楼顶等高处起飞：需计算离地真实高度。例如在 100 m 高楼顶起飞，无人机距楼顶高度必须不大于 20 m；

②商业/专业用途：需持证飞行，且高度限制可能因任务类型调整，但通常不超过 500 m。

3. 违规后果

①行政处罚。首次违规可能被警告或罚款 200 元，二次违规最高罚款 2 万元并暂扣设备。

②刑事责任。若干扰民航或造成重大事故，最高可判 3 年以上有期徒刑。

③信用影响。违规记录将影响未来飞行申请及商业合作。

4. 合规建议

飞行前通过“民用无人驾驶航空器综合管理平台”查询实时空域；使用内置限高模块的合规设备，并开启高度实时监控功能；避开机场、军事区、人群密集区等禁飞区。

以上规定依据《无人驾驶航空器飞行管理暂行条例》及最新执法案例整理。

#### 3.4.2.7 禁飞区域

（1）机场净空区。以兰州中川国际机场为例，跑道中心线两侧各 10 km、两端各 20 km 范围内为绝对禁飞区，违规可能引发航班延误或刑事责任。

（2）军事与国家安全区域。包括边境线 10 km 内、军事基地、核设施等，误入可能触犯《中华人民共和国反间谍法》。

（3）公共基础设施。发电厂、变电站、铁路沿线等周边 500 m 内禁飞。

（4）临时禁飞管控。重大活动期间（如体育赛事、文艺演出），公安机关会通过电子围栏划定半径 500 m 的临时禁飞区，违规者最高可拘留 15 日并罚款 3 万元。

### 3.4.3 法律责任

违反《无人驾驶航空器飞行管理暂行条例》等规定者，将由中国民用航空局、公安部、工业和信息化部等相关部门依法处罚。具体处罚措施包括但不限于：

①民用无人驾驶航空器未经实名登记实施飞行活动的，由公安机关责令改正，并处以罚款。

②未经批准操控微型、轻型、小型民用无人驾驶航空器在管制空域内飞行，或者操控模型航空器在空中交通管理机构划定的空域外飞行的，由公安机关责令停止飞行，并处以罚款；情节严重的，没收实施违规飞行的无人驾驶航空器。

③未取得操控员执照操控民用无人驾驶航空器飞行的，由民用航空管理部门处 5 000 元以上 5 万元以下罚款；情节严重的，处 1 万元以上 10 万以下的的罚款。

④外国无人驾驶航空器或者由外国人员操控的无人驾驶航空器在我国境内实施测

绘飞行活动的，由县级以上人民政府测绘地理信息主管部门责令停止违法行为，并处以罚款；情节严重的，并处更重的罚款，并由公安机关、国家安全机关按照职责分工决定限期出境或者驱逐出境。

## 3.4.4 飞行许可与限制项目案例——某地区无人机测绘项目申报空域与协调流程

无人机测绘技术中的空域申报与协调流程是确保飞行合法性和安全性的关键环节，需严格遵循国家航空法规和空域管理要求。以下是具体流程及注意事项。

### 3.4.4.1 空域申报法律依据

#### 1. 核心法规

（1）《中华人民共和国民用航空法》。

（2）《民用无人驾驶航空器飞行管理暂行条例》。

（3）《通用航空飞行管制条例》。

（4）《中华人民共和国测绘法》及测绘资质管理相关规定（若涉及测绘作业）。

#### 2. 管理主体

（1）中国民用航空局：负责空域划设、飞行计划审批。

（2）空军航管部门：负责空域使用协调与批复。

（3）地方空管分局/站：具体执行飞行计划申报。

（4）测绘主管部门：若测绘需获取地理数据，需提前报备。

### 3.4.4.2 空域申报流程

#### 1. 前期准备

（1）资质确认。无人机需完成实名登记（中国民用航空局无人机实名登记系统），如图 3-4 所示。

（2）测绘单位需具备测绘资质证书。乙级及以上测绘资质如图 3-8 所示。

图 3-8　乙级测绘资质证书

(3) 飞行员需持有有效证照。民用无人机操控员执照如图 3-5 所示。

**2. 空域类型判断**

(1) 管制空域。需提前申请，包括机场进近区、航路航线等（需军方审批）。

(2) 非管制空域。部分区域仍需报备（如城市郊区、农村），临时空域飞行需申请，申请表如图 3-9 所示。

(3) 禁飞区/限制区。如军事禁区、核电站、机场等，禁止飞行。

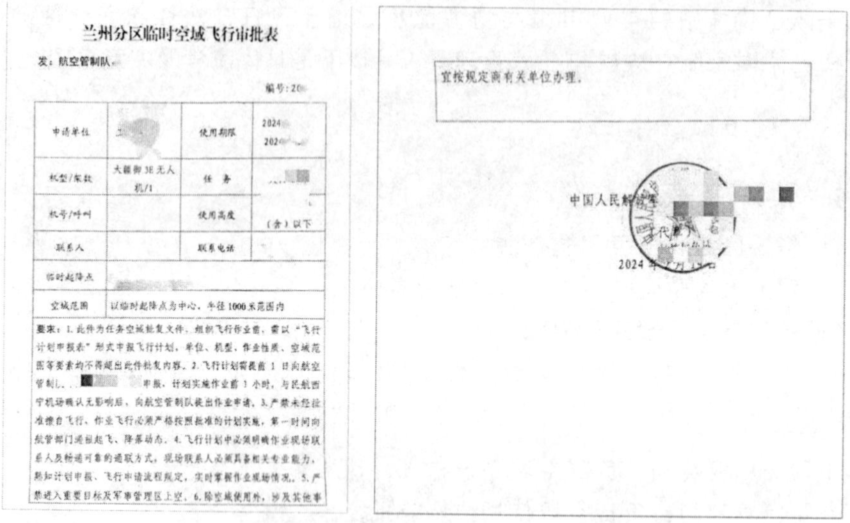

兰州分区临时空域飞行审批表

发：航空管制队

编号：20

| | | | |
|---|---|---|---|
| 申请单位 | [redacted] | 使用期限 | 2024<br>202 |
| 机型/架数 | 大疆御 3E 无人机/1 | 任务 | [redacted] |
| 机号/呼叫 | | 使用高度 | （含）以下 |
| 联系人 | | 联系电话 | |
| 临时起降点 | [redacted] | | |
| 空域范围 | 以临时起降点为中心，半径 1000 米范围内 | | |

要求：1. 此件为任务空域批复文件，组织飞行作业前，需以“飞行计划申报表”形式申报飞行计划，单位、机型、作业性质、空域范围等要素均不得超出此件批复内容。2. 飞行计划需提前 1 日向航空管制 [redacted] 申报，计划实施作业前 1 小时，与民航西宁机场确认无影响后，向航空管制队提出作业申请。3. 严禁未经批准擅自飞行，作业飞行必须严格按照批准的计划实施，第一时间向航管部门通报起飞、降落动态。4. 飞行计划中必须明确作业现场联系人及畅通可靠的通联方式，现场联系人必须具备相关专业能力，熟知计划申报、飞行申请流程规定，实时掌握作业现场情况。5. 严禁进入重要目标及军事管理区上空。6. 除空域使用外，涉及其他事

宜按规定商有关单位办理。

中国人民解放军 [redacted]

2024 年

图 3-9 临时空域飞行申请表

**3. 提交飞行计划**

(1) 申报渠道。民用无人驾驶航空器综合管理平台（UOM）（图 3-10）或地方空管指定平台。

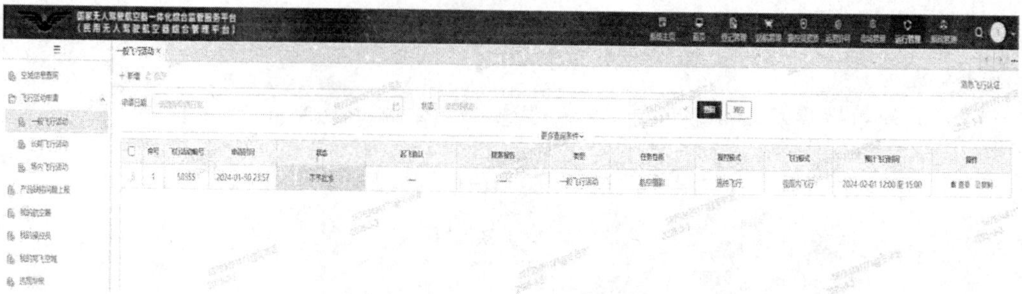


图 3-10 民用无人驾驶航空器综合管理平台（UOM）

（2）线下申报。向当地空管分局提交纸质材料（紧急或特殊任务），如图 3-11 所示。

民用无人机飞行活动申请审批表

<table>
<tr><td>申请单位</td><td colspan="4"></td><td>联系人</td><td></td><td>联系电话</td><td></td></tr>
<tr><td>承飞单位</td><td colspan="4"></td><td>联系人</td><td></td><td>联系电话</td><td></td></tr>
<tr><td>无人机机型</td><td></td><td>产品SN</td><td colspan="2"></td><td>飞控SN</td><td></td><td>DJI账号</td><td></td></tr>
<tr><td>飞行目的</td><td colspan="4"></td><td>飞行区域</td><td colspan="3">以临时起降点为中心，半径15千米范围内</td></tr>
<tr><td rowspan="2">飞行区域坐标<br>请填写解禁区域的中心点坐标</td><td>北纬</td><td colspan="3"></td><td rowspan="2">预计飞行半径<br>请根据实际需求填</td><td rowspan="2">15000米</td><td rowspan="2">飞行高度</td><td rowspan="2">真高400米及以下</td></tr>
<tr><td>东经</td><td colspan="3"></td></tr>
<tr><td>飞行起止时间<br>请根据实际需求填写</td><td colspan="8">2025 年　4月25日 起 至　　2025　年 4 月30日　止</td></tr>
<tr><td rowspan="3">申请单位<br>审核意见</td><td colspan="2">申请单位的盖章<br>（盖章）<br>2025年　月　日</td><td rowspan="3">承飞单位<br>审核意见<br>(如与申请单位不同)</td><td>承担飞行活动的单位盖章<br>（盖章）<br>2025年　月　日</td><td colspan="2" rowspan="3">管理部门<br>审批意见<br>(公安/民航/军航 等)</td><td colspan="2">当地军航、民航、或公安局等任一机构批准飞行的函或文件（任一个部门盖章即可）<br>年　月　日</td></tr>
<tr><td colspan="2">审核人：</td><td>审核人：</td><td colspan="2">审核人：</td></tr>
<tr><td colspan="2">联系方式：</td><td>联系方式：</td><td colspan="2">联系方式：</td></tr>
</table>

图 3-11　民用无人机飞行活动申请审批表（纸质）

## 4. 申报材料

（1）飞行计划表（时间、高度、范围、坐标）。

（2）无人机信息（型号、注册号、性能参数）。

（3）作业人员资质（飞行员执照、测绘资质）。

（4）应急预案（通信失效、设备故障等处置措施）。

（5）测绘任务批准文件（如涉及地理数据采集）。

## 5. 审批与协调

（1）军航或地方民航、地方公安等空中交通管理机构审批。管制空域需通过“军民航空管联合办公机制”提交申请，通常需提前 7 个工作日。

（2）协调内容：飞行时段、高度层、避让民航航线等。

## 6. 民航批复

非管制空域由地方空管部门审核，批复后下发飞行许可。

## 7. 协调流程要点

（1）空域冲突协调。与民航航班、军用训练空域冲突时，需调整飞行计划或暂停任务。使用无人机云系统实时获取空域动态，避免临时变更。

（2）地方部门沟通。

①公安机关：部分区域需提前备案（如城市核心区）。

②地方政府：涉及跨行政区作业时，需协调多地管理部门。

（3）应急协调。如遇突发天气或空域管制，立即联系空管部门申请改期或航线调整。测区航线及电子围栏应急设置如图 3-12 所示。

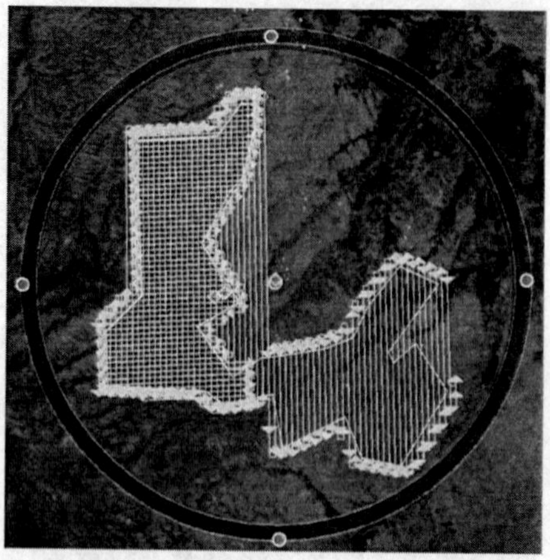

图 3-12　测区航线及电子围栏应急设置

**8. 注意事项**

（1）禁飞区规避。使用官方地图（如无人机飞行地图 App）提前确认禁飞区。

（2）避开机场净空区（通常半径 5 km 内）、人口密集区等。

**9. 实时报备**

（1）起飞前 1 h 通过无人机云系统激活飞行计划。

（2）飞行中保持与空管部门的通信畅通（如开启 ADS－B 或北斗定位回传）。

**10. 数据安全**

测绘获取的地理数据需符合《测绘成果管理条例》的规定，避免泄密。

**11. 保险与责任**

建议购买无人机第三者责任险，应对意外风险。

**12. 常见问题与解决方案**

（1）申报被拒原因：材料不全、空域冲突、未获军方许可、天气条件不符。

（2）解决方案：提前规划、多渠道沟通、预留审批时间（建议至少提前 5 个工作日）。

通过以上流程，可确保无人机测绘任务在合法合规的前提下高效实施。实际操作中需结合当地空管部门的具体要求灵活调整。

## 3.4.5 空中交通管制

《民用无人驾驶航空器系统空中交通管理办法》（MD－TM－2016－004）由中国民用航空局空管行业管理办公室制定，旨在规范民用无人驾驶航空器（无人机）在特定空域内的飞行活动，确保空中交通安全。

### 3.4.5.1　空中交通管制遵循依据

(1) 法律依据。《中华人民共和国民用航空法》《通用航空飞行管制条例》等上位法。隔离空域划设和间隔要求基于《民用航空空中交通管理规则》，保障与传统航空器的安全共存。

(2) 安全优先原则。隔离空域设计通过物理隔离降低碰撞风险，技术参数(如 10 km 水平间隔)体现对传统航空器运行的绝对保护。电子围栏和感知与避让能力要求，强化无人机主动规避风险的技术责任。

(3) 分级管理机制。通过免评审条件(如 7 km 以下、视距内飞行)简化小微无人机操作流程，降低行政成本；复杂场景(如超视距、人口稠密区)需严格评审，体现风险管理差异化。

(4) 责任主体明确。运营人需确保飞行持续合规，并对安全负最终责任；操控员和观测员需持证上岗，强化人员资质管理。

(5) 无线电合规性。禁止语音广播信号发射，防止干扰民航通信(如塔台频率)，遵守《中华人民共和国无线电管理条例》。

(6) 应急与协同机制。空管单位需与军航、机场等建立通报协调机制，确保突发情况(如无人机越界)快速处置，体现多部门协同治理。

(7) 适用范围。适用于航路航线、进近(终端)和机场管制地带等民用航空使用空域内的无人机活动，或对上述空域运行存在影响的无人机飞行。

### 3.4.5.2　空中交通管制管理主体

(1) 中国民用航空局负责全国监督；地区管理局负责辖区内的监督和管理；空管单位为管制空域内的无人机提供空中交通服务。

(2) 核心原则。无人机仅允许在隔离空域内飞行，由活动组织者负责安全，且同一空域需明确单一责任主体。

(3) 评估管理免评审条件。同时满足以下条件可免于地区管理局评审：机场净空保护区外；起飞重量不大于 7 kg；视距内昼间飞行(速度不大于 120 km/h)；符合适航、操控员资质、飞行前检查等要求。

(4) 需评审情形。不满足上述条件时，需提交空域使用申请及安全评估报告，由地区管理局审查。

(5) 评估内容。涵盖无人机性能、飞行计划、空管保障措施、通信导航设备、应急程序等 12 项内容。

(6) 系统限制。需评审的飞行活动必须使用遥控驾驶航空器系统(非自主系统)，并配备电子围栏。

### 3.4.5.3　空中交通管制隔离空域划设及运行要求

(1) 水平边界距其他空域不小于 10 km；垂直边界与其他空域间隔如图 3-1 所示。

（2）禁设区域。飞行密集区、人口稠密区、重点地区、繁忙机场周边。

（3）运行要求。无人机需与隔离空域边界保持 5 km 以上距离；操控员需持续监控飞行状态，发现越界立即通报；空管单位需制定应急程序（如通信失效、避让侵入航空器）。

（4）无线电管理无人机使用的无线电设备及频率需符合国家法规，不得干扰航空无线电频率。禁止行为：未经批准不得在无人机上发射语音广播信号。

（5）民用无人驾驶航空器系统。民用无人驾驶航空器系统指民用无人驾驶航空器及与其安全运行有关的组件，主要包括遥控站、数据链路等。

（6）遥控驾驶航空器系统。遥控驾驶航空器系统是由遥控驾驶航空器、相关的遥控站、所需的指挥与控制链路以及批准的型号设计规定的任何其他部件构成的系统。

（7）遥控驾驶航空器。遥控驾驶航空器是由遥控站操纵的无人驾驶航空器。遥控驾驶航空器是无人驾驶航空器的一种体现。

（8）遥控站。遥控站是遥控驾驶航空器系统的组成部分，包括用于操纵遥控驾驶航空器的设备。

（9）指挥与控制链路。指挥与控制链路是遥控驾驶航空器和遥控站之间为实现飞行管理目的建立的数据链接。

（10）自主无人驾驶航空器系统：不允许操控员介入飞行管理的无人驾驶航空器。

（11）电子围栏。电子围栏是指为防止民用无人驾驶航空器飞入或者飞出特定区域，在相应电子地理范围中画出其区域边界，并配合飞行控制系统，保障区域安全的软硬件系统。

（12）感知与避让。观察、发现、探测交通冲突或其他危险，并采取适当行动的能力。

（13）运营人。运营人是指从事或拟从事航空器运营的个人、组织或者企业。

（14）操控员。由运营人指派对遥控驾驶航空器的运行负有必不可少职责，并在飞行期间适时操纵无人驾驶航空器的人。

（15）观测员。由运营人指定的训练有素的人员，通过目视观测遥控驾驶航空器协助操控员安全实施飞行。

（16）隔离空域。专门分配给无人驾驶航空器系统运行的空域，通过限制其他航空器的进入以规避碰撞风险。

（17）非隔离空域。无人驾驶航空器系统与其他有人驾驶航空器同时运行的空域。

（18）目视视距内。操控员或观测员与无人驾驶航空器保持直接目视视觉接触的运行方式。

（19）直接目视视觉接触的范围为真高 120 m 以下；距离不超过操控员或观测员视线范围或最大 500 m 半径的范围，两者中取较小值。

（20）超目视视距。无人驾驶航空器在目视视距以外的运行方式。

（21）无线电视距内。无线电视距内是指发射机和接收机在彼此的无线电覆盖范围之内能够直接进行通信，或者通过地面网络使远程发射机和接收机在无线电视距内，并且能在相应时间范围内完成通信传输的情况。

（22）超无线电视距。超无线电视距是指发射机和接收机不在无线电视距之内的情况。因此所有卫星系统都是超无线电视距的，遥控站通过地面网络不能在相应时间范围与至少一个地面站完成通信传输的系统也都是超无线电视距的。

（23）机场净空区。机场净空区也称机场净空保护区域，是指为保护航空器起飞、飞行和降落安全，根据民用机场净空障碍物限制图要求划定的空间范围。

（24）人口稠密区。人口稠密区是指城镇、村庄、繁忙道路或大型露天集会场所等区域。

（25）重点地区。重点地区是指军事重地、核电站和行政中心等关乎国家安全的区域及周边，或地方政府临时划设的区域。

## 习　题

### 一、单选题

1. 以下空域通常用于军事训练，未经许可禁止民用航空器进入的是（　　）。

A. 管制空域　　B. 监视空域　　C. 限制区　　D. 报告空域

2. 空域管理中，通过雷达、ADS—B等设备对航空器进行实时监控的管理方式属于（　　）。

A. 程序管制　　B. 雷达管制　　C. 流量管理　　D. 空域规划

3. 为应对空域拥堵，以下不属于优化空域结构方式的是（　　）。

A. 增加临时航线　　B. 调整航路高度层

C. 限制航空器起降时间　　D. 划分灵活使用空域

4. 在我国，对航空器飞行活动实施严格管制，保障其安全有序飞行的空域类型是（　　）。

A. 监视空域　　B. 管制空域　　C. 报告空域　　D. 限制区

### 二、填空题

1. 在航空器空域管理中，为解决军民航协调难题，需要建立健全________机制，加强信息共享与沟通。

2. ________空域通常用于特定的军事活动或危险作业，未经许可，任何航空器不得进入。

### 三、简答题

1. 我国空域主要划分为哪几类？

2. 简述空域管理的主要任务。

3. 分析航空器空域管理面临的主要挑战，并提出相应的应对措施。

4. 针对无人机空域管理，目前有哪些常见的应对措施？

# 第 4 章

# 民用无人机管理法律制度

无人机管理涉及人员、无人机、飞行环境、违法违规飞行查控等方面，从流程而言，牵涉规划设计、生产制造、市场准入、空中飞行及事后处置的全方位过程。

《无人驾驶航空器飞行管理暂行条例》第二条规定了无人驾驶航空器，是指没有机载驾驶员、自备动力系统的航空器。无人驾驶航空器按照性能指标分为微型、轻型、小型、中型和大型，外加农用无人机有特殊规定。机型分类与性能指标对应表见表 4-1。

**表 4-1　机型分类与性能指标对应表**

| 型别 | 性能指标 |
|---|---|
| 微型 | 重量：空机重量小于 0.25 kg；<br>性能：最大飞行真高不超过 50 m，最大平飞速度不超过 40 km/h；<br>其他：无线电发射设备符合微功率短距离技术要求，全程可以随时人工介入操控 |
| 轻型 | 重量：空机重量不超过 4 kg 且最大起飞重量不超过 7 kg；<br>性能：最大平飞速度不超过 100 km/h；<br>其他：具备符合空域管理要求的空域保持能力和可靠被监视能力，全程可以随时人工介入操控，但不包括微型无人驾驶航空器 |
| 小型 | 重量：空机重量不超过 15 kg 且最大起飞重量不超过 25 kg；<br>其他：具备符合空域管理要求的空域保持能力和可靠被监视能力，全程可以随时人工介入操控，但不包括微型、轻型无人驾驶航空器 |
| 中型 | 重量：最大起飞重量不超过 150 kg 的无人驾驶航空器，但不包括微型、轻型、小型无人驾驶航空器 |
| 大型 | 重量：最大起飞重量超过 150 kg 的无人驾驶航空器 |

续表

| 型别 | 性能指标 |
| --- | --- |
| 农用 | 重量：最大起飞重量 150 kg 以内为常规农用无人驾驶航空器；<br>性能：最大飞行真高不超过 30 m，最大平飞速度不超过 50 km/h，最大飞行半径不超过 2 000 m；<br>其他：具备符合空域管理要求的空域保持能力和可靠被监视能力，全程可以随时人工介入操控，专门用于植保、播种、投饵等农林牧渔作业 |

## 4.1 民用无人机的崛起与法律规制需求

在当今科技飞速发展的时代，无人机市场正迎来前所未有的崛起。从最初的军事用途，到如今的民用领域广泛应用，民用无人机宛如一颗璀璨的新星，以惊人的速度迅速渗透到社会生活的各个角落。但随着无人机的发展，其引发的各类问题也接踵而至，这使得建立健全民用无人机管理法律制度迫在眉睫。

以某影视拍摄基地为例，为追求绝佳视觉效果，剧组频繁使用无人机进行高空拍摄。但由于缺乏规范管理，片场如同混乱的空中战场，多架无人机在同一空域同时作业，它们像失去方向的飞鸟，在空中横冲直撞，险些酿成碰撞事故。一旦发生碰撞，高速旋转的螺旋桨如利刃般，可能瞬间对地面人员造成重伤；还可能对周边昂贵的拍摄设备、精心搭建的场景造成毁灭性破坏，导致拍摄进度延误，经济损失惨重。

又如，在城市的某繁华商业中心，个别商家为吸引顾客，擅自操控无人机进行广告宣传，无人机在人群上空低空飞行，宛如一颗定时炸弹。它携带的广告横幅随风飘动，遮挡人们视线，干扰正常通行秩序，一旦出现故障失控坠落，后果不堪设想，密集的人群根本来不及躲避，可能造成群体性伤亡事件。

这些乱象充分表明，若不对民用无人机进行严格的法律规制，其在带来便利的同时，将对公共安全、隐私保护以及正常的社会秩序构成严重威胁。

## 4.2 民用无人机管理法律体系

我国民用无人机管理法律体系是一个多层次、多维度的复杂架构，犹如一张严密且坚韧的大网，全方位保障着无人机生产及飞行活动的有序开展。

《中华人民共和国民用航空法》由全国人大常委会在 2021 年进行了第六次修正，为无人机的发展提供了基本的法律框架。它明确了空域归国家所有，以及民用航空活动需遵循的基本准则，民用无人机飞行自然也涵盖其中。它如同巍峨大厦的基石，为整个无人机管理法律体系撑起了坚实的框架。在此基础上，中国民用航空局作为行业主管部门，陆续出台了一系列专门针对民用无人机的规章细则。

例如《民用无人驾驶航空器实名制登记管理规定》，要求所有民用无人机拥有者和无人机制造商必须进行实名登记，规定了拥有无人机的个人或单位及无人机制造商登记所需的信息，登记完成后，将包含登记号和二维码的登记标志图片粘于无人机不易损伤的地方。无人机制造商需在产品外包装明显位置和产品说明书中，提醒拥有者在“无人机实名登记系统”中进行实名登记，警示不实名登记擅自飞行的危害。

《民用无人驾驶航空器运行安全管理规则》还规定了操控员安全操作要求、登记管理、适航管理、空中交通管理、运行管理、法律责任等，进一步细化了无人机的运行安全标准。

国务院、中央军事委员会为了规范无人驾驶航空器飞行以及有关活动，促进无人驾驶航空器产业健康有序发展，维护航空安全、公共安全、国家安全，制定《无人驾驶航空器飞行管理暂行条例》，为无人机的飞行和管理提供了具体的指导。该条例是我国无人驾驶航空器管理的第一部专门行政法规，规定了无人驾驶航空器覆盖生产制造、销售经营、操控资质、空域使用、飞行活动、监督管理、应急处置等管理体系。

为了规范民用无人驾驶航空器生产活动，促进民用无人驾驶航空器产业健康有序发展，维护航空安全、公共安全、国家安全，工业和信息化部根据《无人驾驶航空器飞行管理暂行条例》以及相关法律、行政法规制定了《民用无人驾驶航空器生产管理若干规定》，明确了适用范围、无人机生产管理制度、监督管理制度等方面的内容。

《民用无人驾驶航空器系统安全要求》（GB 42590—2023）是《无人驾驶航空器飞行管理暂行条例》的配套支撑标准，该标准是我国民用无人机领域首项强制性国家标准，适用于除航模之外的微型、轻型和小型民用无人机，提出了电子围栏、远程识别、应急处置、结构强度、机体结构、整机跌落、动力能源系统、可控性、防差错、感知和避让、数据链保护、电磁兼容性、抗风性、噪声、灯光、标识、使用说明书共 17 个方面的强制性技术要求及相应的试验方法，可以有效指导研制单位设计生产、规范检测机构合规检测和保障使用者安全使用，有利于进一步筑牢民用无人机产品安全底线，贯彻民用无人机管理要求，促进民用无人机产业健康发展。

## 4.2.1 规范无人机生产制造管理

民用无人机制造业是近几年快速发展的新兴产业，在个人消费、植保、测绘、能源等领域得到了广泛应用，在国民经济和社会生产生活中正发挥越来越重要的作用。为促进和规范民用无人机制造业发展，工业和信息化部于 2017 年制定了《工业和信息化部关于促进和规范民用无人机制造业发展的指导意见》，其中对于工业和信息化部关于促进和规范民用无人机制造业发展的主要职责任务规定如下：

（1）大力开展技术创新。鼓励企业与高校、科研机构等开展产学研用协同创新，围绕民用无人机动力系统、飞控系统、传感器等开展关键技术攻关；

（2）提升产品质量性能。需要纳入适航管理的民用无人机，应按照适航规章进行适航审查。无需纳入适航管理的民用无人机，应通过安装飞行限制软件（含动态电子围栏）和避障系统、在线激活关联实名绑定等方式，满足民用无人机安全运行要求。

（3）加快培育优势企业。研究制定民用无人机生产企业行业规范条件，发布符合规范条件的企业名单，适时动态调整，引导社会资源向符合规范条件的企业集中。推动民用无人机企业生产制造智能化转型。

（4）拓展服务应用领域。加快民用无人机行业应用基础设施、服务保障体系建设，建立技术应用交流平台、新技术演示验证中心等，推进民用无人机在农林植保、物流快递、地理测绘、环境监测、电力巡线、安全巡查、应急救援等行业领域创新应用。

（5）建立完善标准体系。落实《无人驾驶航空器系统标准体系建设指南（2017—2018 年版）》，加快民用无人机分级分类、产品安全性要求、身份编码规则、研制单位基本条件及评价方法、管控平台建设等急需标准制定，建立健全民用无人机标准体系。

（6）强化频率规范使用。

（7）推进管控平台建设。研究制定民用无人机数字身份识别规则、技术方案，实现“一机一码”；引导企业通过加装通信模块、飞控软件升级、预留接口或采用国家制定的统一传输协议等技术手段，将产品纳入国家统一管控；利用移动通信网络、广播式自动监视系统或卫星通信等方式，实现民用无人机可识别、可监视、可管理。

推动产品检测认证。加强民用无人机试验检测认证、试飞验证等技术和方法研究，形成民用无人机产品安全性、质量可靠性等检测认证标准。

进一步加强无人机行业管理，规范行业市场秩序，加快培育优势企业，提升产业发展质量，2018 年工业和信息化部组织编制了《无人机制造企业规范条件（征求意见稿）》，对无人机制造企业的基本条件、创新能力、生产制造能力、产品要求、质量控制、人员要求、社会责任等进行了较为细致的规定。

2024 年 1 月 1 日起施行的《无人驾驶航空器飞行管理暂行条例》中，国家鼓励无人驾驶航空器科研创新及其成果的推广应用，促进无人驾驶航空器与大数据、人工智能等新技术融合创新。县级以上人民政府及其有关部门应当为无人驾驶航空器科研创新及其成果的推广应用提供支持。

工业和信息化部印发的《民用无人驾驶航空器生产管理若干规定》明确生产（含组装、拼装）在中华人民共和国境内销售、使用的民用无人驾驶航空器应当遵守的相关规定；并从唯一产品识别码、无线电发射设备型号核准、电信设备进网许可、网络与数据安全、产品信息备案等方面提出了相关要求。它规定了县级以上人民政府工业和信息化主管部门、省级通信主管部门等主管部门责任，为民用无人驾驶航空器产业规范发展提供法制保障。

#### 4.2.1.1 设置唯一产品识别码

民用无人机生产企业应按照工业和信息化部制定的《民用无人机唯一产品识别码》(GB/T 41300—2022) 相关标准和管理规定来编制及使用产品识别码。

《无人驾驶航空器飞行管理暂行条例》中也规定了民用无人驾驶航空器系统生产者应当按照国务院工业和信息化主管部门的规定为其生产的无人驾驶航空器设置唯一产品识别码。实施编码管理，实行“一机一码”，为实现无人驾驶航空器全生命周期的追踪和溯源，进一步做好流通和运行阶段的识别与监管提供技术手段。同时规定微型、轻型、小型民用无人驾驶航空器系统的生产者应当在无人驾驶航空器机体标注产品类型以及唯一产品识别码等信息，在产品外包装显著位置标明守法运行要求和风险警示。

《民用无人驾驶航空器生产管理若干规定》进一步细化唯一产品识别码相关要求，除了规定民用无人驾驶航空器生产者应当为其生产的民用无人驾驶航空器设置唯一产品识别码（自备动力系统的飞行玩具除外），还明确唯一产品识别码设置、使用的管理制度，且唯一产品识别码的编码规则应当符合有关国家标准的强制性要求。不得重复、虚假设置唯一产品识别码。在投放市场前，将唯一产品识别码信息报工业和信息化部备案。

若没有设置唯一产品识别码，无人机持有者将会受到处罚。《无人驾驶航空器飞行管理暂行条例》第四十五条规定：违反本条例规定，民用无人驾驶航空器系统生产者未按照国务院工业和信息化主管部门的规定为其生产的无人驾驶航空器设置唯一产品识别码的，由县级以上人民政府工业和信息化主管部门责令改正，没收违法所得，并处 3 万元以上 30 万元以下的罚款；拒不改正的，责令停业整顿。

#### 4.2.1.2 无线电发射设备型号核准

民用无人机及其相关系统使用的无线电发射设备应当符合国家无线电发射设备相关要求，按照国家规定依法取得无线电发射设备型号核准。

《民用无人机生产制造管理办法（征求意见稿）》中第十二条规定了民用无人机及其系统使用的无线电遥控及信息传输频率，应当符合《中华人民共和国无线电频率划分规定》及民用无人机频率使用规划等相关规定。

《无人驾驶航空器飞行管理暂行条例》第十五条中也规定了生产、维修、使用民用无人驾驶航空器系统，应当遵守无线电管理法律法规以及国家有关规定。但是，民用无人驾驶航空器系统使用国家无线电管理机构确定的特定无线电频率，且有关无线电发射设备取得无线电发射设备型号核准的，无需取得无线电频率使用许可和无线电台执照。

《民用无人驾驶航空器生产管理若干规定》第八条规定：生产民用无人驾驶航空器应当遵守无线电管理法律法规以及国家无线电管理有关规定。除微功率短距离无线电发射设备外，民用无人驾驶航空器无线电发射设备应当依法取得无线电发射设备型号核准。

《无人驾驶航空器飞行管理暂行条例》第五十二条规定：违反本条例规定，非法拥有、使用无人驾驶航空器反制设备的，由无线电管理机构、公安机关按照职责分工予以没收，可以处 5 万元以下的罚款；情节严重的，处 5 万元以上 20 万元以下的罚款。第五十四条规定：除根据本条例第十五条的规定无需取得无线电频率使用许可和无线电台执照的情形以外，生产、维修、使用民用无人驾驶航空器系统，违反无线电管理法律法规以及国家有关规定的，由无线电管理机构依法处罚。

#### 4.2.1.3 电信设备进网许可

民用无人机生产企业接入公用电信网的电信设备应当依法取得电信设备进网许可。

《民用无人驾驶航空器生产管理若干规定》第九条规定：民用无人驾驶航空器装载的接入公用电信网的电信设备应当依法取得电信设备进网许可。

#### 4.2.1.4 网络与数据安全

民用无人机生产企业在网络技术方面，应当按照国家有关网络安全标准做好产品抗干扰防护。

《民用无人机生产制造管理办法（征求意见稿）》第十三条规定：民用无人机所使用的数据传输系统、测控链路、云系统、应用操作软件等，不得设置恶意程序，不得含有法律、行政法规禁止发布或者传输的地图数据及相关信息。第十四条规定：民用无人机生产企业应当按照有关信息安全标准要求，做好信息安全防护，防止民用无人机链路非授权访问。民用无人机生产企业发现其产品及应用系统、软件存在安全缺陷、漏洞等风险时，应当立即采取补救措施，按照规定及时告知用户并报工业和信息化部。

《民用无人驾驶航空器生产管理若干规定》第十条规定：民用无人驾驶航空器生产者不得在民用无人驾驶航空器中设置恶意程序；发现民用无人驾驶航空器存在网络或者数据安全缺陷、漏洞等风险时，应当立即采取补救措施，按照国家有关规定及时告知使用人，并向住所地的县级以上地方人民政府工业和信息化主管部门或者省级通信主管部门报告。国家鼓励民用无人驾驶航空器生产者依法使用商用密码等技术手段保护网络与信息安全。第十一条规定：民用无人驾驶航空器生产者应当加强民用无人驾驶航空器生产过程的数据管理和安全防护。

#### 4.2.1.5 产品信息备案

民用无人机生产企业在产品出产时，应当将产品识别码、电信设备进网许可信息、无线电发射设备信息报送报工业和信息化部备案。

《民用无人机生产制造管理办法（征求意见稿）》第十八条规定：企业生产的民用无人机产品出厂时，应当通过工业和信息化部建立的民用无人机生产制造产品信息系统报送无人机产品识别码信息、电信设备进网许可信息及无线电发射设备信息等。

《无人驾驶航空器飞行管理暂行条例》第十四条规定：对微型、轻型、小型民用无人驾驶航空器系统进行改装的，应当符合有关强制性国家标准。民用无人驾驶航空器系统的空域保持能力、可靠被监视能力、速度或者高度等出厂性能以及参数发生改变的，其所有者应当及时在无人驾驶航空器一体化综合监管服务平台更新性能、参数信息。第二十四条规定：微型以外的无人驾驶航空器实施飞行活动，操控人员应当确保无人驾驶航空器能够按照国家有关规定向无人驾驶航空器一体化综合监管服务平台报送识别信息。微型、轻型、小型无人驾驶航空器在飞行过程中应当广播式自动发送识别信息。

《民用无人驾驶航空器生产管理若干规定》第六条规定：民用无人驾驶航空器生产者应当在民用无人驾驶航空器投放市场前，将唯一产品识别码信息报工业和信息化部备案，但用于测试飞行以及组装、拼装的民用无人驾驶航空器，应当在首次飞行前将唯一产品识别码信息报工业和信息化部备案。第七条规定：因维修、维护等原因，民用无人驾驶航空器生产者变更唯一产品识别码的，应当在民用无人驾驶航空器重新飞行前将唯一产品识别码变更情况报工业和信息化部备案。第十二条规定：工业和信息化部建立民用无人驾驶航空器产品信息系统，与县级以上地方人民政府工业和信息化主管部门、省级通信主管部门，以及无人驾驶航空器一体化综合监管服务平台等共享民用无人驾驶航空器生产企业信息以及唯一产品识别码等产品信息。

#### 4.2.1.6 产品应有电子围栏

民用无人机生产企业生产用于境内使用的无人机，应该在产品中设置电子围栏，使其具备飞行区域限制及警示功能。

《民用无人机生产制造管理办法（征求意见稿）》第七条明确规定民用无人机应当具有电子围栏，在开机启动时自动检测更新飞行空域划设信息，具备飞行区域限制及警示功能，防止靠近、飞入或飞出特定区域，满足空域管理相关要求。

《民用无人驾驶航空器系统安全要求》（GB 42590—2023）提出了电子围栏的强制性技术要求及相应的试验方法。

#### 4.2.1.7 产品应有应急功能管理

民用无人机生产企业生产除微型以外的民用无人机应当具备应急处置功能。

《民用无人机生产制造管理办法（征求意见稿）》第九条明确规定除微型以外的民用无人机，在链路丢失、动力不足等情况下，应当自动采取返航或者减少对地面人员及建筑物造成伤害的其他应急措施。民用无人机应当具备低电压、低燃油报警功能，在飞机低电压、低燃油及遥控系统低电压时进行警示。

《无人驾驶航空器飞行管理暂行条例》第三十九条规定：无人驾驶航空器系统的设计者、生产者，应当确保无人驾驶航空器具备紧急避让、降落等应急处置功能，避免或者减轻无人驾驶航空器发生事故时对生命财产的损害。

《民用无人驾驶航空器系统安全要求》（GB 42590—2023）提出了应急处置的强制

性技术要求及相应的试验方法。

### 4.2.2　无人机设计生产应符合的运行管理要求

在《无人驾驶航空器飞行管理暂行条例》第八条规定：从事民用无人驾驶航空器系统的设计、生产、使用活动，应当符合国家有关实名登记激活、飞行区域限制、应急处置、网络信息安全等规定，并采取有效措施减少大气污染物和噪声排放。

### 4.2.3　无人机合格认定要求和更改性能后的管理办法

《无人驾驶航空器飞行管理暂行条例》中规定了无人机合格认定要求和更改性能后的管理办法，制定了不同民用无人机产品的合格认定方式。第八条规定：从事中型、大型民用无人驾驶航空器系统的设计、生产、进口、飞行和维修活动，应当依法向国务院民用航空主管部门申请取得适航许可。从事微型、轻型、小型民用无人驾驶航空器系统的设计、生产、进口、飞行、维修以及组装、拼装活动，无需取得适航许可，但相关产品应当符合产品质量法律法规的有关规定以及有关强制性国家标准。第十四条规定：对已经取得适航许可的民用无人驾驶航空器系统进行重大设计更改并拟将其用于飞行活动的，应当重新申请取得适航许可。对微型、轻型、小型民用无人驾驶航空器系统进行改装的，应当符合有关强制性国家标准。民用无人驾驶航空器系统的空域保持能力、可靠被监视能力、速度或者高度等出厂性能以及参数发生改变的，其所有者应当及时在无人驾驶航空器一体化综合监管服务平台更新性能、参数信息。改装民用无人驾驶航空器的，应当遵守改装后所属类别的管理规定。无人驾驶航空器生产制造合格认定要求见表 4-2。

**表 4-2　无人驾驶航空器生产制造合格认定要求**

<table>
<tr><th>型别</th><th>合格认定</th><th>机体、包装标注</th><th>缺陷管理</th><th>备注</th></tr>
<tr><td>微型</td><td rowspan="3">符合产品质量法规；符合国家强制性标准；改变出厂性能需在一体化监管服务平台更新参数性能信息</td><td rowspan="3">机体标注产品类型、制性标准；外包装标明守法</td><td rowspan="3">发现产品缺陷需召回缺陷产品</td><td rowspan="6">符合国家有关实名登记激活、飞行区域限制、应急处置、网络信息安全等规定，减少大气污染物和噪声排放</td></tr>
<tr><td>轻型</td></tr>
<tr><td>小型</td></tr>
<tr><td>中型</td><td rowspan="2">向民用航空主管部门申请取得适航许可；重大设计需要重新适航</td><td rowspan="3"></td><td rowspan="2">不能持续适航的按有关适航规定处理</td></tr>
<tr><td>大型</td></tr>
<tr><td>农用</td><td>最大起飞重量 25 kg 以上无人机需向民用航空主管部门申请取得适航许可</td><td></td></tr>
</table>

《无人驾驶航空器飞行管理暂行条例》第四十六条规定：违反本条例规定，对已经取得适航许可的民用无人驾驶航空器系统进行重大设计更改，未重新申请取得适航许可

可并将其用于飞行活动的，由民用航空管理部门责令改正，处无人驾驶航空器系统货值金额1倍以上5倍以下的罚款。违反本条例规定，改变微型、轻型、小型民用无人驾驶航空器系统的空域保持能力、可靠被监视能力、速度或者高度等出厂性能以及参数，未及时在无人驾驶航空器一体化综合监管服务平台更新性能、参数信息的，由民用航空管理部门责令改正；拒不改正的，处2 000元以上2万元以下的罚款。

### 4.2.4 无人机销售

《民用无人机生产制造管理办法（征求意见稿）》第十九条规定：民用无人机生产企业应当加强自查，发现生产、销售的民用无人机产品存在安全等严重问题的，应当立即停止相关产品的生产、销售，采取措施进行整改，并及时向工业和信息化部及所在地的省、自治区、直辖市航空工业主管部门报告。

《无人驾驶航空器飞行管理暂行条例》第九条规定：在产品外包装显著位置标明守法运行要求和风险警示。第十三条规定：微型、轻型、小型民用无人驾驶航空器系统投放市场后，发现存在缺陷的，其生产者、进口商应当停止生产、销售，召回缺陷产品，并通知有关经营者、使用者停止销售、使用。生产者、进口商未依法实施召回的，由国务院市场监督管理部门依法责令召回。

### 4.2.5 无人机实名认证

为加强民用无人驾驶航空器（简称“民用无人机”）的管理，对民用无人机拥有者实施实名制登记。

2017年《民用无人驾驶航空器实名制登记管理规定》规定在中华人民共和国境内最大起飞重量为250 g以上（含250 g）的民用无人机拥有者实施实名制登记。

2024施行的《无人驾驶航空器飞行管理暂行条例》第十条规定：民用无人驾驶航空器所有者应当依法进行实名登记，具体办法由国务院民用航空主管部门会同有关部门制定。涉及境外飞行的民用无人驾驶航空器，应当依法进行国籍登记。即无人机不分类型和重量，都应当在飞行前为所属无人机进行实名注册登记。

《民用无人驾驶航空器运行安全管理规则》也明确提到民用无人驾驶航空器的所有人应当按照规定在民用无人驾驶航空器综合管理平台进行实名登记，取得登记标志后方可激活使用民用无人驾驶航空器。且规定民用无人驾驶航空器不得具有双重国籍，未注销外国国籍的民用无人驾驶航空器不得在中华人民共和国申请国籍登记。未注销中华人民共和国国籍的民用无人驾驶航空器，不得在外国办理国籍登记。

《无人驾驶航空器飞行管理暂行条例》第四十七条规定：违反本条例规定，民用无人驾驶航空器未经实名登记实施飞行活动的，由公安机关责令改正，可以处200元以下的罚款；情节严重的，处2 000元以上2万元以下的罚款。违反本条例规定，涉及境外飞行的民用无人驾驶航空器未依法进行国籍登记的，由民用航空管理部门责令改正，处1万元以上10万元以下的罚款。

## 4.2.6 无人机适航审定

2019 年中国民用航空局航空器适航审定司发布《基于运行风险的无人机适航审定指导意见》，提出基于运行风险的无人机适航审定理念，目的是从设计制造源头确保民用无人机满足公众可接受的最低安全水平。中国民用航空局适航部门将针对无人机运行场景丰富、运行风险多样的特点，开展基于运行风险的民用无人机适航审定。建立风险评估方法，合理划分风险等级，实施分级管理。局方审查方式将从条款审查向制造厂家体系审查转变，引导厂家建立、完善适航体系，使得无人机制造厂家主动承担起适航主体责任。同时，将贯彻正向审定的原则，依照“工业标准→行业标准→适航标准”的路径，建立我国自主的无人机适航标准体系。厂家满足体系要求，无人机符合适航标准后，可颁发适航证件。从而形成“一种方法、一个体系、一套标准、一份证件”、基于运行风险的民用无人机适航管理模式。

2022 年中国民用航空局发布的《民用无人驾驶航空器系统适航审定管理程序》，规定了对国内无人驾驶航空器系统的设计批准、生产批准和适航批准的申请、受理、审查和颁发，以及对证件持有人的管理和监督。

《无人驾驶航空器飞行管理暂行条例》第八条规定：从事中型、大型民用无人驾驶航空器系统的设计、生产、进口、飞行和维修活动，应当依法向国务院民用航空主管部门申请取得适航许可。

## 4.2.7 无人机飞行资质管理

民用无人机操控员应当根据其所操控的民用无人机的等级分类，并需要按照相关规定取得相应的飞行资质。

完全民事行为能力人可操控微型、轻型民用无人驾驶航空器；具备操控执照的，可操控小型、中型、大型；具备操作证书的，可操控常规农用无人驾驶航空器。

## 4.2.8 经营无人机运行合格要求

《无人驾驶航空器飞行管理暂行条例》第十一条规定：使用除微型以外的民用无人驾驶航空器从事飞行活动的单位应当向国务院民用航空主管部门或者地区民用航空管理机构（以下统称“民用航空管理部门”）申请取得民用无人驾驶航空器运营合格证（以下简称“运营合格证”）。

（1）有实施安全运营所需的管理机构、管理人员和符合本条例规定的操控人员。

（2）有符合安全运营要求的无人驾驶航空器及有关设施、设备。

（3）有实施安全运营所需的管理制度和操作规程，保证持续具备按照制度和规程实施安全运营的能力。

（4）从事经营性活动的单位，还应当为营利法人。

民用航空管理部门收到申请后，应当进行运营安全评估，根据评估结果依法做出许可或者不予许可的决定。予以许可的，颁发运营合格证；不予许可的，书面通知申请人并说明理由。

使用最大起飞重量不超过 150 kg 的农用无人驾驶航空器在农林牧渔区域上方的适飞空域内从事农林牧渔作业飞行活动（以下称“常规农用无人驾驶航空器作业飞行活动”），无需取得运营合格证。

取得运营合格证后从事经营性通用航空飞行活动，以及从事常规农用无人驾驶航空器作业飞行活动，无需取得通用航空经营许可证和运行合格证。

### 4.2.9 民用无人机的运行管理

根据《轻小无人机运行规定》（试行）第 14 条，民用无人机的运行管理包括：

（1）电子围栏。

（2）接入无人机云的民用无人机。

（3）未接入无人机云的民用无人机。

以上运行管理内容会在以后的章节中进行详细介绍。

### 4.2.10 民用无人机运营人的管理

无人机运营人是指从事或拟从事航空器运营的个人、组织或企业。无人机运营人应了解和遵守航空法规、无人机运行相关的政策、规章和标准，确保无人机的飞行活动合法合规，避免产生法律风险。确保运营人经过专业培训并取得操控员执照。根据《中华人民共和国民用航空法》规定，无人机运营人应当对无人机投保地面第三人责任险。

### 4.2.11 无人机飞行活动管理

遵守《中华人民共和国民用航空法》《中华人民共和国飞行基本规则》《无人驾驶航空器飞行管理暂行条例》《通用航空飞行管制条例》及中国民用航空局规章等，组织实施民用无人机活动的单位和个人应当具备监控或者掌握其无人机飞行动态的手段，按照规定申请划设和使用空域，接受飞行活动管理和空中交通服务，保证飞行安全。同时，为了避免对运输航空飞行安全的影响，未经地区管理局批准，禁止在民用运输机场飞行空域内从事无人机飞行活。

《无人驾驶航空器飞行管理暂行条例》第十九条规定：未经空中交通管理机构批准，不得在管制空域内实施无人驾驶航空器飞行活动。管制空域范围以外的空域为微型、轻型、小型无人驾驶航空器的适飞空域（以下简称“适飞空域”）。第二十条还规定了临时增加管制空域的程序。

# 4.3 民用无人机关键法律的理解与适用

## 4.3.1 唯一产品识别码

民用无人驾驶航空器生产者应当为其生产的民用无人驾驶航空器设置唯一产品识别码。其编码规则应当符合有关国家标准的强制性要求，应当包含民用无人驾驶航空器生产者名称代码、产品型号代码和序列号。不得重复、虚假设置唯一产品识别码。且民用无人驾驶航空器生产者应当在民用无人驾驶航空器投放市场前，将唯一产品识别码信息报工业和信息化部备案。用于测试飞行以及组装、拼装的民用无人驾驶航空器，应当在首次飞行前将唯一产品识别码信息报工业和信息化部备案。

唯一产品识别码是用于唯一标识民用无人机整机产品身份的代码。每个无人机均拥有独立、不重复的识别码，应标注在机体，易于人们识别和读取。

### 1. 唯一产品识别码结构

（1）制造商生产的民用无人驾驶航空器唯一产品识别码。该码由制造商名称码、产品型号码和产品序列号 3 部分组成，共 20 位。制造商生产的民用无人驾驶航空器唯一产品识别码结构如图 4-1 所示。

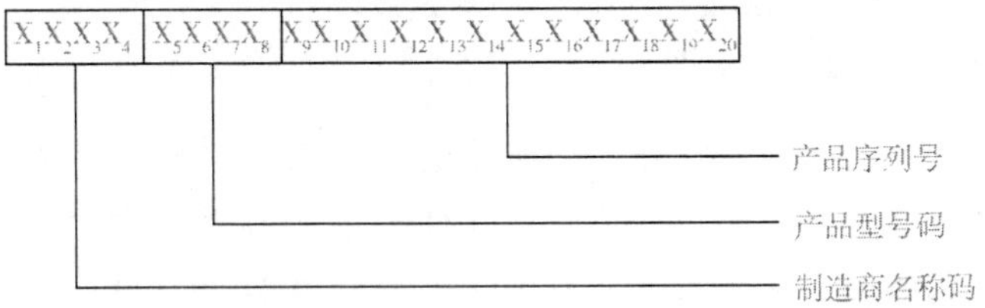


图 4-1 制造商生产的民用无人驾驶航空器唯一产品识别码结构图

在图 4-2 中，制造商名称码由 4 位固定长度字符组成，字符应从阿拉伯数字（0～9）以及除大写字母“O”和“I”外的大写字母（A～Z）中选取。制造商名称码可以是纯数字的组合或纯大写字母组合，也可以是数字和大写字母的组合，DY00 除外。

产品型号码由 4 位固定长度字符组成，字符应从数字（0～9）以及除大写字母“O”和“I”外的大写字母（A～Z）中选取。产品型号码可以是纯数字的组合或纯大写字母组合，也可以是数字和大写字母的组合。

产品序列号由 12 位固定长度字符组成，字符应从数字（0～9）以及除大写字母“O”和“I”外的大写字母（A～Z）中选取。产品序列号组合可以是纯数字的组合或纯大写字母组合，也可以是数字和大写字母的组合。同一个产品型号的每个序列号具有唯一性。

（2）个人组装或拼装的民用无人驾驶航空器唯一产品识别码。该码由个人标识码和序列号等两部分组成，共20位。个人组装或拼装的民用无人驾驶航空器唯一产品识别码结构图如图4-2所示。

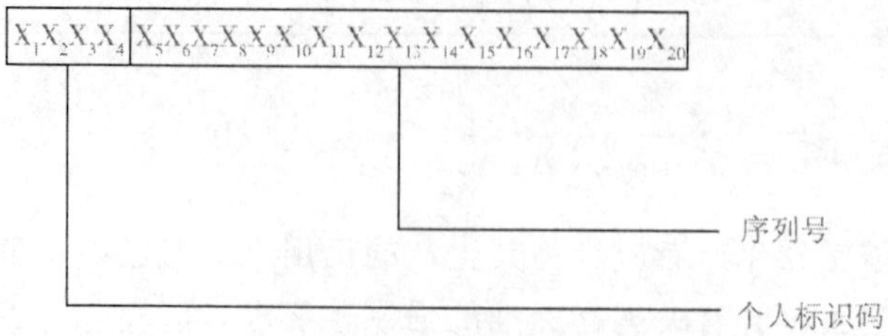


图4-2　个人组装或拼装的民用无人驾驶航空器唯一产品识别码结构图

具体组成如下：

①个人标识码4位由固定长度组成，统一用“DY00”4个字符表示。

②序列号由16位固定长度组成。每个字符从数字（0～9）以及除大写字母“O”和“I”外的大写字母（A～Z）中选取，由民用无人驾驶航空器产品信息系统按照相关规则自动生成。

### 2. 识别方式

产品外包装和机体表面的唯一产品识别码具备机读标识，应使用条码或二维码作为唯一产品识别码的信息载体。采用条码作为信息载体时，条码码制应符合《128条码》（GB/T 18347—2001）的规定。采用二维码作为信息载体时，二维码码制应符合《快速响应矩阵码》（GB/T 18284—2000）的规定。

### 3. 存储与安全

生产者应在民用无人驾驶航空器存储模块的非易失性存储区域写入唯一产品识别码。民用无人驾驶航空器应在地面控制单元软件程序或独立软件中显示其唯一产品识别码。生产者应采用访问控制机制，对民用无人驾驶航空器存储唯一产品识别码的访问和操作权限进行限制。生产者应至少使用下面一种技术对存储的唯一产品识别码进行保护：生产者应将唯一产品识别码存储在一次性可编程存储区，防止唯一产品识别码被篡改；生产者采用消息鉴别码、数字签名等信息安全技术，对存储的唯一产品识别码的完整性和真实性进行保护。消息鉴别码和数字签名计算应遵循《信息技术安全技术消息鉴别码第1部分：采用分组密码的机制》（GB/T 15852.1—2020）、《采中文标准名称：网络安全技术消息鉴别码第2部分：采用专门设计的杂凑函数的机制》（GB/T 15852.2—2024）、《信息安全技术SM2密码算法使用规范》（GB/T 35276—2017）相关要求。

### 4. 广播与报送

轻型、小型、中型和大型民用无人驾驶航空器实施飞行活动，民用无人驾驶航空器或其遥控台（站）应通过蜂窝通信网络、有线网络或卫星通信网络等方式主动向无人驾驶航空器一体化综合监管服务平台报送唯一产品识别码。微型民用无人驾驶航空器可以不报送唯一产品识别码。

民用无人驾驶航空器在飞行过程中应采用无线局域网信标广播协议或无线个域网广播协议周期性主动对外广播唯一产品识别码，每次广播的时间间隔不应超过 1 s。无线局域网信标广播协议应符合 ISO/IEC/IEEE 8802－11 相关要求，无线个域网广播协议应符合 IEEE 802.15.1 相关要求。

采用无线局域网信标广播协议进行唯一产品识别码的广播时，频段及信道应满足以下要求。广播频段：2 400～2 476 MHz 或 5 725～5 829 MHz；广播信道：上述广播频段中的任意信道或采用固定信道。任意信道广播应有干扰避让和抗干扰机制，瞬时带宽不大于 20 MHz。采用固定信道广播时，2.4 GHz 频段应使用信道 6（中心频点为 2 437 MHz），5.8 GHz 频段应使用信道 149（中心频点为 5 745 MHz），信道带宽 20 MHz。

5. 备案

《民用无人驾驶航空器生产管理若干规定》规定民用无人驾驶航空器生产者应当在民用无人驾驶航空器投放市场前，将唯一产品识别码信息报工业和信息化部备案。打开浏览器，在浏览器地址栏中输入平台地址进入 uas. miit. gov. cn，在工业和信息化部统一登录系统（见图 4-4）进行备案。

图 4-4　工业和信息化部统一登录系统

## 4.3.2　注册登记制度

民用无人机实名登记是整个管理链条的起始环节，也是保障无人机有序管理的关键一步。所有者需在中国民用航空局指定的无人机实名登记系统中，如实填报无人机型号、序列号、制造商、使用目的等信息。这一制度的意义重大，一方面便于监管部门统计无人机保有量，了解行业发展动态，为后续政策制定提供数据支撑。通过对海量登记数据的分析，监管部门能够精准把握无人机市场的增长趋势、不同用途无人机的分布比例等，从而有针对性地制定诸如空域分配、培训资源配置等政策。另一方面，增强了无人机飞行活动的可追溯性，一旦出现违规飞行或涉及安全事故等情况，监管部门可以迅速通过标识和登记信息锁定责任主体，有效督促使用者自觉遵守飞行规则。

例如，某小区发生无人机高空坠落砸坏车辆事件，由于该无人机已实名登记，监管部门迅速联系到所有者，妥善处理了赔偿事宜，避免纠纷升级。当时，车主发现爱车被不明物体砸坏，车顶凹陷，车漆剐蹭严重，焦急万分地报警。警方凭借车辆受损部位的痕迹判断可能是无人机坠落所致，通过查询无人机实名登记系统，很快找到了无人机所有者。所有者得知情况后，主动承担赔偿责任，一场潜在的纠纷就此平息。

《无人驾驶航空器飞行管理暂行条例》规定民用无人驾驶航空器所有者都需进行实名登记，不分类型。所有的机型均需要实名登记。无人驾驶航空器实名登记、运营及投保要求见表 4-3。

**表 4-3　无人驾驶航空器实名登记、运营及投保要求**

| 类型 | 是否需要实名登记 | 是否需要操控执照 | 是否强制投保责任险 |
|---|---|---|---|
| 微型 | 需要 | 不需要 | 非经营性活动不需要，经营活动需要 |
| 轻型 | 需要 | 不需要（适飞空域外需要理论培训合格证） | 非经营性活动不需要，经营活动需要 |
| 小型 | 需要 | 需要 | 需要 |
| 中型 | 需要 | 需要（T50、T25、T40、T20P 等农用无人飞机，操作使用遵循下方农用无人机规定） | 需要 |
| 大型 | 需要 | 需要 | 需要 |
| 农用 | 需要 | 操控最大起飞重量不超过 150 kg 的农用无人飞机在农林牧渔区域上方的适飞空域内从事农林牧渔作业飞行活动的飞行人员不需要执照，仅需在生产厂商参加培训取得操作证书 | 需要 |

## 1. 实名登记所需信息及要求

《民用无人驾驶航空器实名制登记管理规定》中明确规定民用无人机制造商、民用无人机拥有者登记的信息及具体要求。

（1）民用无人机制造商登记。

①在“无人机实名登记系统”中填报其产品的名称、型号、最大起飞重量、空机

重量、产品类型、无人机购买者姓名和移动电话等信息。

②在产品外包装明显位置和产品说明书中，提醒拥有者在“无人机实名登记系统”中进行实名登记，警示不实名登记擅自飞行的危害。

③随产品提供不干胶打印纸，供拥有者打印“无人机登记标志”。

(2) 民用无人机拥有者登记。

①在“无人机实名登记系统”进行实名登记。

②在其拥有无人机上粘贴登记标志。

③在“无人机实名登记系统”上更新无人机的信息。

民用无人机拥有者登记分为个人拥有者和单位拥有者。《民用无人驾驶航空器运行安全管理规则》中操控员实名登记规定对一些要求又更加细化了，具体见表 4-4。

**表 4-4　无人机拥有者登记信息具体要求表**

| 项目 | 《民用无人驾驶航空器实名制登记管理规定》 | 《民用无人驾驶航空器运行安全管理规则》 |
|---|---|---|
| 民用无人机制造商登记信息 | 制造商名称、注册地址和联系方式；产品名称和型号；空机重量和最大起飞重量；产品类别；无人机购买者姓名和移动电话 | 所有人合法身份的信息。所有人的联系信息。民用无人驾驶航空器的信息。民用无人驾驶航空器的使用用途 |
| 个人民用无人机拥有者登记信息 | 拥有者姓名；有效证件号码（如身份证号、护照号等）；移动电话和电子邮箱；产品型号、产品序号；使用目的 | |
| 单位民用无人机拥有者登记信息 | 单位名称；统一社会信用代码或者组织机构代码等；移动电话和电子邮箱；产品型号、产品序号；使用目的 | |
| 登记标志 | 登记标志包括登记号和登记二维码：<br>民用无人机登记号是为区分民用无人机而给出的编号，对于序号（S/N）不同的民用无人机，登记号不同。民用无人机登记号共有 11 位字符，分为两部分：前 3 位为字母 UAS，后 8 位为阿拉伯数字，采用流水号形式，范围为 00000001～99999999，例如登记号 UAS00000003<br>民用无人机登记二维码包括无人机制造商、产品型号、产品名称、产品序号、登记时间、拥有者姓名或单位名称、联系方式等信息 | 民用无人驾驶航空器实名登记标志包括 UAS 和实名登记号。实名登记号为 8 位阿拉伯数字、罗马体大写字母或者二者的组合。民用无人驾驶航空器完成实名登记后，所有人可从民用无人驾驶航空器综合管理平台获取实名登记标志和实名登记二维码<br>实名登记二维码可查询实名登记的详细信息 |

续表

| 项目 | 《民用无人驾驶航空器实名制登记管理规定》 | 《民用无人驾驶航空器运行安全管理规则》 |
| --- | --- | --- |
| 标识要求 | 民用无人机拥有者在收到系统给出的包含登记号和二维码的登记标志图片后，将其打印为至少 2 cm×2 cm 的不干胶粘贴牌；<br>民用无人机拥有者将登记标志图片采用耐久性方法粘于无人机不易损伤的地方，且始终清晰可辨，亦便于查看。便于查看是指登记标志附着于一个不需要借助任何工具就能查看的部件之上<br>民用无人机拥有者必须确保无人机每次运行期间均保持登记标志附着其上<br>民用无人机登记号和二维码信息不得涂改、伪造或转让 | 中型、大型民用无人驾驶航空器的实名登记标志应当粘贴或者喷涂在民用无人驾驶航空器上，保持清晰可辨、便于查看<br>中型、大型民用无人驾驶航空器的实名登记标志的位置、字体和尺寸应当按照中国民用航空局的规定进行标识<br>任何单位或者个人不得在民用无人驾驶航空器上喷涂、粘贴易与实名登记标志混淆的图案、标记或符号 |
| 登记信息的更新 | 民用无人机的所有权发生转移后，变更后的所有人必须按照本管理规定的要求实名登记该民用无人机的信息 | 微型、轻型、小型民用无人驾驶航空器，如空域保持和可靠性监视能力、速度或者高度等出厂性能及参数发生改变，由其所有人完成信息更新<br>中型、大型民用无人驾驶航空器，如进行重大设计更改的，由经批准的改装方案的持有人完成信息更新<br>所有人或者占有人的联系方式或其他信息变更，民用无人驾驶航空器的用途变更，由其所有人完成信息更新 |
| 登记信息的注销 | 民用无人机发生出售、转让、损毁、报废、丢失或者被盗等情况，民用无人机拥有者应及时通过“无人机实名登记系统”注销该无人机的信息 | 民用无人驾驶航空器的所有权或者占有权发生变更<br>民用无人驾驶航空器退出使用、报废或者失事<br>民用无人驾驶航空器所有权依法转移境外并已办理出口适航证的 |

## 2. 无人机实名登记的具体流程

（1）前期准备。

①准备登记信息。

个人：姓名、有效证件号码、移动电话号码、电子邮箱和通信地址。

单位：单位名称、统一社会信用代码或者组织机构代码、联系人姓名、移动电话号码和电子邮箱。

无人机信息：产品类型、型号、序列号、工业和信息化主管部门规定的唯一产品识别码、飞控序号、民用无人驾驶航空器的购买日期、使用目的。

②具体登记步骤。

访问登记系统：登录民用无人驾驶航空器实名登记系统（https：//uas.caac.gov.cn/），如图 4-5 所示。该系统由中国民用航空局开发并负责维护。

图 4-5　民用无人驾驶航空器实名登记系统

注册账户：首次进入系统的用户，需要点击“注册”按钮，进入注册页面。

按照页面提示填写用户名、密码、手机号码等信息，完成账户注册。注册成功后，使用用户名和密码登录系统。

填写登记信息：

①登录系统后，在系统首页点击“实名登记”按钮，进入登记页面。

②选择登记类型（个人或单位），然后按照提示依次填写所有者信息和无人机信息。确保所填信息准确无误。

③上传照片：根据系统要求，上传无人机的照片，照片应能清晰显示无人机的外观、型号等特征。

④提交登记：仔细核对所填信息和上传的照片，确认无误后，点击“提交”按钮完成登记。系统会自动生成一个唯一的民用无人驾驶航空器实名登记标志。

（3）后续操作。

①获取登记标志：登记成功后，在系统中下载并打印含有登记标志的文件。登记标志包括登记号和二维码。

②粘贴标志：使用耐久性材料将登记标志附着在民用无人驾驶航空器上，确保清晰可辨、难以去除。

（4）注意事项。

①登记过程中要如实填写信息，虚假登记可能会面临法律责任。

②及时关注登记系统的相关通知和更新，确保登记信息的有效性。

### 4.3.3　飞行资质要求

操控民用无人机并非随意为之，根据无人机重量、飞行活动复杂程度等因素，分为不同等级的操控资质要求。从事经营性飞行、在特定复杂空域飞行等情况，操控人员需通过专业培训，考取相应的飞行执照；而对于普通的娱乐性飞行用户，也需要了解并掌握基本的飞行安全知识、操作规范以及所在空域的限制条件等。

以某无人机物流创业公司为例，其招聘的无人机操控手不仅要有扎实的飞行技术，还必须持有符合行业标准的资质证书，以保障物流配送任务安全、高效完成。该公司在筹备初期，由于对飞行资质重视不足，招聘了一些仅有简单操作经验但无正规资质证书的人员，结果在试飞阶段就频繁出现问题，无人机操控不稳定，甚至有几次险些撞上建筑物，给公司带来极大的安全隐患和经济损失。后来公司痛定思痛，严格按照行业标准招聘持有高级资质证书的操控手，经过专业培训的操控手能够熟练应对复杂天气、多变地形等挑战，公司的物流配送业务才逐渐走上正轨。

以下是不同类型和级别的无人机飞行资质要求表格。需要说明的是，目前国内主要的无人机资质认证体系包括中国航空器拥有者及驾驶员协会（AOPA）、中国航空运输协会通用航空分会（GAAC）以及民用无人驾驶航空器操控员执照（中国民用航空局颁发）等。表 4-5 综合 CAAC 常见情况进行整理。

表 4-5　不同类型和级别的无人机飞行资质要求表格

| 分类 | 资质类型 | 适用范围 | 资质要求 |
| --- | --- | --- | --- |
| 将无人机按空机重量与起飞重量划分 | 微型无人机 | 适用于日常的低空航拍、自拍和娱乐 | 无需执照，但需遵守相关飞行规定，确保飞行安全 |
| | 轻型无人机 | 适用于航拍、测绘、巡检等日常使用和一些行业应用 | 无需执照，但适飞空域外需理论培训证书 |
| | 小型无人机 | 适用于测绘、吊运、消防、植保等大多数行业应用 | 必须持有中国民用航空局颁发的无人机执照 |
| | 中型无人机 | 适用于更复杂的行业应用，如大型测绘、吊运、货物运输以及应急救援等多个领域 | 必须持有中国民用航空局颁发的无人机执照 |
| | 大型无人机 | 适用于货运物流、长距离测绘等高强度任务 | 必须持有中国民用航空局颁发的无人机执照 |
| 按机型分类 | 多旋翼无人机执照 | 适用于商业航拍、农业植保、物流配送 | 需掌握 GPS 模式与姿态模式切换 |
| | 固定翼无人机执照 | 适用于长距离巡检、测绘勘探、森林防火 | 需通过模拟发动机故障迫降考核 |
| | 垂直起降固定翼执照 | 适用于智慧城市物流、应急物资投送 | 需掌握多模式切换技术（悬停→巡航） |
| | 无人直升机执照 | 适用于电力检修、海上救援、大型活动安保 | 需通过自旋降落、侧风悬停专项考核 |

续表

| 分类 | 资质类型 | 适用范围 | 资质要求 |
| --- | --- | --- | --- |
| 按操作等级分层 | 视距内驾驶员（VLOS） | 适用于无人机爱好者、农业作业人员 | 需掌握 GPS 模式飞行、基础维护 |
|  | 超视距驾驶员（BVLOS） | 适用于行业应用从业者、专业摄影师 | 需掌握姿态模式飞行、地面站航线规划 |
|  | 教员等级 | 适用于资深从业者、行业技术专家 | 需掌握飞行教学法、复杂气象处置、法规解读、故障模拟处置、持有超视距执照满 1 年 |

## 4.3.4 禁飞区与限飞区规定

《中华人民共和国飞行基本规则》第十七条规定：国家重要的政治、经济、军事目标上空，可以划设空中禁区、临时空中禁区。未按照国家有关规定经特别批准，任何航空器不得飞入空中禁区和临时空中禁区。第十八条规定：位于航路、航线附近的军事要地、兵器试验场上空和航空兵部队、飞行院校等航空单位的机场飞行空域，可以划设空中限制区。根据需要还可以在其他地区上空划设临时空中限制区。在规定时限内，未经飞行管制部门许可的航空器，不得飞入空中限制区或者临时空中限制区。

《中华人民共和国军事设施保护法》第十五条规定：军队为执行任务设置的临时军事设施需要划定陆地、水域临时军事禁区、临时军事管理区范围的，由县级以上地方人民政府和有关团级以上军事机关共同划定，并各自向上一级机关备案。其中，涉及有关海事管理机构职权的，应当在划定前征求其意见。划定之后，由县级以上地方人民政府或者有关海事管理机构予以公告。军队执行任务结束后，应当依照前款规定的程序及时撤销划定的陆地、水域临时军事禁区、临时军事管理区。

《无人驾驶航空器飞行管理暂行条例》第十九条规定：真高 120 m 以上空域、空中禁区、空中限制区以及周边空域，军用航空超低空飞行空域，以及下列区域上方的空域应当划设为管制空域：(1) 机场以及周边一定范围的区域；(2) 国界线、实际控制线、边境线向我方一侧一定范围的区域；(3) 军事禁区、军事管理区、监管场所等涉密单位以及周边一定范围的区域；(4) 重要军工设施保护区域、核设施控制区域、易燃易爆等危险品的生产和仓储区域，以及可燃重要物资的大型仓储区域；(5) 发电厂、变电站、加油（气）站、供水厂、公共交通枢纽、航电枢纽、重大水利设施、港口、高速公路、铁路电气化线路等公共基础设施以及周边一定范围的区域和饮用水水源保护区；(6) 射电天文台、卫星测控（导航）站、航空无线电导航台、雷达站等需要电磁环境特殊保护的设施以及周边一定范围的区域；(7) 重要革命纪念地、重要不可移动文物以及周边一定范围的区域；(8) 国家空中交通管理领导机构规定的其他区域。管制空域的具体范围由各级空中交通管理机构按照国家空中交通管理领导机构的规定确定，由设区的市级以上人民政府公布，民用航空管理部门和承担相应职责的单位发布航行情报。

未经空中交通管理机构批准，不得在管制空域内实施无人驾驶航空器飞行活动，管制空域范围以外的空域为微型、轻型、小型无人驾驶航空器的适飞空域（以下简称适飞空域）。

无人机禁飞区和限飞区是保障公共安全的关键防线。机场净空保护区毫无疑问是重中之重的禁飞区域，以机场跑道为核心，向外延伸数千米甚至十几千米范围，严禁任何无人机闯入，防止对起降航班造成致命干扰。铁路等敏感地区，可能会干扰铁路的通信导航系统，影响铁路的正常运行；行政机构驻地和军事区域等，这些区域涉及国家机密和安全，禁止一切无人机飞行活动。

曾有无人机爱好者在机场附近违规放飞，导致多架航班紧急避让、延误，该爱好者最终被依法严惩。那是一个阳光明媚的周末，机场航班起降繁忙，一架无人机突然闯入机场净空保护区，正在降落的航班机组人员透过驾驶舱玻璃发现这个不明飞行物，惊恐万分，立即向塔台报告并采取紧急避让措施，原本平稳降落的航班不得不拉起机头重新盘旋，等待空域清空，后续多架航班也因此延误，机场运营陷入混乱。该无人机爱好者很快被警方找到，他对自己的行为懊悔不已，但仍难逃法律制裁，被处以高额罚款和行政拘留，成为警示众人的反面教材。

此外，重要军工设施保护区域、核设施控制区域、易燃易爆等危险品的生产和仓储区域，以及可燃重要物资的大型仓储区域；发电厂、变电站、加油（气）站、供水厂、公共交通枢纽、航电枢纽、重大水利设施、港口、高速公路、铁路电气化线路等公共基础设施以及周边一定范围的区域和饮用水水源保护区；射电天文台、卫星测控（导航）站、航空无线电导航台、雷达站等需要电磁环境特殊保护的设施以及周边一定范围的区域；重要革命纪念地、重要不可移动文物以及周边一定范围的区域等也属于禁飞区域。禁止在这些区域飞行的原因主要是为了保障国家和人民的生命财产安全，维护公共秩序和国家安全。

限飞区则更多基于安全和秩序考量，如城市中心城区通常将无人机飞行高度限制在 120 m 以下，且在早晚高峰等人流密集时段禁止飞行，防止坠落伤人。在某大城市的早高峰时段，上班族行色匆匆，街道上车水马龙，此时若有无人机在低空飞行，一旦出现故障，很可能直接砸向人群或车辆，引发严重伤亡事故。

## 4.4 专业教学与民用无人机法律实践融合路径

### 4.4.1 课程设置优化

高职院校应将民用无人机管理法律课程纳入无人机专业核心课程体系，改变以往重技术、轻法律的教学倾向。课程内容不仅涵盖上述的注册登记、飞行资质、空域管制等法律知识要点，还可引入最新的行业法律动态、典型案例分析，采用理论讲解与模拟法庭、案例研讨等多样化教学方法相结合，激发学生学习兴趣。

例如，组织学生模拟无人机侵权纠纷的法庭审理场景，让学生分别扮演原告、被告、法官、律师等角色，在模拟实践中深入理解法律条文的应用。在一次模拟法庭活动中，设定的案例是某商业机构未经允许使用无人机拍摄他人隐私画面，并用于商业宣传，侵犯了他人隐私权。学生们扮演的角色各显神通，“原告”义正词言地陈述侵权事实，出示收集到的证据，如无人机拍摄的画面截图、拍摄时间地点记录等；“被告”则试图辩解，称拍摄是无意为之，且未意识到侵犯隐私；“律师”们依据所学法律知识，为各自当事人辩护，引用相关法律法规条款，论证侵权是否成立以及责任划分。

通过这样的模拟法庭活动，学生对无人机涉及的隐私保护法律问题有了深刻认识，明白了在操控无人机时必须尊重他人隐私，遵守法律规定。此外，教师还可定期引入最新的无人机法规政策变化，如政府对某类新型无人机的特殊管理规定，组织学生进行研讨，分析政策出台的背景、目的以及对行业的影响，让学生时刻紧跟法律发展步伐。

### 4.4.2 实训环节强化

在无人机实训教学中融入法律实践要素。比如，在模拟飞行训练环节，设置符合实际法律规定的空域场景，要求学生在飞行前先判断空域类型，按照相应流程申请飞行许可，模拟遇到突发空域管制变化时的应对策略。在一次模拟飞行训练中，设定的场景是学生所在的模拟城市即将举办大型体育赛事，周边空域临时管制。学生们首先要根据给定的地图和信息，判断自己所处的空域位置，确定是管制空域、监视空域还是报告空域，然后按照相应要求准备申请材料或报备信息。当模拟飞行过程中收到空域管制升级通知，要求立即降落时，学生要迅速做出反应，调整飞行姿态，安全降落，同时记录下整个过程中遇到的问题和解决方法，以便后续总结经验。又如，开展无人机项目实践时，让学生以小组形式完成从项目策划、空域申请、设备选型到飞行作业、后期数据处理的全流程任务，其中每个环节都严格遵循法律规范，培养学生在实际操作中运用法律解决问题的能力。一组学生在承接一个校园景观航拍项目时，首先进行项目策划，明确拍摄目的、范围、时间等，然后依据校园所在区域的空域规定，向学校相关部门申请飞行空域，在申请过程中详细说明拍摄计划、无人机型号等信息。得到批准后，根据拍摄需求选择合适的无人机设备，在飞行作业过程中严格遵守空域许可的高度、范围等限制，完成拍摄后，按照法律要求对拍摄的数据进行妥善处理，确保不泄露隐私、不违反数据使用规定。通过这样的实训环节，学生将法律知识与实践操作紧密结合，提高了综合职业能力。

### 4.4.3 校企合作拓展

积极与无人机研发、生产、运营企业开展深度合作，共建校外实训基地、订单班等人才培养模式。企业为学校提供真实的业务场景和案例，学校为企业定向培养既懂技术又知法律的复合型人才。例如，某高职院校与当地知名无人机航拍公司合作，学生在实习期间直接参与公司的实际项目，从与客户洽谈、制定拍摄方案，到依据空域法规申请飞行空域、完成航拍任务，全过程在企业导师和学校教师的双重指导下进行，毕业后即可无缝对接企业岗位需求。在一个实际项目中，公司接到一个城市宣传片的航拍任务，实习生与客户初次见面，了解客户对宣传片的风格、重点展示区域等需求，然后结合当地空域情况，制订详细的拍摄方案，包括拍摄路线、飞行高度、拍摄时间等，确保既能满足客户需求，又符合空域法规。在申请飞行空域时，实习生按照规定流程，向当地民航管理部门提交申请材料，在等待审批过程中，与学校教师和企业导师一起优化拍摄方案，以防空域申请出现变动时能及时调整。得到空域批准后，顺利完成航拍任务，拍摄的素材得到客户高度认可。通过这样的校企合作，学生在真实的职场环境中锻炼了能力，积累了经验，为未来就业做好了充分准备。

## 4.5 民用无人机管理法律制度教学项目

#### 项目描述

本项目聚焦于民用无人机管理法律制度领域，旨在让高职学生深入了解该领域的法律法规体系。老师通过理论学习、案例分析、模拟实践等多种方式，引导学生掌握民用无人机从生产、销售到使用各环节涉及的法律规范，并能运用所学知识解决实际场景中的法律问题。同时，培养学生的职业道德和法律意识，使其在未来相关工作中能够依法依规行事。

#### 项目目标

知识目标

(1) 学生能够系统阐述民用无人机管理相关的主要法律法规，包括但不限于《民用无人驾驶航空器系统空中交通管理办法》《无人驾驶航空器飞行管理暂行条例》等。

(2) 准确理解民用无人机生产、销售、注册登记、飞行限制等环节的具体法律规定及要求。

(3) 熟悉违反民用无人机管理法律规定所应承担的法律责任类型及具体内容。

能力目标

(1) 具备分析实际案例中民用无人机相关法律问题的能力，能够准确运用法律条文进行判断和推理。

(2) 能够根据不同场景，为民用无人机的合法使用提供合理的法律建议和解决方案。

(3) 培养学生的沟通协作能力，通过小组项目等形式，提升学生在团队中共同解决法律问题的能力。

思政目标

(1) 增强学生的法治观念，树立依法办事、尊重法律权威的意识，使其在未来工作中自觉遵守法律法规。

(2) 培养学生的社会责任感，认识到民用无人机的不当使用可能对公共安全、个人隐私等造成的危害，从而在操作和管理无人机时秉持负责的态度。

(3) 激发学生的创新精神，在合法合规的前提下，鼓励学生思考如何推动民用无人机行业健康发展。

## 任务一　民用无人机法律体系调研

### 任务描述

学生以小组为单位，通过网络搜索、图书馆查阅、政府部门官网查询等方式，收集整理我国民用无人机管理的法律法规体系，包括法律、行政法规、部门规章及地方性规定等，并制作成思维导图或知识框架图。

### 任务学习

知识点：法律检索方法、法律法规层级及效力、民用无人机管理法律体系构成。

### 任务实施

(1) 小组内分工，确定负责不同渠道信息收集的成员。

(2) 利用一周时间进行资料收集，对收集到的信息进行筛选和整理。

(3) 共同讨论制作思维导图或知识框架图，展示民用无人机管理法律体系全貌。

## 任务二　案例分析与研讨

### 任务描述

教师提供一系列民用无人机相关的真实案例，包括合法飞行案例及违法违规案例。学生分组对案例进行分析，找出案例中的法律问题，依据相关法律法规进行解读，并提出处理建议。每个小组选派代表进行案例汇报，全班共同研讨。

### 任务学习

知识点：民用无人机注册规则、法律责任认定、法律条文应用。

### 任务实施

（1）教师提前将案例资料发放给学生，学生分组进行案例研读。

（2）小组内分析讨论案例，明确法律问题及依据，撰写案例分析报告。

（3）各小组代表进行案例汇报，汇报时间为 10～15 min，汇报后全班进行 20～30 min 的研讨。

## 任务三　模拟法律咨询服务

### 任务描述

设置模拟场景，如民用无人机爱好者咨询飞行许可问题、无人机企业咨询生产销售合规问题等。部分学生扮演咨询者，提出各种与民用无人机相关的法律问题，另一部分学生扮演法律专业人员，依据所学知识提供专业的法律咨询服务。活动结束后，进行角色互换。

### 任务学习

知识点：民用无人机各类场景下的法律规定、沟通技巧、法律问题解决能力。

### 任务实施

（1）教师提前准备好模拟场景及相关背景资料，学生分组进行角色分配。

（2）每组进行 30～45 min 的模拟法律咨询服务，之后进行角色互换。

（3）活动结束后，小组内进行总结反思，教师进行点评。

## 任务四　制定民用无人机使用规范手册

### 任务描述

学生以小组为单位，根据所学的民用无人机管理法律制度知识，结合实际使用场景，为普通民用无人机使用者制定一份详细的使用规范手册，内容包括飞行前准备注意事项、法律责任提示等。手册形式可以多样化，如电子文档、宣传手册等。

**任务学习**

知识点：民用无人机使用的法律要点、文档制作规范、信息整合能力。

**任务实施**

（1）小组讨论确定手册的框架和主要内容。

（2）分工收集资料，撰写手册内容，运用图文并茂的方式进行呈现。

（3）对制作完成的手册进行内部审核和修改，最终提交给教师。

**项目总结与评估**

1. 总结

项目结束后，组织学生进行项目总结汇报，分享在项目实施过程中的收获、遇到的问题及解决方法。教师对整个项目进行总结，强调重点知识和关键能力，对学生在项目中的表现进行整体评价。

2. 评估

采用多元化的评估方式，包括小组互评、学生自评、教师评价。评估内容涵盖知识掌握程度、能力提升情况、团队协作表现、思政目标达成情况等。具体评估指标如下：

（1）知识考核。通过项目过程中的提问、案例分析报告、最终的知识测验等方式，评估学生对民用无人机管理法律知识的掌握程度，分数占总成绩的 40%。

（2）能力评估。根据学生在模拟法律咨询服务、制定使用规范手册等任务中的表现，评估其分析问题、解决问题、沟通协作等能力，分数占总成绩的 40%。

（3）思政表现。观察学生在项目实施过程中的法治观念、社会责任感等方面的表现，结合学生自评和小组互评，对思政目标达成情况进行评估，分数占总成绩的 20%。

## 4.6　民用无人机法律制度发展展望与职业挑战应对

随着科技的持续进步，民用无人机领域必将迎来更为广阔的发展前景，与此同时，民用无人机管理法律制度也将不断演进完善。

### 4.6.1　民用无人机法律制度发展展望

1. 细化法规，适应多元应用场景

随着民用无人机在航拍、物流、测绘、农业等领域的广泛应用，其法律制度将进一步细化。针对不同应用场景，如城市低空物流配送、应急救援中的无人机使用等，制定专门的法规条款。例如，对于城市低空物流，明确飞行路线规划、货物载重限制、与地面交通的协调规则等，确保无人机在各场景下安全、有序运行。

2. 技术驱动，实现精准监管

借助先进的技术手段，如无人机自动识别系统（UAS ID）、电子围栏技术等，提升对无人机的监管能力。UAS ID可使每架无人机在飞行时自动广播自身身份信息，便于监管部门实时追踪。电子围栏技术则能在敏感区域（如机场、军事基地、人口密集区等）周边设置虚拟屏障，一旦无人机接近或试图闯入，系统自动触发警报甚至限制其飞行，实现对无人机飞行区域的精准管控。

3. 国际合作，构建统一规则

在全球无人机市场蓬勃发展的背景下，国际间在无人机法律制度上的合作将不断加强。各国将共同探讨跨境无人机飞行、数据隐私保护、安全标准等方面的问题，逐步构建统一或兼容的国际规则。这有助于减少国际间因法规差异导致的贸易壁垒和飞行冲突，促进民用无人机产业的全球化发展。

### 4.6.2 职业挑战应对

1. 提升专业技能，适应法规变化

无人机行业从业者，无论是操控员、技术研发人员还是行业管理人员，都需持续提升专业技能。一方面，操控员要不断精进飞行技术，熟悉不同类型无人机的操作特点；另一方面，要密切关注法规动态，及时掌握新的飞行规则和安全要求。技术研发人员则需致力于研发更安全、智能、符合法规要求的无人机产品，例如研发具备自动避障、精准定位且能与监管系统无缝对接的无人机。

2. 加强行业自律，树立良好形象

整个无人机行业应加强自律，建立行业规范和职业道德准则。企业和从业者要严格遵守相关法律法规，杜绝违规飞行行为。通过行业自律，不仅能避免因个别不良行为导致的行业信任危机，还能提升行业整体形象，赢得社会和监管部门的认可，为行业的健康发展营造良好环境。

3. 拓展职业领域，把握发展机遇

随着民用无人机法律制度的不断完善和行业的发展，从业者应积极拓展职业领域。除了传统的无人机驾驶和维修，还可向无人机数据分析、行业应用解决方案制定、无人机监管辅助等方向发展。例如，利用无人机采集的数据进行地理信息分析、农业病虫害监测分析等，为各行业提供有价值的决策支持，从而在新兴领域中找到更多的职业发展机会。

## 习　题

一、单选项

1. 民用无人机操控员执照的考取，依据的是（　　）方面的法律规定。

A. 通用航空管理法规　　B. 民用航空安全法规

C. 民用无人机专门管理规定　　D. 空中交通管理法规

2. 民用无人机实名登记制度依据的是哪类法规？（　　）

A. 法律　　B. 部门规章　　C. 行政法规　　D. 国际公约

二、多选题

1. 以下属于民用无人机飞行活动中的违法行为的是（　　）

A. 未按规定进行实名登记　　B. 在限制区域飞行

C. 干扰其他航空器正常运行　　D. 未取得操控员执照飞行

2. 我国民用无人机管理法律体系主要包含（　　）层面的法规。

A. 法律　　B. 行政法规　　C. 部门规章　　D. 地方性法规

3. 多选题：在民用无人机法律实践中，遇到无人机侵犯隐私案件，应主要依据（　　）来处理。

A.《中华人民共和国民法典》中关于隐私权保护的规定

B.《中华人民共和国民用航空法》

C.《中华人民共和国治安管理处罚法》

D.《中华人民共和国网络安全法》

三、简答题

1. 民用无人机快速发展，为什么需要法律规制？

2. 民用无人机飞行时，在禁飞区域飞行违反了什么关键法律规定？

3. 高职专业教学与民用无人机法律实践融合，有哪些可行路径？

4. 简述民用无人机管理法律制度未来发展的可能方向。

5. 从职业发展角度，民用无人机相关从业者应如何应对法律制度带来的挑战？

# 第五章

# 民用无人机驾驶员管理法律制度

无人驾驶航空领域是新兴产业，近年来随着技术进步，民用无人驾驶航空器（简称“无人机”）的生产和应用在国内外得到了蓬勃发展，其驾驶员数量持续快速增加。面对这样的情况，有必要在不妨碍民用无人机多元发展的前提下，确保民用无人驾驶航空器的规范安全运行，加强对民用无人机驾驶员的规范管理。

## 5.1 民用无人机驾驶员的兴起与法律规范紧迫性

在科技浪潮的强力推动下，民用无人机产业蓬勃发展，如雨后春笋般迅速崛起，成为当今社会诸多领域不可或缺的新兴力量。而民用无人机驾驶员，作为操控这些“空中精灵”的关键角色，也随之走进大众视野，他们的身影活跃在影视拍摄现场、农业植保田间、快递物流航线以及应急救援前沿等各个角落。

在影视制作领域，无人机驾驶员操控无人机在空中翩翩起舞，捕捉那些令人惊叹的绝美画面。从好莱坞大片中的震撼航拍镜头，到国内爆款影视作品里独特的高空视角，无人机驾驶员凭借精湛技艺，为观众带来一场场视觉盛宴。

在农业植保方面，无人机驾驶员化身守护农田的“空中卫士”。我国作为农业大国，广袤农田一望无际，传统人工植保方式效率低下且劳动强度大。无人机驾驶员驾驶植保无人机，按照预设航线和精准参数，高效地将农药、化肥均匀播撒于农作物之上。

在快递物流配送领域，无人机驾驶员开启了全新的配送模式。在一些偏远山区，交通不便、道路崎岖，常规快递运输困难重重。无人机驾驶员操控载货无人机，跨越山川河流，将急需的物资快速送达村民手中，打通物流“最后一千米”。

在应急救援场景中，无人机驾驶员同样发挥关键作用。在地震、洪水等自然灾害发送精准影像资料，为救援指挥中心制定科学救援方案提供关键依据。他们争分夺秒，与时间赛跑，助力救援力量精准投放，挽救无数生命与财产。

然而，随着民用无人机驾驶员数量急剧攀升，以及飞行任务复杂度日益增加，诸多乱象与隐患也纷至沓来，使得构建完善的民用无人机驾驶员管理法律制度刻不容缓。

部分无人机驾驶员安全意识淡薄，在未充分了解空域状况与天气条件下贸然起飞。例如在某城市，一位无人机驾驶员为赶拍摄进度，无视天空中即将到来的雷雨云层，强行操控无人机升空，结果遭遇强风与雷击，无人机失控坠毁，不仅造成自身设备损毁，还险些砸中地面行人与车辆，引发公共安全事故。

还有些无人机驾驶员漠视法规，肆意闯入禁飞区域。曾有无人机驾驶员为追求刺激，操控无人机闯入机场净空保护区，导致多架航班紧急避让、延误，严重扰乱空中交通秩序，对航空安全构成巨大威胁，自己也面临严厉法律惩处。

另外，由于缺乏统一规范的资质认证体系，市场上无人机驾驶员水平参差不齐。在一些商业航拍项目中，部分经验不足的驾驶员难以驾驭复杂飞行环境，拍摄画面抖动、模糊，无法满足客户需求，影响项目质量，同时也因操作不当增加了飞行事故风险。这些问题充分凸显出，若不对民用无人机驾驶员进行严格、科学的法律规范，不仅会阻碍民用无人机产业健康发展，更会对公共安全、社会秩序造成难以估量的负面影响。

## 5.2 民用无人机驾驶员管理法律体系概览

民用无人机驾驶员的管理主要包括实名登记、飞行资质、飞行活动管理以及违法处罚等方面。

我国民用无人机驾驶员管理法律体系是一个层次分明、协同紧密的有机整体，宛如一座坚固的法治堡垒，全方位守护着民用无人机飞行安全与空域秩序。

《中华人民共和国民用航空法》为无人机的发展提供了基本的法律框架。这部法律虽未专门针对无人机驾驶员制定详尽条款，但它从宏观层面明确了民用航空活动的基本原则与规范框架，为民用无人机驾驶员管理奠定了坚实的法理根基。其确立的空域国家所有权、航空安全保障义务等核心准则，犹如高悬的灯塔，指引着后续具体法规政策的制定方向，确保所有民用航空行为，包括无人机驾驶员操控飞行，都在合法合规轨道上运行。

在其引领下，中国民用航空局依据行业发展需求与实际监管难题，陆续颁布一系列专门聚焦民用无人机驾驶员管理的规章细则，构建起精细化的法规网络。2013 年中国民用航空局下发的《民用无人驾驶航空器系统驾驶员管理暂行规定》对无人机及其系统的驾驶员实施了指导性管理，迈出了无人机驾驶员正规化管理的第一步。它对无人机驾驶员资质分类、考核标准、证照管理等核心要素进行了明确界定。根据无人机类型、重量以及飞行活动复杂程度，将驾驶员资质划分为多个等级，恰似为不同层级的飞行操控任务量身定制“职业门槛”。

例如，操控轻型、微型无人机从事个人娱乐飞行活动，无人机驾驶员只需通过相对简易的在线理论学习与考核，获取基础操控员合格证，即可合法飞行；而对于驾驶大型、工业级无人机执行商业航拍、物流配送、巡检作业等专业任务的驾驶员，则必须参加中国民用航空局认可的专业培训机构组织的系统培训，历经严格理论学习、模拟飞行训练以及实际飞行考核，达标后方能取得高级别的商用驾驶员执照，开启专业飞行生涯。

2017年中国民用航空局发布的《民用无人驾驶航空器实名制登记管理规定》虽侧重于无人机设备管理，但与驾驶员管理紧密关联。无人机驾驶员在操控无人机前，务必确保所使用无人机已完成实名登记，这一要求如同给每一次飞行任务系上“安全绳”，使得监管部门在事故发生或违规行为出现时，能够迅速追踪溯源，精准锁定责任主体，既强化了无人机设备管理，又间接约束了驾驶员行为，保障了飞行安全与秩序。

2018年中国民用航空局发布的《民用无人机驾驶员管理规定》对驾驶员管理规定更加具体细化，增加了执照和等级的要求、分类及颁发条件，理论、实践考试的标准、地点进行了规定。

2019年的《民用无人机驾驶员合格评定规则》规定了驾驶员合格证和等级的要求，合格证和等级的分类，合格证的更新及重新办理，如何增加等级，合格证和等级的申请与审批，考试的一般程序等内容，规范了民用无人机驾驶员的合格审定和管理工作。

2021年《民用无人驾驶航空器操控员管理规定》又对原无人机驾驶员规定进行了变更，设置执照种类以取代原分类等级，无需持有执照条件、应当持有执照的情况、执照的有效期、定期检查变更；还增加了执照或等级持有人的权利与限制、受到刑事处罚后执照的处理；更细化规定教员等级更新、考试一般程序等。

随着2024年《无人驾驶航空器飞行管理暂行条例》的实施，无人机驾驶员及飞行活动将迎来全面规范。该条例涵盖实名登记、适飞空域、与飞行申请无人机分类、驾驶员资质、安全管理等关键领域，并对违规行为设定了法律责任。为无人机飞行活动提供明确的法律框架，保障公共安全和国家安全。

此外，为适应不同地区、场景下的无人机飞行特点，各地政府在遵循上位法前提下，因地制宜出台地方性法规与政策。

《浙江省无人驾驶航空器公共安全管理规定》第七条规定：无人驾驶航空器依照国家规定实行实名登记管理制度。公安机关协助民用航空主管部门实施无人驾驶航空器实名登记管理制度。民用航空主管部门应当为无人驾驶航空器所有者登记提供便利。

第十条规定：无人驾驶航空器销售者应当向购买者正确介绍使用方法和安全注意事项，并告知购买者进行实名登记。无人驾驶航空器操控人员应当具有相应知识和技能。鼓励无人驾驶航空器所有者购买无人驾驶航空器第三者责任险。

《无锡市民用无人驾驶航空器管理办法》第七条民用无人机销售单位应当记录购买者的姓名、有效身份证件号码、联系方式以及民用无人机的名称、型号、产品序号等相关信息，并告知购买者相关使用规定及说明。民用无人机持有人、民用无人机驾驶员应当登录民用无人机管理服务系统进行信息登记。民用无人机销售单位、民用无人机持有人、民用无人机驾驶员应当对记录或者登记的信息真实性负责。

## 5.3 民用无人机驾驶员关键资质要求剖析

无人机系统分类较多，所适用空域远比有人驾驶航空器广阔，因此有必要对无人机系统驾驶员实施分类管理。分类等级与执照种类对应表见表 5-1。

表 5-1 分类等级与执照种类对应表

<table>
<tr><th>级别<br>（2016 年）</th><th>级别<br>（2018 年）</th><th>执照种类<br>（2023 年）</th><th>空机重量/kg</th><th>起飞全重/kg</th></tr>
<tr><td>Ⅰ</td><td>Ⅰ</td><td>微型</td><td colspan="2">0<W≤0.25</td></tr>
<tr><td>Ⅱ</td><td>Ⅱ</td><td>轻型</td><td>0.25<W≤4</td><td>1.5<W≤7</td></tr>
<tr><td>Ⅲ</td><td>Ⅲ</td><td>小型</td><td>4<W≤15</td><td>7<W≤25</td></tr>
<tr><td>Ⅳ</td><td>Ⅳ</td><td>中型</td><td>15<W≤116</td><td>25<W≤150</td></tr>
<tr><td>Ⅴ</td><td>Ⅴ</td><td>中型</td><td colspan="2">农用无人机</td></tr>
<tr><td>Ⅵ</td><td rowspan="2">取消</td><td>中型</td><td colspan="2">无人飞艇</td></tr>
<tr><td>Ⅶ</td><td>中型</td><td colspan="2">超视距运行的Ⅰ、Ⅱ类无人机</td></tr>
<tr><td>Ⅺ</td><td>Ⅺ</td><td>大型</td><td>116<W≤5 700</td><td>150<W≤5 700</td></tr>
<tr><td>Ⅻ</td><td>Ⅻ</td><td>大型</td><td colspan="2">W>5 700</td></tr>
</table>

注 1：实际运行中，Ⅰ、Ⅱ、Ⅲ、Ⅳ、Ⅺ类分类有交叉时，按照较高要求的一类分类。

注 2：对于串、并列运行或者编队运行的无人机，按照总重量分类。

注 3：地方政府（例如当地公安部门）对于Ⅰ、Ⅱ类无人机重量界限低于本表规定的，以地方政府的具体要求为准。

注 4：分布式操作的无人机系统或者集群，其操作者个人无需取得无人机驾驶员执照。

注 5：分类等级排列顺序由低到高依次为：Ⅶ、Ⅲ、Ⅳ、Ⅺ、Ⅻ，高分类等级执照可行使低分类等级执照权利（Ⅴ、Ⅵ分类等级不按重量级别划分）。

## 5.3.1 对无人机驾驶员管理方式

目前对无人机人员的管理方式主要有自行管理、局方管理和协会管理 3 种方式。对运营人的管理则由地方政府部门根据公司或企业运行的相关规定进行管理。本章主要介绍对无人机人员的管理。《民用无人驾驶航空器操控员管理规定》中也明确提出了对无人机系统驾驶员管理方式。

### 5.3.1.1 无人机系统驾驶员自行管理

自行管理主要指无人机运行人员在无需证照管理的情况下，自己做决定，完成无人机运行工作。在下列情况下，无人机系统驾驶员自行管理负责，无需执照管理：

（1）在室内运行的无人机。

（2）微型和轻型无人机（操控员应当熟练掌握有关机型操作方法，了解风险警示信息和有关管理制度）。

（3）在人烟稀少、空旷的非人口稠密区进行试验飞行的无人机。

（4）操控最大起飞重量不超过 150 kg 的农用无人机，在农林牧渔区域上方不超过真高 30 m 的适飞空域内从事植保、播种、投饵等农林牧渔作业飞行活动，担任操控农用无人机并负责无人机运行和安全的操控员，应当经农业农村部等部门规定的由符合资质要求的农用无人机生产企业自主负责的农用无人机操控人员培训考核。

### 5.3.1.2 由局方实施管理

无人机驾驶人员的管理主要是指驾驶人员执照的签发、执照的定期更新培训等。局方是指中国民用航空局飞行标准司。局方管理是根据无人机运行的空域和其运行性质，对无人机驾驶员实施证照管理。

自 2018 年 9 月 1 日起，中国民用航空局授权行业协会颁发的有效的无人机操控员合格证已自动转换为中国民用航空局颁发的电子执照，原合格证所载明的权利一并转移至该电子执照。

在隔离空域和融合空域操控除微型和轻型以外的无人机，其执照由局方按照 CCAR－61 部（CCAR－61 部是中国民用航空局第 61 部规章，全称为《民用航空器驾驶员合格评定规则》）颁发并实施管理。第 4.3 条规定：

（1）除本条第（3）款规定情形外，操控小型、中型、大型无人机的，应当持有执照，并且在行使相应权利时随身携带该执照。

（2）除本条第（3）款规定情形外，需多人机组操控的无人机，机组中负责飞行驾驶的个人应当持有执照。

（3）操控分布式无人机的，安全操作责任人应当持有执照，其他涉及操控任务的人员无需持有执照，但应当完成运行人实施的相关培训。

（4）执照应当具有相应的类别、级别（如适用）和型别（如适用）等级签注。

### 5.3.1.3　行业协会对无人机系统驾驶员的管理

行业协会受国家相关部门委托，承担相应的管理功能，代替政府部门实施对无人驾驶人员的管理工作。目前，我国政府是由局方委托“中国航空器拥有者及驾驶员协会（AOPA－China）”对无人航空器驾驶人员实施培训、考核、合格证与执照发放、合格证与执照管理审核，同时局方对协会实施监督。

行业协会管理的主要范围：

（1）在隔离空域内运行的除Ⅰ、Ⅱ类以外的无人机。

（2）在融合空域内运行的Ⅲ、Ⅳ、Ⅴ、Ⅵ、Ⅶ类无人机。

行业协会对无人航空器运行人员的管理主要是通过驾驶人员合格证与执照的签发、合格证与执照的定期更新等进行的。

对于国际仪表飞行规则（IFR）运行，持有按 CCAR－61 部颁发或者认可的执照担任无人机飞行机组必需成员的操控员，应当持有按《民用航空人员体检合格证管理规则》（CCAR－67FS）颁发或认可的现行有效Ⅲ级、Ⅱ级或者Ⅰ级体检合格证，并且在行使执照上的权利时随身携带该合格证。

### 5.3.1.4　驾驶员遇到特殊情况的处理

（1）在遇到紧急情况或需要救援时，民用无人机驾驶员应当立即采取应急措施，并向相关部门报告。

（2）在发现民用无人机出现故障或失控时，无人机驾驶员应当立即采取措施，尽可能地避免事故的发生，并向相关部门报告。

（3）在发现民用无人机被干扰或影响航空安全时，无人机驾驶员应当立即采取措施，并向相关部门报告。

（4）在遇到其他特殊情况时，无人机驾驶员应当根据实际情况采取相应的措施，并向相关部门报告。

（5）民用无人机驾驶员应当对所采取的措施负责并接受相关部门的调查和处理。

《轻小无人机运行规定》（试行）中规定在飞行中遇有紧急情况时：机长必须采取适合当时情况的应急措施。在飞行中遇到需要立即处置的紧急情况时，机长可以在保证地面人员安全所需要的范围内偏离本咨询通告的任何规定。如果在危及地面人员安全的紧急情况下必须采取违反当地规章或程序的措施，机长必须毫不迟疑地通知有关地方当局。机长必须负责以可用的、最迅速的方法将导致人员严重受伤或死亡、地面财产重大损失的任何航空器事故通知最近的民航及相关部门。

#### 5.3.1.5 其他注意事项

（1）民用无人机驾驶员应当按照国家和地方的相关规定进行注册登记，并提交必要的资料和证明文件。

（2）民用无人机驾驶员应当在飞行前了解天气和飞行环境的情况，并进行必要的检查和维护。

（3）民用无人机驾驶员应当在飞行过程中保持对无人机的监视和控制，及时采取应急措施并报告相关情况。

（4）民用无人机驾驶员应当在规定的时间和区域内进行飞行，并遵守相关法律法规和规定。

### 5.3.2 执照与合格证分类

《中华人民共和国民用航空法》规定：航空人员应当接受专门训练，经考核合格，取得国务院民用航空主管部门颁发的执照，方可担任其执照载明的工作。无人机驾驶员实行执照制度，是对航空人员加强技术管理，促进人员素质不断提高的一项重大措施。

执照由中国民用航空局颁发（CAAC），是从事专业飞行和商业活动的必备资质，覆盖机型广且权限高；合格证：由行业协会或培训机构颁发（如 AOPA、ALPA、UTC 等），或通过考试获取的轻型无人机安全操控证书（如 UOM），是特定场景下的操作凭证，侧重个人或轻型无人机使用。

#### 5.3.2.1 驾驶员执照等级

2020 年《民用无人机驾驶员合格评定规则》将无人机驾驶员按驾驶员等级分为驾驶员合格证、机长等级和教员等级。

2021 年中国民用航空局发布的《民用无人驾驶航空器操控员管理规定》，对驾驶员修改为操控员，设置执照种类代替原分类等级，新规定里对执照种类分为小型无人机操控员执照、中型无人机操控员执照及大型无人机操控员执照。

对完成局方规定的相应训练，并符合所申请类别和级别等级要求的申请人，在其执照上签注下列相应的等级：需在其执照上签注下列相应等级：类别等级、级别等级、型别等级、超视距等级和教员等级。无人机各等级之间的区别见表 5-2。

**表 5-2　无人机各等级之间的区别**

| | 《民用无人驾驶航空器操控员管理规定》（2021 年） | 《民用无人驾驶航空器运行安全管理规则》（2024 年） |
|---|---|---|
| 类别等级 | （1）飞机；（2）垂直起降飞机；（3）旋翼机；（4）倾转旋翼机；（5）飞艇；（6）自由气球；（7）滑翔机；（8）特殊类 | （1）飞机；（2）飞艇；（3）滑翔机；（4）旋翼飞行器；（5）动力升空器；（6）自由气球；（7）特殊类 |
| 级别等级 | （1）旋翼机级别等级：①多旋翼；②自转旋翼机；③直升机<br>（2）特殊类级别等级 | 对于审定为单个操控员操控，有类似操纵性、性能和特性的民用无人驾驶航空器和相关遥控站，由局方确定相应的级别等级 |
| 型别等级 | （1）审定最少机组为两名操控员操控的无人驾驶航空器<br>（2）局方通过评估程序确定需要型别等级的无人驾驶航空器 | （1）审定最小机组至少为两名操控员操控的民用无人驾驶航空器和相关遥控站<br>（2）局方通过评估程序确定需要型别等级的民用无人驾驶航空器和相关遥控站 |
| 超视距等级（仅适用于小型和中型无人机操控员执照） | （1）飞机；（2）垂直起降飞机；（3）多旋翼；（4）自转旋翼机；（5）直升机；（6）倾转旋翼机；（7）飞艇；（8）自由气球；（9）滑翔机；（10）特殊类 | 对于完成局方规定的相应训练，并符合所申请超视距等级要求的申请人，在其小型或者中型民用无人驾驶航空器操控员执照上签注相应的超视距等级 |
| 教员等级 | （1）飞机；（2）垂直起降飞机；（3）多旋翼；（4）自转旋翼机；（5）直升机；（6）倾转旋翼机；（7）飞艇；（8）自由气球；（9）滑翔机；（10）型别教员；（11）特殊类 | 对于完成局方规定的相应训练，并符合所申请教员等级要求的申请人，在其执照上签注相应的教员等级 |

同时《民用无人驾驶航空器操控员管理规定》《民用无人驾驶航空器运行安全管理规则》还规定了执照或等级持有人的权利与限制，具体请见表 5-3。

**表 5-3　执照或等级持有人的权利与限制**

| | 《民用无人驾驶航空器操控员管理规定》（2021 年） | 《民用无人驾驶航空器运行安全管理规则》（2024 年） |
|---|---|---|
| 小型和中型无人机执照持有人 | 1. 可以担任相应等级无人机的机长<br>2. 中型无人机执照持有人可以行使相应类别与级别等级（如适用）小型无人机执照持有人的权利 | 1. 可以担任相应类别、级别或者型别（如适用）等级民用无人驾驶航空器的机长或者副驾驶<br>2. 中型民用无人驾驶航空器执照持有人可以行使相应类别、级别或者型别（如适用）等级小型民用无人驾驶航空器执照持有人的权利 |

续表

| | 《民用无人驾驶航空器操控员管理规定》(2021 年) | 《民用无人驾驶航空器运行安全管理规则》(2024 年) |
|---|---|---|
| 大型无人机执照持有人 | 1. 可以担任相应类别与级别等级大型无人机的机长或副驾驶<br>2. 行使相应类别与级别等级(如适用)小型和中型无人机执照持有人的权利 | 1. 可以担任相应类别、级别或者型别(如适用)等级大型民用无人驾驶航空器的机长或者副驾驶<br>2. 在满足相应训练要求下，可以行使相应类别、级别或者型别(如适用)等级小型和中型民用无人驾驶航空器执照持有人的权利<br>3. 可以操控相应类别、级别或者型别(如适用)等级民用无人驾驶航空器实施超视距运行 |
| 超视距等级持有人 | 1. 可以操控相应类别与级别(如适用)等级无人机实施扩展视距或者超视距运行<br>2. 可以行使相同执照种类和类别等级的视距内运行执照持有人的所有权利 | 可以操控相应类别或者级别等级民用无人驾驶航空器进行超视距运行 |
| 型别等级持有人 | 可以担任相应具有型别等级要求的无人机的机长或副驾驶 | 1. 可以担任相应具有型别等级要求的民用无人驾驶航空器的机长或者副驾驶<br>2. 可以操控相应类别或者级别等级民用无人驾驶航空器进行超视距运行 |
| 教员等级持有人 | 1. 可以行使相同执照种类和类别等级的超视距等级持有人的所有权利<br>2. 在所持有执照种类和等级的限制内，可以分别提供按照 CCAR－61 部颁发下列执照和等级所要求的地面和飞行训练：①小型、中型和大型无人机执照；②类别等级；③级别等级；④超视距等级；⑤型别等级；⑥教员等级<br>3. 可以从事下列活动：①向准备获取单飞资格的人员提供训练；②签字推荐申请人获取执照或增加等级所必需的实践考试；③签字推荐申请人参加理论考试或实践考试未通过后的补考；④签署申请人的飞行经历记录本；⑤在飞行经历记录本上签字，授予申请人单飞权利<br>4. 持有按照 CCAR－61 部颁发的具有教员等级签注执照的人员，应当随身携带该执照，方可行使飞行教员权利 | 1. 在其所持民用无人驾驶航空器操控员执照和等级的权利和限制范围内，可以为民用无人驾驶航空器操控员执照申请人或者持有人提供按本章颁发的执照和等级所要求的相应安全操控训练<br>2. 未具有教员等级或者教员等级过期未更新的执照持有人，不得从事下列活动：①向准备获取单飞资格的人员提供训练；②签字推荐申请人获取执照或者增加等级所必需的理论考试和实践考试；③签字推荐申请人参加理论考试或者实践考试未通过后的补考；④签署申请人的飞行经历记录和训练记录；⑤在飞行经历记录上签字，授予申请人单飞权利 |

续表

| | 《民用无人驾驶航空器操控员管理规定》（2021 年） | 《民用无人驾驶航空器运行安全管理规则》（2024 年） |
|---|---|---|
| 直升机级别等级持有人 | 可行使多旋翼级别等级权利，超视距直升机等级持有人可行使超视距一多旋翼等级权利，直升机教员等级持有人可行使多旋翼教员等级权利。 | |
| 特定运行安全风险等级 | 持有按照 CCAR－61 部颁发的具有特定运行安全风险等级签注的执照，方可操控无人机实施涉及特定高风险的特殊运行。 | |
| 备注 | 如执照持有人未满 18 周岁或者年满 60 周岁，或者在有一名以上操控员参加飞行的情况下执照持有人年满 65 周岁时，执照持有人不得担任按照仪表飞行规则（IFR）实施国际运行的无人机的操控员。 | |

### 5.3.2.2　对无人机驾驶员执照要求

根据《无人驾驶航空器飞行管理暂行条例》第十七条规定：操控微型、轻型民用无人驾驶航空器飞行的人员，无需取得操控员执照，但应当熟练掌握有关机型操作方法，了解风险警示信息和有关管理制度。无民事行为能力人只能操控微型民用无人驾驶航空器飞行，限制民事行为能力人只能操控微型、轻型民用无人驾驶航空器飞行。

无民事行为能力人操控微型民用无人驾驶航空器飞行或者限制民事行为能力人操控轻型民用无人驾驶航空器飞行，应当由符合前款规定条件的完全民事行为能力人现场指导。

操控轻型民用无人驾驶航空器在无人驾驶航空器管制空域内飞行的人员，应当具有完全民事行为能力，并按照国务院民用航空主管部门的规定经培训合格。

第十六条规定：操控小型、中型、大型民用无人驾驶航空器飞行的人员应具备下列条件，并向国务院民用航空主管部门申请取得相应民用无人驾驶航空器操控员执照：

（1）具备完全民事行为能力。

（2）接受安全操控培训，并经民用航空管理部门考核合格。

（3）无可能影响民用无人驾驶航空器操控行为的疾病病史，无吸毒行为记录。

（4）近 5 年内无因危害国家安全、公共安全或者侵犯公民人身权利、扰乱公共秩序的故意犯罪受到刑事处罚的记录。

从事常规农用无人驾驶航空器作业飞行活动（是使用最大起飞重量不超过 150 kg 的农用无人驾驶航空器在农林牧渔区域上方的适飞空域内从事农林牧渔作业飞行活动）的人员无需取得操控员执照，但应当由农用无人驾驶航空器系统生产者按照国务院民用航空、农业农村主管部门规定的内容进行培训和考核，合格后取得操作证书。

无人驾驶航空器操控员要求见表 5-4。

**表 5-4　无人驾驶航空器操控员要求**

| 型别 | 颁证部门 | 操控要求 | 人员要求 |
| --- | --- | --- | --- |
| 微型 | 无执照要求 | 无需操控员执照；应熟练掌握有关机型操作方法；了解风险警示信息和有关管理制度 | 无民事能力行为能力人和限制民事行为能力人操控应有符合规定的完全民事行为能力人现场指导 |
| 轻型 | 无执照要求，但在管制空域内飞行需按照国务院民航主管部门规定经培训合格 | | 限制民事行为能力人操控应有符合规定的完全民事行为能力人现场指导；管制空域内飞行需完全民事行为能力人，并经民航主管部门培训合格 |
| 小型 | 中国民用航空局 | 操控员执照 | 完全民事行为能力；无影响操控疾病史及吸毒行为记录；5 年内无犯罪刑事处罚记录 |
| 中型 | | | |
| 大型 | | | |
| 农用 | 农用无人机生产者 | 按照民航、农业农村部规定培训考核取得操作证书 | |

### 5.3.2.3　民用无人机驾驶员飞行经历记录本

飞行经历记录本是指记录飞行经历时间和相关信息的证明材料，包括纸质飞行经历记录本和由无人机云交换系统支持的电子飞行经历记录本。

2020 年《民用无人机驾驶员合格评定规则》规定合格证或等级申请人其飞行记录本须按照办公室公布的飞行记录本填写规范填写；在办公室授权的检查人员要求检验时，驾驶员合格证申请人或持有人应当出示其飞行经历记录本，飞行记录本记录时间应与合格证或等级申请人在无人机云系统上记录的飞行经历时间相对应，不得虚假填写飞行记录本。

2021 年《民用无人驾驶航空器操控员管理规定》也规定了：

（1）操控员应当以局方可接受的方式将下列训练时间和航空经历如实地记录在飞行经历记录本（电子/纸质）中：

A. 用于满足 CCAR－61 部和本规定中执照、等级或者熟练检查要求的训练时间和航空经历。

B. 满足本规定近期飞行经历要求的航空经历。

（2）申请人应当于申请实践考试或者执照更新前提供满足相应要求的飞行经历记录证明。

（3）飞行经历记录填写规范应当符合《无人机操控员飞行经历记录本填写规范》（附件 D）要求。

（4）截止至 2022 年 6 月 30 日，申请人可以提交纸质版本的飞行经历记录信息。

（5）自 2022 年 7 月 1 日起，除局方批准外，申请人应当提交电子飞行经历记录信息。飞行经历记录信息应当接入无人机云交换系统，以满足申请执照或等级对飞行经历中带飞时间及单飞时间的要求，以及申请执照更新对飞行经历时间的要求。

（6）由无人机云提供的飞行经历记录信息内容和格式应当符合《无人机操控员飞行经历记录数据规范》（附件 E）要求。

在 2024 年《民用无人驾驶航空器运行安全管理规则》第 92.69 条飞行经历记录还规定了除了机长以外其他所有操控员的飞行经历时间需要签字证明或者电子确认。非飞行经历时间不得填入飞行经历记录。

#### 5.3.2.4　合格证和等级的申请与审批

1. 执照申请条件

根据《民用无人驾驶航空器操控员管理规定》《民用无人驾驶航空器运行安全管理规则》，操控员执照申请条件如下：

（1）具备完全民事行为能力。

（2）无可能影响民用无人驾驶航空器操控行为的疾病病史，无吸毒行为记录。

（3）近 5 年内无因危害国家安全、公共安全或者侵犯公民人身权利、扰乱公共秩序的故意犯罪受到刑事处罚的记录。

（4）持有有效体检合格证（如适用）；申请人不能满足本款要求的，局方应当在其执照上签注相应限制；（《民用无人驾驶航空器运行安全管理规则》中增加的要求）。

（5）完成了相应民用无人驾驶航空器等级的航空知识训练，由提供训练或者评审其自学情况的授权教员在其训练记录上签字，证明该申请人可以参加规定的理论考试，并通过了相应航空知识的理论考试。

（6）完成了相应民用无人驾驶航空器等级的操控技能训练，满足适用于所申请民用无人驾驶航空器等级的飞行经历要求，由提供训练的授权教员在其训练记录上签字，证明该申请人可以参加规定的实践考试；并通过了相应操控技能的实践考试。

（7）具备安全操控所申请的执照和等级相应无人机所需的能力。

（8）符合 CCAR－61 部和《民用无人驾驶航空器操控员管理规定》中对所申请执照和等级的相应条款要求。

（9）执照被暂扣的，暂扣期内不得申请任何执照和等级。（《民用无人驾驶航空器运行安全管理规则》中增加的要求）。

2. 申请材料

符合条件的申请人，应当按照规定的格式向局方提交执照或者等级的申请，并对申请材料实质内容的真实性负责。执照或者等级的申请材料见表 5-5。

表 5-5 执照或者等级的申请材料

| 相关法规 | 申请所需材料 |
|---|---|
| 《民用无人机驾驶员合格评定规则》（2019 年） | （1）身份证明；（2）学历证明（如要求）；（3）相关无犯罪记录文件；（4）理论考试合格的有效成绩单；（5）原驾驶员合格证（如要求）；（6）飞行经历记录本；（7）实践考试合格证明 |
| 《民用无人驾驶航空器操控员管理规定》（2021 年） | （1）身份证明；（2）学历证明（如适用）；（3）相关无犯罪记录文件；（4）理论考试合格的有效成绩单；（5）原执照（如适用）；（6）授权教员的资质证明；（7）训练飞行活动的合法证明；（8）飞行经历记录本；（9）实践考试合格证明 |
| 《民用无人驾驶航空器运行安全管理规则》（2024 年） | （1）身份证明；（2）符合局方要求的相应身体情况说明，包括无可能影响民用无人驾驶航空器操控行为的疾病病史，无吸毒行为记录；（3）近 5 年内无因危害国家安全、公共安全或者侵犯公民人身权利，扰乱公共秩序的故意犯罪受到刑事处罚记录的声明；（4）理论考试合格的有效成绩单；（5）授权教员的资质证明；（6）训练飞行活动的合法证明；（7）飞行经历记录本；（8）实践考试合格证明 |

### 3. 申请的受理、审查、批准

（1）受理、审查。

在《民用无人驾驶航空器运行安全管理规则》中规定，对于申请材料不齐全或者不符合格式要求的，局方应当在 5 个工作日内一次告知申请人需要补正的全部内容，逾期不告知的，自收到申请材料之日起即为受理。

对于申请材料齐全、符合格式要求，或者申请人按照局方要求提交全部补正申请材料的，局方应当受理申请。

局方应当自受理申请之日起 20 个工作日内，对申请材料进行审查，并作出是否批准的书面决定。

（2）批准。

对于符合申请条件的申请，应当作出予以批准的决定，由局方颁发相应的执照，并签注经批准的等级或者其他备注信息；对于不符合申请条件的申请，应当作出不予批准的决定，说明理由并告知申请人享有依法申请行政复议或者提起行政诉讼的权利。

由于操控技能训练或者实践考试中所用民用无人驾驶航空器的特性，申请人不能完成规定的操控员操作动作，因此未能完全符合本规则规定的飞行技能要求，但符合所申请执照或者等级的所有其他要求的，局方可以向其颁发签注有相应限制的执照或者等级。

2020 年《民用无人机驾驶员合格评定规则》规定了合格证被吊销的，自吊销之日起 3 年内不得申请本规则规定的任何合格证和等级，再次申请时原飞行经历视为无效。

《民用无人驾驶航空器运行安全管理规则》还规定了民用无人驾驶航空器操控员执照持有人应当接受局方定期或者不定期的检查和考核，经检查、考核合格的，方可继续行使其执照载明的权利。

### 5.3.2.5　无人机驾驶员证书种类

无人机驾驶证主要有无人机执照（CAAC）、无人机驾驶员合格证（AOPA）、无人机操控员应用合格证（ALPA）、遥控航空模型飞行员执照（ASFC）和无人机操作证书（UTC）五大种类。其中CAAC（中国民用航空局无人机驾驶员云执照）是指民航无人机操作员执照，是含金量和权威性最高的飞行执照，由中国民用航空局颁发，直接由中国民用航空局管理。适用于轻型无人机操作，涉及航拍、农业、气象等行业，是国内无人机驾驶证中的核心类型。

AOPA是由中国航空器拥有者及驾驶员协会颁发的，要求持证人通过航空理论与实操考核，在国内具有较高的认可度。具备合法申报空域和航线的权利。无人机操作者的资质需求。特别是对于那些在视距内运行的空机重量大于7 kg以及在隔离空域超视距运行的无人机驾驶员的资质管理方面，起到了重要的作用。

AOPA与CAAC执照存在协同关系。自2018年9月1日以后，凡通过中国民用航空局CAAC无人机驾驶执照考试后，即可获得AOPA无人机合格证（也就是一次考试可获得双证，性价比极高）。这个政策体现了两种执照在管理和资质认定上的一种互补关系，既提高了从业者获取资质的效率，也体现了国内无人机驾驶证管理体系的协同性。

ALPA是由中国民航飞行员协会颁发的，侧重于微型、轻型无人机。这一合格证为无人机操作员在不同行业应用场景下提供了一种资质证明。

ASFC是由中国航空模型运动协会颁发的，适合参与国际航空模型赛事。

ASFC无人机飞行员执照是国内航模领域的专属资质，专门针对7 kg以下的无人机（航模）。在中国航空运动协会的管理下，ASFC主要服务于航模爱好者、航模教练、航模选手等群体，为国内航模运动的发展提供了必要的资质保障。

UTC则是由大疆慧飞无人机培训中心颁发的，偏重于企业认证和技能培训。

无人机执照分类见表5-6。

**表5-6　无人机执照分类**

| 证件类型 | | | 发证机关 | 证书权限 | 证书属性 |
|---|---|---|---|---|---|
| CAAC | 民用无人驾驶航空器操控员执照（电子执照） | 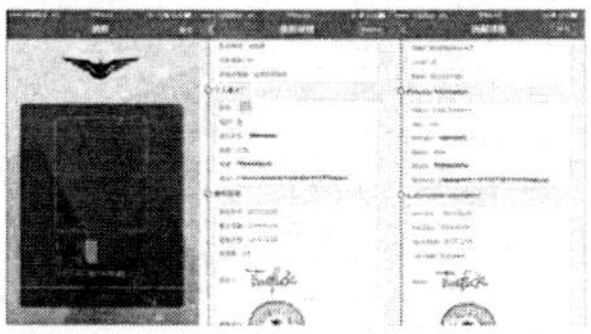 | 中国民用航空局 | 无人机商业飞行申请空域、禁限飞区解禁备案、夜间飞行备案、商业竞投标、晋升、考公等 | 执照 |

续表

| 证件类型 | | | 发证机关 | 证书权限 | 证书属性 |
|---|---|---|---|---|---|
| ALPA | 民用无人机操控员应用合格证（实体证件） |  | 中国民航飞行员协会 | CAAC 考试通过后可增发的 ALPA 合格证 | 飞行合格证 |
| AOPA | 民用无人驾驶航空器系统驾驶员合格证（实体证件） | 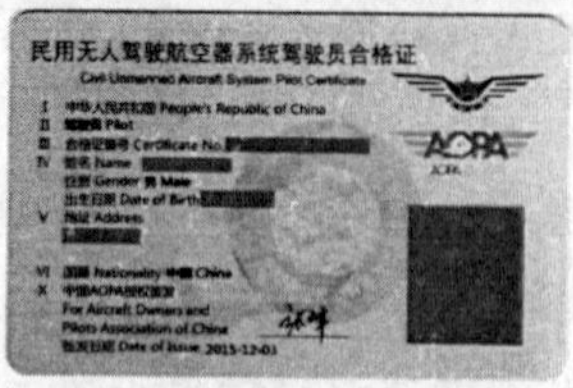 | 中国航空器拥有者及驾驶员协会 | CAAC 考试通过后可增发的 AOPA 合格证 | 飞行合格证 |
| UTC | 民用驾驶航空器系统操作手合格证（实体证件） |  | 大疆慧飞 | 作为飞行技能证明使用，无执照功能 | 飞行合格证 |
| ASFC | 遥控航空模型飞行员执照（实体证件） |  | 中国航空模型运动协会 | 航模，穿越机比赛使用 | 飞行合格证 |

### 5.3.2.6 无人机合格证与执照的用途

合格证主要用于证明驾驶员的技能水平，可能在一些商业应用或特定飞行任务中作为参考。但它并不是飞行的法定必备条件。

执照则是合法飞行的必备证件。在无人机重量超过一定标准（如 7 kg）或进行特定类型的飞行任务时，驾驶员必须持有相应的执照，否则，飞行活动可能被视为非法。

### 5.3.2.7 无人机证书获取方式

合格证的获取通常需要通过相关的培训课程和考试，确保驾驶员掌握基本的飞行技能和理论知识。如《中华人民共和国民用航空法》第四十条规定：航空人员应当接受专门训练，经考核合格，取得国务院民用航空主管部门颁发的执照，方可担任其执照载明的工作。

执照的获取则更为严格，需要驾驶员通过国务院民用航空主管部门认可的培训和考试，包括体格检查、理论考试和实际飞行考试等环节。

#### 5.3.2.8　无人机执照管理

执照管理是管理部门通过等级驾驶员执照的考取、核发、注销、审批、变更等方式对驾驶员进行管理的一种方式。等级驾驶员执照是从事运营无人机的合法执照，等级驾驶员执照的取得必须是经过注册的学员，完成了训练机构进行的理论训练、飞行技术训练，并通过局方组织的无人机等级驾驶员执照考试。

等级驾驶员执照管理包括两个方面：一是训练机构结业证的管理，只有完成规定的训练内容，并考试合格才能颁发执照；二是局方授权的驾驶员等级驾驶员执照的颁发与管理。具体管理内容包括无人机等级驾驶员执照的申请与审批管理；有效期内等级驾驶员执照的变更或核发管理等。

#### 5.3.2.9　增加等级

《民用无人驾驶航空器操控员管理规定》5.15 增加等级中，申请人应符合的规定：

(1) 增加无人机等级

A. 在执照上增加类别等级，申请人应当符合下列规定：

①完成了相应执照种类和级别（如适用）等级要求的训练，符合本规定相应的执照种类和级别等级的航空经历要求。

②由授权教员在申请人的飞行经历记录本和训练记录上签字，证明其在相应执照种类和级别等级的航空知识方面是合格的。

③由授权教员在申请人的飞行经历记录本和训练记录上签字，证明其在相应执照种类和级别等级的飞行技能方面是合格的。

④通过了相应执照种类等级要求的理论考试。

⑤通过了相应执照种类和级别等级要求的实践考试。

B. 在执照上增加级别等级，申请人应当符合下列规定：

①完成了相应执照级别等级要求的训练，符合本规定相应的执照级别等级的航空经历要求。

②由授权教员在申请人的飞行经历记录本和训练记录上签字，证明其在相应执照级别等级的航空知识方面是合格的。

③由授权教员在申请人的飞行经历记录本和训练记录上签字，证明其在相应执照级别等级的飞行技能方面是合格的。

④通过了相应执照级别等级要求的实践考试。

C. 在执照上增加型别等级或者在增加类别等级或者级别等级的同时增加型别等级的申请人应当符合下列规定：

①持有或者同时取得适合于所申请类别、级别或型别等级的超视距等级。

②由授权教员在申请人飞行经历记录本或者训练记录上签字，证明其在操控员执照的类别、级别和型别等级的航空知识方面是合格的。

③由授权教员在申请人飞行经历记录本或者训练记录上签字，证明其在执照对相应类别、级别和型别等级要求的飞行技能方面是合格的。

④通过了执照对相应类别、级别和型别等级要求的实践考试。

⑤实践考试应当按照超视距运行条件实施。

⑥如果申请人在增加类别等级或者级别等级的同时增加型别等级，则应当按照本条第（1）款A项或者B项要求通过相应的理论考试。

（2）增加超视距等级

A. 在执照上增加超视距等级，而执照种类和类别等级不变的，申请人应当符合下列规定：

①完成了相应执照种类和类别等级要求的超视距等级训练，符合本规定适用的附件C—1、附件C—2关于超视距等级的飞行经历要求。

②由授权教员在申请人的飞行经历记录本或者训练记录上签字，证明其在相应的超视距等级的航空知识方面是合格的。

③由授权教员在申请人的飞行经历记录本或者训练记录上签字，证明其在相应的超视距等级的飞行技能方面是合格的。

④通过了相应的超视距等级要求的理论考试。

⑤通过了相应的超视距等级要求的实践考试。

B. 在执照上增加超视距等级的同时增加类别等级或者级别等级的，申请人应当符合下列规定：

①满足本条第（1）款A项或者B项的相关飞行经历和训练要求。

②满足本条第（1）款A项或者B项的相关飞行经历和训练要求。

③通过了相应的超视距等级要求的理论考试。

④通过了相应的超视距等级要求的实践考试。

（3）增加教员等级

在执照上增加教员等级，申请人应当符合下列规定：

A. 持有与所申请教员等级相同类别、级别和型别（如适用）的执照和超视距等级（仅适用于小型和中型无人机操控员执照）。

B. 完成了相应执照种类和等级要求的教员等级训练，符合本规定中关于教员等级的飞行经历要求。

C. 由授权教员在申请人的飞行经历记录本或者训练记录上签字，证明其在相应的教员等级的航空知识方面是合格的。

D. 由授权教员在申请人的飞行经历记录本或者训练记录上签字，证明其在相应的教员等级的飞行技能和教学技能方面是合格的。

E. 通过了相应的教员等级要求的理论考试。

F. 通过了相应的教员等级要求的实践考试。

民用无人机驾驶员资质认证呈现多元化分层格局，精准匹配不同飞行场景与任务需求。目前，民用无人机驾驶员资质认证主要分为民用无人驾驶航空器操控员执照和民用无人驾驶航空器操控员合格证两大类别。操控员执照作为行业“硬通货”，具备更高权威性与通用性，面向从事商业运营、专业作业等复杂飞行任务的驾驶员。持有此类执照的驾驶员，方能合法承接诸如城市宣传片航拍、电力线路巡检、物流干线配送等专业项目，为客户提供高质量、高安全性的飞行服务。

与之相对，操控员合格证侧重于满足个人娱乐飞行、简单应用场景需求，涵盖轻型、微小型无人机驾驶员。获得者通过线上理论学习，掌握基础航空法规、飞行原理、安全操作常识等知识，经线上考核合格后即可领证，开启轻松便捷的个人飞行之旅。

例如，一位摄影爱好者购买轻型无人机用于记录日常生活美景，只需完成规定线上课程学习并通过考试，取得操控员合格证，便可在合法空域自由操控无人机捕捉精彩瞬间，享受飞行乐趣。

这种分类管理模式既确保专业飞行任务由具备深厚专业知识与高超技能的驾驶员担纲，保障飞行安全与服务质量；又为普通民众参与无人机活动提供便捷途径，激发大众对无人机技术的兴趣与探索热情，推动民用无人机产业普及发展。

## 5.3.3　培训与考核标准

无人机运行人员的能力、素质高低，直接关系到无人机运行的质量。人员训练与管理掌握无人机运行的理论知识与技能是解决无人机无序、无规运行的根本。正规的专业训练是使从业人员掌握飞行安全知识、飞行气象知识、飞行法规知识、飞行技能、无人机维护知识等必备的理论知识与技能的最佳途径；对从业人员进行必要、及时的管理，能准确掌握从业人员的现状，通过执照更新等方式及时进行知识更新训练，促使从业人员素质不断提高。

### 5.3.3.1　无人机执照学员的培训及管理

1. 学员培训

（1）学员首先需要寻找有授权的无人机培训单位进行培训。这些培训单位应具备相应的资质，能够提供专业的无人机操作技能培训，并按照规定完成相应的课程学习和实际操作训练。

（2）培训内容通常包括无人机的组装、操作技巧、飞控技术以及相关的航空法规知识。实际操作训练应当包括无人机的起降、飞行、悬停、避障等技能；学员需要通过培训学习，掌握无人机的基本操作技能和飞行规则。

（3）培训合格后，学员可以在有资质的无人机驾校考取民用无人机的合格证（图5-1）（应当在取得理论知识考试合格证书后，方可参加实际操作考试）。

中国民用航空局
CIVIL AVIATION ADMINISTRATION OF CHINA(CAAC)
轻型民用无人驾驶航空器安全操控理论培训合格证明
编号:202404081894
兹证明 [redacted] (姓名)(证件编号:4[redacted])已完成中国民用航空局规定的理论培训和考试，经考核合格，有效期24个日历月。
中国民用航空局飞行标准司
2024年04月08日

图 5-1　合格证明

2. 学员管理

(1) 注册管理。

注册管理是训练机构根据记录训练科目、飞行操作动作、参加考试的名称与成绩、训练的截止日期等完成情况，向完成训练的学员颁发结业证书，管理学员的一种手段。

(2) 训练纪录管理。

训练记录管理是驾驶员训练机构对注册于本机构经认可的训练课程的学员建立并保持及时准确的记录，以管理学员学习、训练过程的方法。

训练记录主要内容包括：学员入学注册日期；按时间顺序记录或按课程大纲顺序记录的该学员接受训练的课目和飞行操作动作的记录，以及该学员所参加考试的名称和成绩；结业日期、中止训练的日期或者转训练机构日期。通过训练记录来管理学员的日常学习情况。

训练记录由负责该课程的教员签字证明，训练机构按规定保存每个学员的记录自结业或中止课程或转训练机构起至少 3 年时间。训练机构应当在学员提出要求时向学员提供其训练记录的复印件。

### 5.3.3.2　无人机培训内容

根据《民用无人机驾驶员合格评定规则》规定，主要从航空知识、飞行技能、飞行经历 3 个方面进行训练。

1. 驾驶员

(1) 适用范围。

本章规定了颁发驾驶员合格证的条件以及持有人的权限和应当遵守的一般运行规则。

(2) 资格要求。

符合下列条件的申请人，办公室可以为其颁发驾驶员合格证：

①年满 8 周岁。

②无犯罪记录。

③完成了本规则要求的相应无人机等级的航空知识练，并由提供训练或者评审其自学情况的授权教员在训练记录上签字，证明该申请人可以参加规定的理论考试。

④通过了本规则要求航空知识的理论考试。

⑤完成了本规则要求的相应无人机等级的飞行技能训练，并由提供训练的授权教员在其飞行经历记录本上签字，证明该申请人可以参加规定的实践考试。

⑥在申请实践考试之前，满足本章中适用于所申请无人机等级的飞行经历要求。

⑦通过了本规则要求飞行技能的实践考试。

⑧符合本规则对所申请无人机类别和级别等级的相应条款要求。

（3）航空知识要求。

A. 以下适用于Ⅶ、Ⅲ、Ⅳ、Ⅵ、Ⅺ、Ⅻ级别等级。

①民用无人机驾驶员管理和民用无人机运行有关的中国民用航空规章。

②基础知识。气象学，包括识别临界天气状况，获得气象资料的程序以及航空天气报告和预报的使用；航空器空气动力学基础和飞行原理；无人机主要系统，包括导航、飞控、动力、链路、电气等知识；无人机系统操作程序及通用应急操作程序。

③特性知识。起飞和着陆要求；性能：飞行速度；典型和最大爬升率；典型和最大下降率；典型和最大转弯率；其他有关性能数据（例如风、结冰、降水限制）；航空器最大续航能力。

B. 植保无人机运行相关知识（Ⅴ级别适用）。

开始作业飞行前应当完成的工作步骤，包括作业区的勘察；安全处理有毒药品的知识及要领和正确处理使用过的有毒药品容器的办法；农药与化学药品对植物、动物和人员的影响和作用，重点在计划运行中常用的药物以及使用有毒药品时应当采用的预防措施；人体在中毒后的主要症状，应当采取的紧急措施和医疗机构的位置；所用无人机的飞行性能和操作限制；安全飞行和作业程序；喷洒限制；喷洒记录保存。

C. 以下适用于Ⅰ、Ⅱ类级别等级无人机运行相关知识（初、中、高级别）。

①开始飞行前应当完成的设备检查步骤，包括飞行器保护罩是否完好、飞行区域的勘察。

②飞行前，对场地运营规则的学习和研读。

③所使用无人机的飞行性能和操作限制。

④安全飞行和收回程序。

（4）飞行技能要求。

A. 通用部分。

①飞行前准备：包括气象判断、飞行空域与飞行计划申报、重量和平衡的计算、动力系统相关的准备、地面控制站的设置及起飞前无人机系统检查。

②起飞、着陆和复飞，包括室内、室外正常情况、有风和倾斜地面的起飞和着陆。

③视距内机动飞行。

④机场和起落航线的运行。

⑤应急程序：包括飞行平台操纵系统故障、动力系统故障、数据链路故障、地面控制站故障及迫降或应急回收。

B. 以下固定翼类别适用。

①地面滑行。

②临界小速度飞行，判断并改出从直线飞行和从转弯中进入的临界失速及失速。

③最大性能（短跑道和越障）起飞，短跑道或松软跑道着陆。

C. 以下无人直升机类别适用。

①悬停，包括无人机平台正前方朝向不同方向时的悬停。

②以所需最小动力起飞和着陆，最大性能起飞和着陆。

③在涡环初始阶段的识别及改出。

D. 以下多旋翼类别适用。

①悬停，包括无人机平台正前方朝向不同方向时的悬停。

②以所需最小动力起飞和着陆，最大性能起飞和着陆。

③模拟单个动力轴动力失效时的应急操纵程序。

E. 以下垂直起降固定翼无人机类别适用。

①旋翼及螺旋桨动力切换故障处理或传动装置和互连式传动轴故障处理。（如适用）

②临界小速度飞行，判断并改出从直线飞行和从转弯中进入的临界失速及失速。

F. 以下自转旋翼机类别适用。

以临界小速度机动飞行，对小速度大下降率状态的判断和改出。

G. 植保无人机飞行技能要求（Ⅴ级别适用）。

以无人机的最大起飞全重完成起飞、作业线飞行等操作动作。

H. 以下无人飞艇适用（Ⅵ级别适用）。

①最大性能（越障）起飞。

②识别漏气现象。

③轻着陆。

G. 以下Ⅰ、Ⅱ类级别等级（初、中、高级）适用。

①悬停，包括无人机平台正前方朝向不同方向时的悬停。

②以所需最小动力起飞和着陆，最大性能起飞和着陆。

③模拟单个动力轴动力失效时的应急操纵程序（多旋翼）。

④模拟遥控系统失效时的应急操纵程序。

⑤模拟图像传输系统失效时的应急操纵程序。

⑥初级驾驶员，第三人称视角“复合定位模式”操纵多旋翼无人机的飞行能力。

⑦中级驾驶员，第一及第三人称视角“GPS/增稳姿态模式”操纵多旋翼无人机的飞行能力。

⑧高级驾驶员，第一及第三人称视角“增稳姿态模式/手动模式”操纵多旋翼无人机的飞行能力。

（5）驾驶员的飞行经历要求。

A. Ⅶ、Ⅲ、Ⅳ、Ⅵ、Ⅺ、Ⅻ级别等级驾驶员合格证的申请人应当有操纵有动力的无人机至少 44 h 的飞行经历时间。

①按照本规则的飞行技能要求，对于多旋翼类别驾驶员合格证申请人，由授权教员提供不少于 10 h 带飞训练，不少于 5 h 单飞训练，计入驾驶员飞行经历的飞行模拟训练时间不多于 22 h。

②按照本规则的飞行技能要求，对于除多旋翼类别外其他类别驾驶员合格证申请人，由授权教员提供不少于 16 h 带飞训练，不少于 6 h 单飞训练，计入驾驶员飞行经历的飞行模拟训练时间不多于 8 h。

B. Ⅰ、Ⅱ类级别的飞行经历要求。

①初级：按照本规则的飞行技能要求，对于多旋翼类别合格证申请人，由授权教员提供不少于 5 h 带飞训练，不少于 2 h 单飞训练；按照本规则的飞行技能要求，对于除多旋翼类别外其他类别机长等级申请人，由授权教员提供不少于 8 h 带飞训练，不少于 3 h 单飞训练。

②中级：按照本规则的飞行技能要求，对于多旋翼类别合格证申请人，由授权教员提供不少于 5 h 带飞训练，不少于 2 h 单飞训练；按照本规则的飞行技能要求，对于除多旋翼类别外其他类别机长等级申请人，由授权教员提供不少于 8 h 带飞训练，不少于 3 h 单飞训练。

③高级：按照本规则的飞行技能要求，对于多旋翼类别合格证申请人，由授权教员提供不少于 8 h 带飞训练，不少于 3 h 单飞训练；按照本规则的飞行技能要求，对于除多旋翼类别外其他类别合格证申请人，由授权教员提供不少于 10 h 带飞训练，不少于 5 h 单飞训练。

（6）驾驶员合格证持有人的权利和限制。

驾驶员合格证持有人可以在合格证载明的范围内行使权利。

2. 机长

（1）适用范围。

本章规定了颁发机长的条件以及持有人的权限和应当遵守的一般运行规则。

（2）资格要求。

符合下列条件的申请人，办公室可以为其颁发机长等级：

①年满 16 周岁。

②无犯罪记录。

③具有初中或者初中以上同等文化程度。

④完成了本规则要求的相应无人机等级的航空知识训练（驾驶员合格证持有人申请相应类别级别的机长等级，须完成本规则（3）对于驾驶员（3）的补充训练），并由

提供训练或者评审其自学情况的授权教员在训练记录上签字，证明该申请人可以参加规定的理论考试。

⑤通过了本规则要求航空知识的理论考试。

⑥完成了本规则要求的相应无人机等级的飞行技能训练（驾驶员合格证持有人申请相应类别级别的机长等级，须完成本规则（4）对于驾驶员（4）的补充训练），并由提供训练的授权教员在其飞行经历记录本上签字，证明该申请人可以参加规定的实践考试。

⑦在申请实践考试之前，满足本章中适用于所申请无人机等级的飞行经历要求（驾驶员合格证持有人申请相应类别级别的机长等级，须完成本规则（5）对于驾驶员（5）的补充训练）。

⑧通过了本规则要求飞行技能的实践考试。

⑨符合本规则对所申请无人机类别和级别等级的相应条款要求。

（3）航空知识要求。

①民用无人机系统驾驶员管理和民用无人机运行有关的中国民用航空规章。

②基础知识。

气象学，包括识别临界天气状况，获得气象资料的程序以及航空天气报告和预报的使用；航空器空气动力学基础和飞行原理；无人机主要系统，导航、飞控、动力、链路、电气等知识；无人机系统操作程序及通用应急操作程序；所使用的无人机系统特性，包括：

a. 起飞和着陆要求。

b. 性能：飞行速度；典型和最大爬升率；典型和最大下降率；典型和最大转弯率；其他有关性能数据（例如风、结冰、降水限制）；航空器最大续航能力。

③控制站界面、功能等知识以及控制站之间的交接程序（如适用）。

④植保无人机运行相关知识（Ⅴ级别适用），包括：开始作业飞行前应当完成的工作步骤（包括作业区的勘察）；安全处理有毒药品的知识及要领和正确处理使用过的有毒药品容器的办法；农药与化学药品对植物、动物和人员的影响和作用，重点在计划运行中常用的药物以及使用有毒药品时应当采用的预防措施；人体在中毒后的主要症状，应当采取的紧急措施和医疗机构的位置；所用无人机的飞行性能和操作限制；安全飞行和作业程序；喷洒限制；喷洒记录保存；植保作业负责人的任务与职责。

（4）飞行技能要求。

A. 通用部分。

①飞行前准备：包括气象判断、飞行空域与飞行计划申报、重量和平衡的计算、动力系统相关的准备、地面控制站的设置及起飞前无人机系统检查。

②起飞、着陆和复飞，包括正常、有风和倾斜地面的起飞和着陆。

③视距内机动飞行。

④机场和起落航线的运行。

⑤应急程序：包括飞行平台操纵系统故障、动力系统故障、数据链路故障、地面控制站故障及迫降或应急回收。

⑥飞行程序指挥及任务执行指挥。

⑦航路航线的规划、实施及修改。

B. 以下固定翼类别适用。

①地面滑行。

②临界小速度飞行，判断并改出从直线飞行和从转弯中进入的临界失速及失速。

③最大性能（短跑道和越障）起飞，短跑道或松软跑道着陆。

C. 以下无人直升机类别适用。

①悬停，包括无人机平台正前方朝向不同方向时的悬停。

②以所需最小动力起飞和着陆，最大性能起飞和着陆。

③在涡环初始阶段的识别及改出。

D. 以下多旋翼类别适用。

①悬停，包括无人机平台正前方朝向不同方向时的悬停。

②以所需最小动力起飞和着陆，最大性能起飞和着陆。

③模拟单个动力轴动力失效时的应急操纵程序。

E. 以下垂直起降固定翼无人机类别适用。

①旋翼及螺旋桨动力切换故障处理或传动装置和互连式传动轴故障处理。（如适用）

②临界小速度飞行，判断并改出从直线飞行和从转弯中进入的临界失速及失速。

F. 以下自转旋翼机类别适用。

以临界小速度机动飞行，对小速度大下降率状态的判断和改出。

G. 植保无人机飞行技能要求（Ⅴ级别适用）。

以无人机的最大起飞全重完成起飞、作业线飞行等操作动作。

H. 以下无人飞艇适用（Ⅵ级别适用）。

①最大性能（越障）起飞。

②识别漏气现象。

③轻着陆。

（5）机长等级的飞行经历要求。

机长等级的申请人应当具有操纵有动力的无人机至少 56 h 的飞行经历时间，其中包括：

①按照本规则的飞行技能要求，对于多旋翼类别机长等级申请人，由授权教员提供不少于 15 h 带飞训练，不少于 5 h 单飞训练，计入驾驶员飞行经历的飞行模拟训练时间不多于 28 h。

②按照本规则的飞行技能要求，对于除多旋翼类别外其他类别机长等级申请人，由授权教员提供不少于 20 h 带飞训练，不少于 6 h 单飞训练，计入驾驶员飞行经历的

飞行模拟训练时间不多于 12 h。

(6) 机长等级持有人的权利和限制。

机长持有人可以在合格证载明的范围内行使权利，是无人机系统运行的最终负责人。

**3. 教员等级**

(1) 资格要求。

符合下列条件的申请人，可以为其颁发教员等级合格证：

①年满 18 周岁。

②无刑事犯罪记录。

③具有高中或者高中以上文化程度。

④持有与所申请教员等级合格证相同类别级别的超视距驾驶员（机长等级）合格证。

⑤完成了《民用无人机驾驶员合格评定规则》要求的知识训练，并由提供训练或者评审其自学情况的授权教员在训练记录上签字，证明该申请人可以参加规定的理论考试。

⑥通过了《民用无人机驾驶员合格评定规则》要求的理论考试。

⑦完成了《民用无人机驾驶员合格评定规则》要求的相应无人机等级的飞行教学能力训练，并由提供训练的授权教员在其飞行经历记录本上签字，证明该申请人可以参加规定的实践考试。

⑧在申请实践考试之前，满足本章中适用于所申请无人机等级的飞行经历要求。

⑨通过了《民用无人机驾驶员合格评定规则》要求飞行技能的实践考试。

⑩符合《民用无人机驾驶员合格评定规则》对所申请无人机类别和级别等级的相应条款要求。

(2) 知识要求。

教员等级申请人应当接受并记录了由授权教员提供的下列地面教学原理训练：教学技巧；学习过程；对地面教学科目中学员表现的评定；有效教学的基本要素；对学员的评价、提问和考试；课程研制开发；制订授课计划；课堂教学技巧；训练设备的使用，包括使用飞行模拟训练装置；分析、纠正学员错误；与飞行教员有关的人的行为能力包括威胁和差错管理的原则；模拟无人机系统失效和故障情况下的应急处理方法。

(3) 飞行教学要求。

教员等级飞行教学要求是完成飞行教学的保障，是从事飞行教学的基础。飞行教学具体要求如下：

①针对基础、经验和能力水平各不相同的学员，准备和实施授课计划。

②评价学员的飞行完成情况。

③飞行前指导和飞行后讲评。

④教员责任和出具签字证明的程序。

⑤正确分析和纠正学员的常见飞行偏差。

⑥完成并分析与所申请教员等级相应的标准飞行训练程序与动作。

(4) 教员的飞行经历及训练要求。

教员的飞行经历是保证教员能够顺利完成飞行训练的基础。教员的飞行经历及训练要求如下：教员等级合格证申请人应具100 h操纵其申请的类别及级别等级航空器并担任超视距驾驶员（机长等级）的飞行经历时间。教员等级合格证申请人应接受不低于20 h实践飞行训练。

(5) 教员等级合格证持有人的权利和限制。

教员等级合格证持有人在其所持驾驶员合格证级别的限制内，可以分别提供本规则颁发的合格证所要求的地面和飞行训练。在按本规则颁发的驾驶员合格证申请人的飞行经历记录本上签字，证明该申请人已准备好参加本规则要求的理论及实践考试。

#### 5.3.3.3 无人机考证的要求

无人机考证的要求包括年龄、文化程度、身体健康状况及遵纪守法等方面。

1. 年龄与文化程度

年龄满16周岁，学历具备初中以上文化程度。

2. 身体健康状况

(1) 视力、听力及手眼协调能力：需视力良好（单眼裸眼或矫正视力达1.0以上）、听力正常，且手眼协调能力达标，需提供体检合格证明。

(2) 健康状况。考生应无传染性疾病、心脑血管及精神类疾病，肢体无残疾，无妨碍安全飞行的疾病（如品质性心脏病、癫痫症、美尼尔氏症、眩晕症、癔症、震颤麻痹等）。

(3) 其他。考生还需确保5年内无吸食、注射毒品行为，或者解除强制隔离戒毒措施已满5年；同时，无长期服用依赖性精神药品成瘾尚未戒除的情况。

(4) 遵纪守法、无不良行为对于申请视距内驾驶员的考生，需3年内无刑事犯罪记录；申请超视距驾驶员的考生，则需5年内无刑事犯罪记录。

(5) 对于报考教员级别的考生，还需满足额外的条件，如取得超视距驾驶员执照，并具备100 h以上的飞行时间等。

#### 5.3.3.4 无人机考试的准考条件和通过成绩

《民用无人机驾驶员合格评定规则》明确规定了理论考试和实践考试的准考条件。

1. 理论考试

(1) 理论考试的申请人应出示本人的居民身份证、护照或者办公室认可的其他合法证件以及训练机构提供的训练结业证明表明其已完成本规则对于所申请合格证或者等级要求的地面训练或自学课程。

(2) 理论考试的实施程序按照《民用无人机驾驶员理论考试须知》（ZD－BGS－

007R2）执行，理论考试的通过成绩由办公室确定。

2. 实践考试

（1）实践考试的申请人应出示本人的居民身份证、护照或者办公室认可的其他合法证件；符合颁发所申请的无人机驾驶员合格证的年龄限制；在接受实践考试前24个日历月内已通过了所申请合格证或者等级要求的理论考试；完成了必需的训练并满足了所申请合格证或者等级要求的飞行经历要求。

（2）实践考试的实施程序按照《民用无人机驾驶员实践考试须知》（ZD－BGS－008R2）执行。判断合格证或者等级申请人的操作能力应当依据下列标准：

①按照经批准的实践考试标准，安全完成相应合格证或者等级规定的所有动作和程序。

②熟练准确地通过不同形式地面控制站（如适用）操纵无人机，具有控制无人机的能力。

③具有良好的判断力。

④具备独立完成飞行前准备工作的能力。

⑤能灵活应用航空知识。

如果申请人未能按照以上标准完成任一必需的驾驶员操作，则该申请人实践考试为不合格。

### 5.3.3.5 无人机考证考试内容及合格标准

无人机驾照的考试内容主要包括理论考试、实操考试和地面站考试（超视距驾驶员需考）等部分。

（1）理论考试：主要考查考生对无人机原理、法律法规等方面的掌握程度。考试形式为机考，视距内驾驶员需达到70分及格，超视距驾驶员需达到80分及格。

（2）实操考试：要求考生在考官的监督下完成一系列飞行动作，如悬停、慢速水平360°、水平8字飞行等。

（3）地面站考试：主要针对超视距驾驶员，考查其规划编辑航点航线的能力。

理论和综合问答考试为计算机考试，选择题；实践飞行为实操考试；地面站也为实操考试，模拟任务规划。表5-8所示为CAAC无人机考试合格标准；表5-9所示为多旋翼无人机实操飞行考试内容。

**表5-8 CAAC无人机考试合格标准**

| 考试名称 | 考试内容 | 考试时长/min | 题目数量/道 | 通过分数/分 |
| --- | --- | --- | --- | --- |
| 视距内驾驶员（驾驶员） | 理论考试 | 120 | 100 | 70 |
| | 综合问答 | 20 | 10 | 7 |
| | 实践飞行 | 在GPS模式下，飞出360°自旋和水平8字飞行动作作 | | 按要求完成飞行操作 |

续表

| 考试名称 | 考试内容 | 考试时长/min | 题目数量/道 | 通过分数/分 |
|---|---|---|---|---|
| 超视距驾驶员（机长） | 理论考试 | 120 | 100 | 80 |
| | 综合问答 | 20 | 10 | 7 |
| | 实践飞行 | 在姿态模式下，飞出 360°自旋和水平 8 字飞行动作 | | 按要求完成飞行操作 |
| | 地面站模拟任务规划 | 模拟任务规划 | | 按要求完成任务规划 |
| 教员 | 理论考试 | 60 | 40 | 80 |
| | 实践飞行 | 在姿态模式下，飞出 360°左右自旋和退飞水平 8 字飞行动作 | | |
| | 口试 | — | 5 | 至少答对 3 道 |

**表 5-9 多旋翼无人机实操飞行考试内容**

| | 视距内 | 超视距 | 教员级别 |
|---|---|---|---|
| | GPS 模式 | 姿态模式 | 姿态模式 |
| 科目 A | 起飞至中心点悬停 | 起飞至中心点悬停 | 起飞至中心点悬停 |
| 科目 B | 慢速水平 360°（左转或右转一圈皆可） | 慢速水平 360°（左转或右转一圈皆可） | 慢速水平 360°（左转或右转一圈皆可） |
| 科目 C | 水平 8 字：左右两圆直径 12 m | 水平 8 字：左右两圆直径 12 m | 水平 8 字：左右两圆直径 12 m |
| 科目 D | 定点降落 | 定点降落 | 定点降落 |

考试流程通常包括报名、资格审查、理论考试、实操考试和地面站考试等环节。考生需要在规定时间内完成报名和资格审查，然后按照考试安排参加各项考试。

### 5.3.3.6 考试不合格后的再次考试

《民用无人机驾驶员合格评定规则》规定：

（1）对于理论考试未通过的申请人，符合下列规定可以申请再次考试：

①申请人出示上一次理论考试成绩单，成绩单下方须有训练机构盖章和具有相应等级教员的签注证明该申请人针对上次理论考试未通过的航空知识内容接受了必要的补充训练，具备通过理论考试的能力。

②补考日期与上一次相同等级要求的理论考试日期间隔最少为 28 个日历日。

（2）对于实践考试未通过的申请人，符合下列规定可以申请再次实践考试：

①申请人出示上一次实践考试工作单，工作单下方须有训练机构盖章和具有相应等级教员的签注证明该申请人针对上次实践考试未通过的飞行技能方面接受了必要的

补充训练，具备通过实践考试的能力。

②由授权教员在申请人的飞行经历记录本和训练记录上签字，证明其接受了本条（1）中的补充训练。

③补考日期与上一次相同等级要求的实践考试日期间隔最少为 14 个日历日。

针对不同等级资质，培训与考核流程严格且专业，层层把关筛选合格驾驶员。对于追求操控员执照的学员，专业培训机构提供系统全面的培训课程。在理论学习阶段，学员深入探究航空动力学、导航原理、气象学、无人机系统组成与维护等专业知识，为飞行实操筑牢理论根基。实践环节更是重中之重，学员在模拟飞行训练室，借助高精度模拟设备，反复练习起飞、降落、巡航、应急处置等飞行技能，熟悉各类复杂飞行环境应对策略；随后进入真实飞行训练阶段，在教员一对一的指导下，在指定空域完成规定飞行小时数的实操练习，积累实战经验。

考核过程同样严苛，理论考核涵盖知识面广、深度足，检验学员对专业知识掌握程度；实践考核则模拟真实作业场景，要求学员精准完成飞行任务，展示应急处置能力。以超视距驾驶员执照考核为例，学员需在复杂电磁干扰环境下，仅凭仪表数据操控无人机完成超视距飞行、精准定点降落等任务，稍有失误便可能与执照失之交臂。

而操控员合格证培训相对精简、高效，线上课程采用视频讲解、互动问答等形式，方便学员灵活学习。考核内容聚焦基础法规与操作常识，确保学员具备基本安全意识与操作能力，胜任简单飞行任务。

通过如此精细、差异化的培训与考核标准，为民用无人机驾驶员队伍源源不断输送专业、可靠人才，保障行业良性发展。

### 5.3.4 资质有效期与续展

民用无人机驾驶员资质并非一劳永逸，均设有明确有效期，期满后需依规续展，以确保驾驶员持续具备胜任飞行任务的能力。一般而言，执照有效期为 6 年，合格证有效期为 2 年。具体时长依资质等级、类别而定。有效期设定背后蕴含深刻考量，一方面，随着无人机技术迅猛发展，新机型、新技术不断涌现，飞行环境日益复杂多变，驾驶员需定期更新知识技能，紧跟行业步伐；另一方面，定期审核有助于监管部门持续监测驾驶员飞行记录、违规情况等，确保其始终保持良好飞行状态。

续展流程严谨规范，驾驶员需在资质有效期届满前一定时间内，向中国民用航空局指定机构提交续展申请。申请材料涵盖飞行经历记录、继续教育证明、健康状况声明等，全面反映驾驶员在有效期内的职业活动与自我提升情况。其中，飞行经历记录详细登记飞行小时数、任务类型、是否发生事故或违规等信息，是评估驾驶员实践能力的关键依据；继续教育证明要求驾驶员参加中国民用航空局认可的培训课程、研讨会或学术交流活动，及时学习新规、新技术，如参加无人机智能避障技术培训、低空飞行安全新规解读研讨会等，确保知识储备与时俱进。

只有满足全部续展条件，经审核通过后，驾驶员方能延续资质，继续驰骋蓝天。

这一机制促使驾驶员持续学习、自我约束，为民用无人机飞行安全提供坚实的人才保障。

#### 5.3.4.1　执照的有效期

1. 执照有效期

2021 年《民用无人驾驶航空器操控员管理规定》中规定按照 CCAR－61 部颁发的执照长期有效，且仅当执照持有人满足 CCAR－61 部、本规定和有关中国民用航空运行规章的相应训练与检查要求并符合飞行安全记录要求时，方可行使其执照所赋予的相应权利。

2024 实施的《民用无人驾驶航空器运行安全管理规则》中第 92.61 条对执照有效期进行更改：

（1）按本章颁发的操控员执照有效期为 6 年。有效期内因等级或者备注发生变化重新颁发时，其有效期自重新颁发之日起计算。

（2）对于教员等级，在其颁发月份之后第 36 个日历月结束时有效期满，有效期内按照本章第 92.93 条新增教员等级时，其有效期自新增之日起计算。

2. 合格证有效期

根据中国民用航空局《民用无人机驾驶员管理规定》：

（1）按照本规则颁发的驾驶员合格证有效期为两年，如在有效期内增加等级，则合格证有效期与最高的合格证等级有效期保持一致，若最高的合格证等级未按时更新，则在其之后增加的等级将在到期之日自动延长两年有效期。合格证持有人在有效期满后不得继续行使该合格证赋予的权利。

（2）合格证持有人应在合格证有效期满前 3 个月内向无人机管理办公室申请重新颁发合格证。对于申请人：

①应出示在执照有效期满前 24 个日历月内，无人机云交换系统电子经历记录本上记录的 100 h 飞行经历时间证明。

②如不满足上述飞行经历时间要求，应通过执照中任一最高驾驶员等级对应的实践考试。

教员只能通过考试审核，即必须参加一次实操飞行考试。

（3）合格证在有效期内因等级或备注等信息发生变化重新颁发时，其有效期自重新颁发之日起计算。

（4）合格证过期的申请人须重新通过相应的理论及实践考试方可申请重新颁发合格证。

（5）不换证影响：如果没在有效期期满前 3 个月内进行换证审证，视距内驾驶员、超视距驾驶员、教员证件过期后，需要重新考取证书。

申请颁发流程：登录依据《轻小无人机运行规定》（AC－91－FS－2015－31）批准的无人机云系统→在线申请合格证更新→通过无人机管理办公室组织的实践考试→

换发新证。

#### 5.3.4.2 执照和等级的更新

《民用无人驾驶航空器运行安全管理规则》第 92.63 条规定：

（1）执照持有人应当在其执照有效期满 30 个工作日前向局方申请重新颁发执照，并出示最近一次有效的熟练检查或者定期检查记录。

（2）教员等级持有人可以在其教员等级有效期满 30 个工作日前申请更新，但应当符合下列条件：

①通过了所持有的任何一个教员等级的实践考试，则其所持有的所有教员等级均视为更新，但其操控员执照相应类别、级别和型别（如适用）等级熟练检查或者定期检查不在有效期内的除外。

②按照本款第①项进行更新的，其教员等级有效期自更新之日起计算。

#### 5.3.4.3 执照和等级过期后的重新办理

《民用无人驾驶航空器运行安全管理规则》第 92.65 条规定：

（1）执照过期后的重新办理。

执照过期的申请人，须重新通过其执照上相应等级的理论考试和实践考试，方可申请重新颁发相应的执照。

（2）教员等级过期后的重新办理：

①教员等级过期的申请人，须重新通过其执照上任一教员等级的实践考试，方可恢复其教员等级。

②当操控员执照上与教员等级相对应的等级不满足相应熟练检查或者定期检查要求时，其教员等级权利自动丧失，除非该操控员按本章恢复其操控员执照上相应的等级，其中教员等级的恢复需按本章关于颁发教员等级的要求，重新通过理论考试和实践考试。

#### 5.3.4.4 执照的变更、放弃和注销

《民用无人驾驶航空器运行安全管理规则》第 92.67 条规定了执照的变更、放弃和注销的具体要求：

（1）在按本章颁布的执照上更改个人信息，应当于发生变更之日起 30 个工作日内向局方提交申请，并提交申请人现行执照、身份证明文件副本和证实这种改变的其他文件。

（2）在按照本章颁发的执照上申请换发较低权限种类的执照或者等级，应当向局方提交具有本人签字表明自愿放弃原执照或者等级，并申请较低权限执照或者等级的声明。

（3）执照持有人自愿放弃所持有的执照或者等级时，应当向局方提交具有本人签字表明自愿放弃原执照或者等级的声明。再次申请时，原飞行经历视为无效。

(4) 出现下列情形时，局方应当依法办理相应执照的注销手续：

①执照有效期满未更新的。

②执照持有人死亡、丧失行为能力或者自愿放弃执照或者等级的。

③执照依法被撤销、撤回或者吊销的。

④因不可抗力导致执照权利无法实施的。

⑤法律、法规规定的应当注销执照的其他情形。

## 5.4　民用无人机驾驶员飞行安全法律责任界定

无人机驾驶员的法律责任是行为人由于违法行为、违规行为或者违反法律规定而应承受的某种不利的法律后果。法律责任主要包括行政责任、民事责任及刑事责任。

未按等级要求持证飞行（如超视距驾驶员未取得机长资质擅自规划航线），可能面临民航局行政处罚，包括罚款、暂扣设备等；若引发安全事故，需承担民事或刑事责任。

### 5.4.1　民用无人机驾驶员法律责任

#### 5.4.1.1　行政责任

行政责任是指因违反行政法规或因行政法规而应承担的法律责任。无人机驾驶员在无人机运行过程中由于违反相关管理制度，要接受空管部门、地方政府管理部门以及证照管理部门的行政处分，并承担相应的行政责任。

《中华人民共和国民用航空法》第四十五条规定：飞行前，机长应当对民用航空器实施必要的检查；未经检查，不得起飞。

机长发现民用航空器、机场、气象条件等不符合规定，不能保证飞行安全的，有权拒绝起飞。

《中华人民共和国民用航空法》第七十五条规定：民用航空器应当按照空中交通管制单位指定的航路和飞行高度飞行；因故确需偏离指定的航路或者改变飞行高度飞行的，应当取得空中交通管制单位的许可。

《中华人民共和国民用航空法》第七十九条规定：民用航空器不得飞越城市上空；但是，有下列情形之一的除外：

(1) 起飞、降落或者指定的航路所必需的。

(2) 飞行高度足以使该航空器在发生紧急情况时离开城市上空，而不致危及地面上的人员、财产安全的。

(3) 按照国家规定的程序获得批准的。

《中华人民共和国民用航空法》第二百零六条规定：有下列违法情形之一的，由国务院民用航空主管部门对民用航空器的机长给予警告或者吊扣执照1个月至6个月的处罚，情节较重的，可以给予吊销执照的处罚：

(1) 机长违反本法第四十五条第一款的规定，未对民用航空器实施检查而起飞的。

(2) 民用航空器违反本法第七十五条的规定，未按照空中交通管制单位指定的航路和飞行高度飞行，或者违反本法第七十九条的规定飞越城市上空的。

《中华人民共和国民用航空法》第二百零七条规定：违反本法第七十四条的规定，民用航空器未经空中交通管制单位许可进行飞行活动的，由国务院民用航空主管部门责令停止飞行，对该民用航空器所有人或者承租人处以 1 万元以上 10 万元以下的罚款；对该民用航空器的机长给予警告或者吊扣执照 1 个月至 6 个月的处罚，情节较重的，可以给予吊销执照的处罚。

《无人驾驶航空器飞行管理暂行条例》第五十一条规定：组织飞行活动的单位或者个人违反本条例第三十二条、第三十三条，由民用航空管理部门责令改正，可以处 1 万元以下的罚款；拒不改正的，处 1 万元以上 5 万元以下的罚款，并处暂扣运营合格证、操控员执照 1 个月至 3 个月；情节严重的，由空中交通管理机构责令停止飞行 6 个月至 12 个月，由民用航空管理部门处 5 万元以上 10 万元以下的罚款，并可以吊销相应许可证件，2 年内不受理其相应许可申请。

违反本条例规定，未经批准操控微型、轻型、小型民用无人驾驶航空器在管制空域内飞行，或者操控模型航空器在空中交通管理机构划定的空域外飞行的，由公安机关责令停止飞行，可以处 500 元以下的罚款；情节严重的，没收实施违规飞行的无人驾驶航空器，并处 1 000 元以上 1 万元以下的罚款。

#### 5.4.1.2 民事责任

民事责任是指民事主体对于自己因违反合同，不行其他民事义务，或者侵害国家集体的财产，侵害他人的人身财产、人身权利所引起的法律后果，依法应当承担的民事法律责任。例如无人机在飞行过程中，若因操作不当、无人机故障或违反规定导致他人人身伤害或财产损失，应当承担民事责任。

这类似于一般侵权行为，即若无人机驾驶员的行为构成侵权，且不能证明自己没有过错，则应当承担侵权责任（《中华人民共和国民法典》第一千二百五十三条）。此外，若无人机从建筑物中坠落造成损害，同样适用《中华人民共和国民法典》中关于高空坠物的规定（第一千二百五十四条），由侵权人承担侵权责任。

《中华人民共和国民法典》第一千二百五十三条规定：建筑物、构筑物或者其他设施及其搁置物、悬挂物发生脱落、坠落造成他人损害，所有人、管理人或者使用人不能证明自己没有过错的，应当承担侵权责任。所有人、管理人或者使用人赔偿后，有其他责任人的，有权向其他责任人追偿。

第一千二百五十四条规定：禁止从建筑物中抛掷物品。从建筑物中抛掷物品或者从建筑物上坠落的物品造成他人损害的，由侵权人依法承担侵权责任；经调查难以确定具体侵权人的，除能够证明自己不是侵权人的外，由可能加害的建筑物使用人给予补偿。可能加害的建筑物使用人补偿后，有权向侵权人追偿。

#### 5.4.1.3 刑事责任

刑事责任是指行为人因其犯罪行为所必须承受的，由司法机关代表国家所确定的否定性法律后果。无人驾驶员违反无人机运行管理规定，造成严重后果的，依法应当承担相应的刑事责任。在某些严重情况下，可能构成犯罪，从而需承担刑事责任。

例如，若无人机驾驶员故意或过失地违反飞行规定，导致重大飞行事故，造成严重后果，可能构成飞行重大安全事故罪，需依法承担刑事责任。此外，若无人机被用于投放虚假恐怖信息、扰乱社会秩序等犯罪行为，无人机驾驶员也可能因参与这些行为而承担刑事责任（《中华人民共和国刑法》第二百九十一条等相关条款）。

《低空空域使用管理规定（试行）》中对于从事通用航空飞行活动的单位、个人，航空器机载设备不符合空域准入条件；无飞行计划申请；未经批准擅自飞行；不及时报告或漏报飞行动态；不按计划飞行；不服从管制指挥指令；不执行管制空域内目视飞行航线飞行方法；管制空域内擅自改变航行诸元等行为，造成重大飞行事故或后果极其严重的，禁止当事通用航空企业和个人从事一切通用航空飞行活动，并由公安部门进行侦查取证，按照现行法律及执法程序追究其刑事责任。

根据《中华人民共和国刑法》第二百九十一条之一投放虚假的爆炸性、毒害性、放射性、传染病病原体等物质，或者编造爆炸威胁、生化威胁、放射威胁等恐怖信息，或者明知是编造的恐怖信息而故意传播，严重扰乱社会秩序的，处五年以下有期徒刑、拘役或者管制；造成严重后果的，处五年以上有期徒刑。编造虚假的险情、疫情、灾情、警情，在信息网络或者其他媒体上传播，或者明知是上述虚假信息，故意在信息网络或者其他媒体上传播，严重扰乱社会秩序的，处 3 年以下有期徒刑、拘役或者管制；造成严重后果的，处 3 年以上 7 年以下有期徒刑。

《无人驾驶航空器飞行管理暂行条例》第五十六条规定：违反本条例规定，构成违反治安管理行为的，由公安机关依法给予治安管理处罚；构成犯罪的，依法追究刑事责任；造成人身、财产或者其他损害的，依法承担民事责任。

第五十三条规定：违反本条例规定，外国无人驾驶航空器或者由外国人员操控的无人驾驶航空器在我国境内实施测绘飞行活动的，由县级以上人民政府测绘地理信息主管部门责令停止违法行为，没收违法所得、测绘成果和实施违规飞行的无人驾驶航空器，并处 10 万元以上 50 万元以下的罚款；情节严重的，并处 50 万元以上 100 万元以下的罚款，由公安机关、国家安全机关按照职责分工决定限期出境或者驱逐出境。

### 5.4.2 民用无人机驾驶员法律责任理解与适用

在航空器运行过程中，无人机驾驶员的具体责任形式主要如下。

1. 玩忽职守、违反规章

驾驶员在操控民用无人机过程中，若玩忽职守，比如在飞行过程中注意力不集中，因长时间聊天、玩手机等导致对无人机飞行状态监控缺失，或者违反相关飞行规章，像未遵循规定的飞行高度、速度限制，在禁飞时段飞行等行为，将面临严厉处罚。

例如，2023年在某城市举办大型活动期间，一驾驶员无视临时禁飞通知，操控无人机进入活动区域上空进行拍摄，被民用航空管理部门查获，最终被处以3万元罚款。

依据《无人驾驶航空器飞行管理暂行条例》，民用航空管理部门有权责令其改正，视情节严重程度，可处5 000元以上5万元以下的罚款。若情节严重，罚款金额将提升至1万元以上10万元以下。

2. 无照运行

未取得民用无人机操控员执照而擅自进行无人机飞行操作属于严重违规行为。按照规定，驾驶小型、中型、大型民用无人驾驶航空器飞行，驾驶员必须向国务院民用航空主管部门申请并取得相应操控员执照。

例如，在2024年，某影视公司为拍摄宣传片，雇用了一名无执照人员操作中型无人机进行拍摄作业，被民航部门查处，不仅对该无照驾驶员处以5万元罚款，涉事影视公司也因使用无资质人员操控无人机受到相应处罚。

依据《无人驾驶航空器飞行管理暂行条例》中第十九条规定：违反本条例规定，未取得运营合格证或者违反运营合格证的要求实施飞行活动的，由民用航空管理部门责令改正，处5万元以上50万元以下的罚款；情节严重的，责令停业整顿直至吊销其运营合格证。

第五十条规定：无民事行为能力人、限制民事行为能力人违反本条例规定操控民用无人驾驶航空器飞行的，由公安机关对其监护人处500元以上5 000元以下的罚款；情节严重的，没收实施违规飞行的无人驾驶航空器。违反本条例规定，未取得操作证书从事常规农用无人驾驶航空器作业飞行活动的，由县级以上地方人民政府农业农村主管部门责令停止作业，并处1 000元以上1万元以下的罚款。

3. 未按规定运行的

未按规定运行的包括未按批准的飞行计划运行、未按规定进行飞行前检查、未在规定的适飞空域内飞行等。

例如，房山警方接报称有人在阎村镇某公园附近操作无人机。随后，民警赶赴现场，查获操控无人机人员房某（男，39岁）。经调查，房某存在未经空管部门审批擅自放飞无人机的违法行为。房山公安分局分别对马某、房某二人做出没收实施违规飞行的无人驾驶航空器并处罚款的行政处罚。

依据《无人驾驶航空器飞行管理暂行条例》第五十一条第二款之规定：违反本条例规定，未经批准操控微型、轻型、小型民用无人驾驶航空器在管制空域内飞行，或者操控模型航空器在空中交通管理机构划定的空域外飞行的，由公安机关责令停止飞行，可以处500元以下的罚款；情节严重的，没收实施违规飞行的无人驾驶航空器，并处 1 000 元以上 1 万元以下的罚款。

### 5.4.3 事故责任划分原则

若无人机不幸发生飞行事故，责任划分应遵循严谨科学的原则，确保公平公正界定各方责任。首先，驾驶员作为无人机操控主体，通常承担直接责任。若因驾驶员操作失误，如起飞降落时判断失误、飞行过程中误判障碍物距离、应急处置不当等导致事故，驾驶员难辞其咎。

例如，在一次城市建筑航拍中，驾驶员因注意力不集中，操控无人机撞向高楼外墙，造成无人机损毁、墙体轻微受损，驾驶员需对无人机损坏、建筑物修复费用承担赔偿责任，同时可能面临违规操作扣分、暂停飞行资质等处罚。

然而，责任并非单一归咎于驾驶员。若无人机本身存在质量缺陷，制造商或销售商可能承担连带责任。

如某批次无人机因飞控系统设计漏洞，飞行中频繁出现失控现象，引发多起事故，经调查核实后，无人机制造商需对产品缺陷负责，召回问题产品、赔偿受害者损失，并承担相应的法律责任。同样，若维修保养机构未按标准流程维护无人机，导致飞行故障，也将被追责。

若因监管不力，如对非法飞行查处不及时、空域管理混乱致使无人机相撞等，监管部门需反思自身工作漏洞，改进监管措施，避免类似事故再次发生。

通过清晰明确的责任划分原则，促使各方在民用无人机产业链上各司其职、严格把关，共同维护飞行安全。

### 5.4.4 法律责任后果承担

一旦被认定存在违法飞行行为或在事故中负有责任，相关主体将面临一系列严厉法律后果。

在驾驶员层面，轻者面临罚款、暂扣或吊销资质等行政处罚。罚款金额依据违法情节轻重而定，从数千元到数万元不等；暂扣资质期限一般为几个月至一年，吊销资质则意味着驾驶员在一定时期内甚至终身不得从事无人机操控职业。若造成严重后果，如引发重大安全事故、危害国家安全等，驾驶员将触犯刑法，刑期根据危害程度从数年到数十年不等。对于无人机制造商、销售商及维修保养机构，除承担民事赔偿责任外，还可能遭受行政处罚，包括责令停产停业、召回产品、罚款等。严重质量问题引发重大事故的，相关责任人甚至可能被追究刑事责任，督促企业严格把控产品质量与服务标准。

同时，保险机制在责任承担中发挥重要作用。民用无人机驾驶员依法依规需购买第三者责任险等保险，事故发生后，保险公司在保额范围内先行赔付受害者损失，减轻责任人经济负担，保障受害者权益及时得到救济，也为整个民用无人机产业发展提供风险缓冲。

## 5.5 高职无人机专业教学与法律实践融合策略

### 5.5.1 课程体系优化

高职院校肩负培养高素质民用无人机专业人才重任，应将民用无人机驾驶员管理法律课程深度融入专业教学体系，扭转重技术、轻法律的传统教学偏向。课程设置应兼顾理论系统性与实践操作性，不仅涵盖民用无人机驾驶员资质管理、飞行安全法规、事故责任法律等核心知识板块，还应紧跟行业发展动态，及时纳入最新法规政策解读、典型案例剖析等前沿内容。

采用多元化教学方法激发学生学习兴趣与参与度。课堂讲授结合实际案例，以生动鲜活案例阐释抽象法律条文。

> 例如，讲解禁飞区法规时，引入机场无人机闯入致航班延误案例，让学生深刻领会法规意义；组织模拟法庭活动，设定无人机侵权、事故纠纷等模拟案件，学生分组扮演原告、被告、律师、法官等角色，在模拟庭审辩论中深化对法律程序与责任认定的理解；开展小组研讨，针对行业热点法律问题，如新兴无人机应用场景下的法律空白、5G 时代无人机远程操控法律风险等，引导学生查阅资料、交流观点，培养批判性思维与解决实际问题能力。

### 5.5.2 实训教学强化

实训教学作为高职教育关键环节，应全方位融入法律实践要素，打造贴近实战的教学场景。在模拟飞行训练场地，依据真实空域法规设置多样化飞行场景，要求学生在起飞前识别空域类型，判断是否需要申请飞行许可，模拟遭遇突发空域管制、恶劣天气等紧急情况时的应对策略。

> 例如，模拟城市举办大型活动期间的临时空域管制，学生接到通知后，迅速调整飞行计划，申请转场或降落，演练在法规约束下的应急处置能力。

开展综合性实训项目时，以小组为单位承接完整无人机飞行任务，从项目策划、空域申请、设备选型、飞行操作到后期数据处理，全程遵循法律规范。

例如，承接校园宣传片航拍项目，小组成员首先依据校园空域规定向学校相关部门申请飞行空域，准备详细申请材料，获批后根据拍摄需求挑选适配无人机，飞行过程严格遵守空域高度、范围限制，拍摄完成后妥善处理数据，确保不泄露隐私、不违反数据使用规定。通过全程实战演练，学生将法律知识内化为自身的职业行为准则，形成严谨的法律思维和高度的法律自律意识。

在未来的职业道路上，无论面对何种复杂的无人机应用场景，都能凭借在实训中积累的法律实践经验，准确判断行为的合法性，主动规避法律风险，以合法合规的方式高效完成各项任务，成为既精通无人机技术又熟知相关法律的高素质专业人才，为推动民用无人机行业在法治轨道上蓬勃发展贡献力量。同时，学生在实训过程中遇到的法律问题及解决方法，也能成为宝贵的教学案例，进一步丰富教学资源，为后续教学提供参考，让更多学生受益于理论与实践深度融合的教学模式。

## 5.6　民用无人机驾驶员管理法律制度教学项目

### 项目描述

本项目紧密围绕民用无人机驾驶员管理法律制度展开，旨在帮助高职学生全面且深入地理解该领域的法律规范。教师通过课堂讲授、实际案例研讨、模拟执法等多样化教学手段，引导学生熟悉民用无人机驾驶员从资质获取、飞行作业到违规处理等一系列环节的法律规定，使学生能够在未来的工作与生活中，精准运用相关法律知识解决实际问题，同时培养学生的法律素养与职业操守。

### 项目目标

知识目标

（1）学生能够清晰阐述民用无人机驾驶员管理涉及的主要法律法规，如《民用无人驾驶航空器系统驾驶员管理暂行规定》以及相关民航法规中关于驾驶员管理的部分。

（2）准确掌握民用无人机驾驶员资质申请条件、不同类型无人机对应的执照要求、培训与考试规定等内容。

（3）深入理解民用无人机驾驶员在飞行过程中的权利与义务，以及违反相关法律规定需承担的法律责任。

能力目标

(1) 具备分析实际案例中民用无人机驾驶员法律问题的能力，能够依据法律条文准确判断行为的合法性，并提出合理的处理建议。

(2) 能够根据不同场景，为无人机驾驶员提供合法合规的飞行操作建议，包括飞行行计划申报、空域使用等。

(3) 培养学生的沟通协调能力，使其能够在模拟执法等活动中，与不同角色进行有效沟通，解决法律纠纷。

思政目标

(1) 强化学生的法治观念，使其深刻认识到法律在规范民用无人机驾驶员行为、保障公共安全中的重要作用，从而自觉遵守法律法规。

(2) 培养学生的安全意识与责任意识，了解民用无人机驾驶员的不当操作可能带来的严重后果，进而在工作中始终保持严谨负责的态度。

(3) 激发学生的创新意识，鼓励学生在合法合规的前提下，思考如何推动民用无人机驾驶员行业的规范化、专业化发展。

## 任务一　民用无人机驾驶员法律资料收集与整理

### 任务描述

学生以小组为单位，通过互联网、图书馆、民航部门官方网站等多种渠道，收集我国民用无人机驾驶员管理相关的法律法规、政策文件、行业标准等资料，并进行系统整理，制作成资料汇编文档。

### 任务学习

知识点：信息检索技巧、法律资料分类整理方法、民用无人机驾驶员管理法律框架。

### 任务实施

(1) 小组内明确分工，确定负责不同渠道信息收集的成员。

(2) 利用两周时间全面收集资料，对收集到的资料进行筛选、分类和编号。

(3) 共同撰写资料汇编文档的目录和前言，按照法律法规、政策文件、行业标准等类别进行整理，形成完整的资料汇编。

## 任务二　案例剖析与法律解读

### 任务描述

教师提供一系列涵盖民用无人机驾驶员合法与违规行为的真实案例，学生分组对案例进行深入剖析。找出案例中涉及的法律问题，依据相关法律法规进行详细解读，分析案例中行为的法律后果，并提出预防类似违规行为的措施。每个小组制作 PPT 进行案例汇报，全班共同讨论。

**• 任务学习 •**

知识点：民用无人机驾驶员飞行规范、法律责任认定、法律条文应用与解读。

**• 任务实施 •**

（1）教师提前将案例资料发放给学生，学生分组研读案例，明确案例中的关键信息。

（2）小组内讨论分析案例，确定涉及的法律条文，撰写案例分析报告，并制作 PPT。

（3）各小组进行 15～20 min 的案例汇报，汇报后全班进行 30～40 min 的讨论，教师引导学生深入思考案例中的法律问题。

## 任务三　模拟执法行动

**• 任务描述 •**

设置模拟执法场景，如机场周边违规飞行查处、无资质驾驶员飞行检查等。部分学生扮演民航执法人员，依据民用无人机驾驶员管理法律规定对违规行为进行调查、取证和处理；另一部分学生扮演无人机驾驶员及相关当事人，模拟真实场景中的应对反应。活动结束后，进行角色互换，并对模拟执法过程进行总结反思。

**• 任务学习 •**

知识点：民用无人机驾驶员执法程序、法律适用、沟通技巧、应急处理能力。

**• 任务实施 •**

（1）教师提前准备好模拟执法场景的背景资料、道具等，学生分组进行角色分配。

（2）每组进行 45～60 min 的模拟执法行动，行动过程中严格按照执法程序进行操作。

（3）角色互换后再次进行模拟执法，活动结束后，小组内进行总结，分析执法过程中的优点与不足，教师进行点评和总结。

## 任务四　制作民用无人机驾驶员法律宣传手册

**• 任务描述 •**

学生以小组为单位，根据所学的民用无人机驾驶员管理法律制度知识，结合实际飞行场景，为广大民用无人机驾驶员制作一份通俗易懂的法律宣传手册。手册内容应包括驾驶员资质要求、飞行安全注意事项、法律责任提示等，形式上要图文并茂，便于理解。

## 任务学习

知识点：民用无人机驾驶员法律要点提炼、宣传手册设计与制作规范、信息传播技巧。

## 任务实施

（1）小组讨论确定宣传手册的主题、框架和主要内容。

（2）分工收集资料，包括文字、图片等素材，运用排版软件进行手册制作。

（3）对制作完成的宣传手册进行内部审核和修改，确保内容准确、形式美观，最终提交给教师。

## 项目总结与评估

1. 总结

项目结束后，组织学生进行项目总结汇报，分享在项目实施过程中的收获、遇到的问题及解决方法。教师对整个项目进行总结，强调重点知识和关键能力，对学生在项目中的表现进行整体评价。

2. 评估

采用多元化的评估方式，包括小组互评、学生自评及教师评价。评估内容涵盖知识掌握程度、能力提升情况、团队协作表现、思政目标达成情况等。具体评估指标如下：

（1）知识考核。通过项目过程中的提问、案例分析报告、最终的知识测验等方式，评估学生对民用无人机驾驶员管理法律知识的掌握程度。分数占总成绩的 40%。

（2）能力评估。根据学生在模拟执法行动、宣传手册制作等任务中的表现，评估其分析问题、解决问题、沟通协作等能力。分数占总成绩的 40%。

（3）思政表现。观察学生在项目实施过程中的法治观念、安全意识、责任意识等方面的表现，结合学生自评和小组互评，对思政目标达成情况进行评估。分数占总成绩的 20%。

## 习 题

一、单选题

1. 以下民用无人机驾驶员不需要执照的情况有（　　）。

A. 轻型无人机在视距内飞行　　B. 植保无人机作业

C. 中型无人机飞行表演　　D. 用于商业拍摄的无人机飞行

2. 民用无人机驾驶员在禁飞区飞行，违反的法律规定有（　　）。

A. 民用航空安全法规　　B. 环境保护法规

C. 网络安全法规　　D. 消费者权益保护法规

二、多选题

1. 我国民用无人机驾驶员管理法律体系主要由（　　）部分构成。

A. 国家层面法律　　B. 民航部门规章

C. 地方政府规范性文件　　D. 行业协会自律规则

2. 高职无人机专业教学与法律实践融合，可采取的策略有（　　）。

A. 开设专门法律课程

B. 邀请法律专家授课

C. 组织模拟飞行法律风险应对演练

D. 鼓励学生参与实际项目积累法律实践经验

3. 如果民用无人机驾驶员在飞行过程中干扰其他航空器正常运行，会面临的法律后果有（　　）。

A. 罚款　　B. 暂扣或吊销执照

C. 刑事处罚　　D. 警告

三、简答题

1. 为什么说民用无人机驾驶员的兴起使法律规范变得紧迫？

2. 民用无人机驾驶员要合法飞行，关键资质要求有哪些？

3. 民用无人机驾驶员在飞行中若造成他人财产损失，法律责任应如何界定？

4. 简述民用无人机驾驶员管理法律制度不断完善的意义。

5. 在高职无人机专业教学中，如何通过实际案例教学提升学生对法律实践的理解？

# 第6章 民用无人机飞行活动管理制度

## 6.1 民用无人机飞行活动的发展与管理需求

### 6.1.1 蓬勃发展的民用无人机飞行应用

在科技飞速发展的时代浪潮下，民用无人机以惊人的速度在各个领域实现广泛应用，涵盖了农业、测绘、物流、安防、电力、环保、影视制作、科研与教育以及其他多个领域，展现出巨大的发展潜力与活力。

> 无人机航拍是较为常见的应用。如大疆 Phantom 系列无人机，具备飞控、光流定位、自动避障等功能，被广泛用于摄影、影视制作等领域。
>
> 无人机在电力巡线领域具有显著优势，固定翼无人机因其续航时间长、覆盖范围广，适用于偏远地区的电力线路巡检。
>
> 无人机在植保领域也发挥着重要作用，如在农田、森林喷洒农药，提高作业效率。警用无人机可通过远程控制进行实时监控，降低警员风险，提高打击犯罪效能。
>
> 在遥感测绘领域，无人机具有高效、低成本的优势，可应用于国土资源规划、地质勘探、水利交通等领域。在地震灾区，无人机测绘遥感技术为应急测绘保障提供了重要支持。
>
> 此外，无人机在森林消防方面具有明显优势，搭载红外镜头的无人机可进行火源探测，降低巡防成本。

## 6.1.2 民用无人机飞行活动带来的挑战

随着民用无人机飞行活动的日益频繁，一系列问题也随之而来，给社会安全和管理带来了严峻挑战。首先，无人机的飞行安全问题备受关注。无人机的无序飞行可能会对民航安全造成威胁，甚至可能被用于非法活动。其次，隐私保护问题日益突出。无人机的拍摄和监控功能可能会侵犯个人隐私，引发社会公众的担忧。此外，无人机的噪声污染、环境污染等问题也需要得到有效管理。

近年来，无人机使用门槛逐渐降低，越来越多的消费者能够轻松拥有并操控无人机。在航拍、农业植保、环境监测等领域展现出巨大的应用潜力，已逐渐成为大众的新宠。然而，随着无人机数量的激增，违规航拍和航测活动也屡见不鲜，一些无人机爱好者或使用者，为了追求刺激或商业利益，无视禁飞法规的“黑飞”和“乱飞”行为，给国家安全和社会稳定带来了不小的隐患。

黑飞是指没有进行实名注册登记备案，或者没有经过相关部门批准就在管制空域内飞行等违反相关法律法规的飞行活动。例如，天津机场在2024年9月11日和12日连续两天因无人机黑飞导致航班大面积延误和备降。截至11日23时，航班延误29架次，取消8架次，有32架次备降外场，3 000余名旅客出行受到影响。无人机黑飞不仅影响航班正常起降，还危及旅客的出行和生命安全。一般消费级无人机的重量为1.5～150 kg，通常由质地坚硬的材料制成，若与高速飞行的飞机相撞，严重的可能造成机毁人亡的惨剧。此外，无人机靠无线信号进行数据传输，会干扰民航飞机的控制系统、自动导航系统等，造成飞机系统故障甚至失去控制。又如，2017年4月21日下午，成都双流国际机场遭遇4架“黑飞”无人机干扰，导致58个航班备降西安、重庆、贵阳和绵阳机场，4架飞机返航，超1万名旅客出行受阻被滞留机场。

乱飞是指未经有关部门批准，在空中随意飞行，干扰航空秩序、危害公共安全、侵犯他人合法权益的行为。尤其是在无人机在公园等人流密集场所低飞，可能会拍摄到他人的隐私，扰乱居民生活、产生扰民、伤人等情况，侵犯人身与财产权益。例如，家住广东广州某小区高层的李女士无意中发现，一大早自家窗外有一架无人机高空盘旋，久久没有离去。从网络曝光的视频中可以看到，无人机盘旋的位置离窗户很近。李女士感觉自己的隐私受到了侵犯，但正当她准备拿出手机进行取证时，无人机突然飞走了。虽然李女士报了警，但由于取证困难并没有抓到偷拍者。又如，2021年2月，在江西上饶一人群聚集的广场上，“飞手”李某在控制无人机降落过程中，划伤了一名5岁幼童的右脸。

## 6.2 民用无人机飞行活动管理法律制度框架

### 6.2.1 国家层面的法律基础

《中华人民共和国民用航空法》作为我国民用航空领域的基础性法律，为民用无人机飞行活动管理提供了重要的法律依据和基本原则。它明确了空域的国家所有权，规定了民用航空活动的基本准则和安全要求，强调了维护航空安全和秩序的重要性。民用无人机作为民用航空的一部分，其飞行活动必须在《中华人民共和国民用航空法》的框架内进行。

> 例如，《中华人民共和国民用航空法》对于空域的划分和使用做出了明确规定，民用无人机的飞行必须遵守相应的空域管理要求，不得擅自闯入限制或禁止飞行的区域。

同时，《中华人民共和国民用航空法》还对航空器的适航管理、飞行人员的资质要求等方面做出了规定，这些规定同样适用于民用无人机及其驾驶员，为保障民用无人机飞行活动的安全和合法性奠定了坚实的法律基础。

《中华人民共和国飞行基本规则》是规范中华人民共和国境内的飞行活动，保障飞行活动安全有秩序地进行而制定的规则。

中华人民共和国国务院、中央军事委员会联合颁布了《通用航空飞行管制条例》，本条例适用于在中华人民共和国境内从事通用航空飞行活动的单位和个人，包括从事工业、农业、林业、渔业、矿业、建筑业的作业飞行和医疗卫生、抢险救灾、气象探测、海洋监测、科学实验、遥感测绘、教育训练、文化体育、旅游观光等方面的飞行活动。该条例明确规定了通用航空飞行空域的划设与使用；通用航空飞行活动的管理；飞行保障相关内容，包括通信、导航、雷达、气象、航行情报，其他飞行保障部门的职责和要求，以及对于紧急救护、抢险救灾、人工影响天气等突发性任务的飞行保障等。

2024 年施行的《无人驾驶航空器飞行管理暂行条例》行政法规，为无人机的飞行和管理提供了具体的指导，规范无人驾驶航空器的飞行活动。该条例加强了对民用无人驾驶航空器及操控人员的管理；规范了空域划设和飞行活动；强化了监督管理和应急处置。

### 6.2.2 民用航空局、相关部门的规章细则

中国民用航空局根据民用无人机行业的发展特点和管理需求，制定并发布了一系列针对性的规章细则，进一步细化和完善了民用无人机飞行活动的管理规定。

2015 年，中国民用航空局发布针对民用无人机运行管理的咨询通告《轻小无人机运行规定》(试行)，提出民用无人机机长的职责和权限，规定了对飞行前准备、飞行限制区域、视距内运行（VLOS)、视距外运行（BVLOS)、民用无人机运行的仪表、设备和标识都提出要求；规定了对民用无人机的运行管理，首先要设置电子围栏，其次无人机运营人应当对无人机投保地面第三人责任险；规定了无人机云提供商须具备的条件，以及植保无人机、无人飞艇的运行要求。

2016 年中国民用航空局颁布的《民用无人驾驶航空器系统空中交通管理办法》规定了中国民用航空局指导监督全国民用无人驾驶航空器系统空中交通管理工作，地区管理局负责本辖区内民用无人驾驶航空器系统空中交通服务的监督和管理工作。空管单位向其管制空域内的民用无人驾驶航空器系统提供空中交通服务。对无人机飞行的区域进行评估管理，针对民用无人驾驶航空器违规飞行影响日常运行的情况，空管单位应与机场、军航管制单位等建立通报协调关系，制定信息通报、评估处置和运行恢复的方案，保证安全，降低影响。民用无人驾驶航空器系统活动中使用无线电频率、无线电设备应当遵守国家无线电管理法规和规定，且不得对航空无线电频率造成有害干扰。

2017 年施行的《民用无人驾驶航空器实名制登记管理规定》要求民用无人机所有者必须对其无人机进行实名登记，向相关部门提供无人机的型号、序列号、所有者姓名、联系方式等信息。通过实名制登记，监管部门能够准确掌握无人机的数量、分布和使用情况，一旦发生无人机违法违规飞行或安全事故，能够迅速追溯到责任人，加强了对无人机的管理和监督。

2024 年施行的《民用无人驾驶航空器运行安全管理规则》由交通运输部发布。该规则进一步细化了无人机的运行安全标准，明确了无人驾驶航空器操控员和安全操控要求、登记、适航、空中交通、运行与经营等管理要求。它按照面向运行场景、基于运行风险、分级分类管理的原则，将民用无人驾驶航空器运行划分为开放类、特定类和审定类；根据重量和载人数量，将中大型民用无人驾驶航空器系统类型划分为正常类、运输类和限用类。构建规范、有效的民用无人驾驶航空器运行安全管理制度，有利于完善民用无人机法规体系。

### 6.2.3 地方性法规与政策

各地政府根据本地区的实际情况和特点，在遵循国家法律法规的基础上，制定了一系列地方性法规和政策，对民用无人机飞行活动进行更加具体和有针对性的管理。

《浙江省无人驾驶航空器公共安全管理规定》第十一条规定：需在前款规定的单位、设施、场所上空飞行的，应当依法报请飞行管制部门批准，并报所在地公安机关备案。第十二条规定：无人驾驶航空器不得在禁飞时间和禁飞区域内起降、飞行。因执行重大活动的电视传播和航拍、应急救援、气象探测等飞行任务，无人驾驶航空器需要在禁飞时间和禁飞区域内起降、飞行的，应当事先报经公安机关同意。第十四条规定：无人驾驶航空器违反规定飞行，可能危及公共安全的，公安机关可以采取拦截、追降、捕获等方式对无人驾驶航空器予以扣押。

《湖南省无人驾驶航空器公共安全管理暂行办法》第十一条规定：公安部门对在党政机关、监管场所和重大突发案事件、大型活动、警保卫任务等关系公共安全的重要单位、设施、场所及周边飞行的无人驾驶航空器实施严格管控。根据距离核心区域范围远近，分级采取预警、警告、管控等措施。其中，距离核心区域 500 m 至 1 000 m 为预警区域；200 m 至 500 m 为警告区域；200 m 以内为管控区域。除上述区域外，其他涉及公共安全的区域参照执行。第十二条规定：各级人民政府根据公共安全管理重要工作、重大任务需要，可以商飞行管制部门，在相应的时间段和区域范围内对无人驾驶航空器采取禁飞等管制措施，并及时向社会发布通告。确因执行新闻航拍等特殊任务，无人驾驶航空器需要在上述管理时间段、管制区域飞行，应当事先取得划设该管制区域的人民政府许可，并按相关规定报飞行管制部门批准；执行灾难、事故救援等应急任务的，可边实施边报告。第十三条规定：任何单位、个人不得利用无人驾驶航空器干扰军、民航飞行安全；不得关闭位置信息飞行。第十五条规定：严格控制穿越机飞行活动；严格控制城市重点景区等人员密集场所上空的多台无人机集群飞行表演。

《重庆市民用无人驾驶航空器管理暂行办法》第十三条规定：民用无人机飞行空域分为自飞空域、报备空域和管控空域。自飞空域和报备空域由市人民政府有关部门根据实际情况提出划设需求，经飞行管制部门、民航部门批准后向社会公布。除自飞空域和报备空域以外的空域为管控空域。第十四条规定：在自飞空域内开展民用无人机飞行活动，无需飞行任务审批、临时飞行空域审批、飞行计划申请或者报备手续，但不得超出规定的范围，且应当在驾驶员的视距范围内操控飞行。在报备空域内开展民用无人机飞行活动，无需飞行任务审批、临时飞行空域审批、飞行计划申请或者报备手续，但不得超出规定的范围，且应当服从报备空域管理者的管理。报备空域管理者应当按照规定向飞行管制部门报备飞行动态，并服从飞行管制部门管制调配指令。在管控空域内开展民用无人机飞行活动，应当依法取得必要的飞行任务、临时飞行空域审批，并按照《中华人民共和国飞行基本规则》和《通用航空飞行管制条例》规定提出飞行计划申请，经批准后实施。飞行管制部门、民航部门应当为单位或者个人取得飞行任务、临时飞行空域审批以及申请飞行计划提供便利、高效服务。第十五条规定：未经批准，严禁民用无人机在以下区域上空飞行：党政机关等重点地区；民用机场沿跑道中心线两侧各 10 km、跑道端外 20 km 范围内的净空保护区域；军工、通信、供水、供电、能源供给、危险化学物品储存、大型物资储备等重点防控目标区；车站、码头、港口、商圈、街道、公园、大型活动场所、展览馆、学校、医院等人员密集区域；市、区县（自治县）人民政府公告的临时管制区域。区县（自治县）人民政府应当在以上区域设置警示标识。

《厦门市民用无人驾驶航空器公共安全管理办法》第十二条规定：在学校、幼儿园、医院、车站、客运码头、商场、体育场馆、展览馆、公园、电影院、剧院等公众聚集、人员密集场所及大型活动现场使用民用无人驾驶航空器的，民用无人驾驶航空器拥有者或者驾驶员应当在飞行的 24 h 前通过民用无人驾驶航空器公共安全管理服务系统报告起飞位置和飞行范围。需要办理飞行审批手续的应当依法办理。市公安机关应当通过民用无人驾驶航空器公共安全管理服务系统明确需要报告起飞位置的场所及民用无人驾驶航空器的范围。

《深圳市民用微轻型无人机管理暂行办法》第二十四条规定：未经批准，禁止在以下区域及其上空飞行微型无人机：

(1) 真高 50 m 以上范围。

(2) 机场、临时起降点围界内以及周边 3 000 m 范围。

(3) 香港特别行政区界线到深圳一侧 100 m 范围。

(4) 军事禁区以及周边 500 m 范围，军事管理区、市级（含）以上党政机关、监管场所、口岸、海关监管区以及周边 200 m 范围。

(5) 卫星地面站（含测控、测距、接收）、导航站等需要电磁环境特殊保护的设施以及周边 1 000 m 范围，气象雷达站以及周边 500 m 范围。

(6) 军工重要科研、生产、试验、存储设施保护区以及周边 500 m 范围，实施一、二级实物保护的核设施控制区和生产、储存易燃易爆危险品的大型企业、储备可燃重要物资的大型仓库、基地以及周边 100 m 范围，发电厂、变电站、加油站和大型车站、码头、港口、大型活动现场以及周边 50 m 范围，高速铁路以及两侧 100 m 范围，普通铁路和国道、省道以及两侧 50 m 范围。

(7) 法律、法规禁止微型无人机飞行的其他区域。

《深圳市民用微轻型无人机管理暂行办法》第二十五条规定：未经批准，禁止在以下区域及其上空飞行轻型无人机：

(1) 真高 120 m 以上范围。

(2) 军用机场净空保护区，民用机场障碍物限制面水平投影范围。

(3) 有人驾驶航空器和大型无人机临时起降点以及周边 3 000 m 范围。

(4) 香港特别行政区导线到深圳一侧 500 m 范围。

(5) 军事禁区以及周边 2 000 m 范围，军事管理区、市级（含）以上党政机关、监管场所、口岸、海关监管区以及周边 500 m 范围。

(6) 卫星地面站（含测控、测距、接收）、导航站等需要电磁环境特殊保护的设施以及周边 2 000 m 范围，气象雷达站以及周边 1 000 m 范围。

(7) 军工重要科研、生产、试验、存储设施保护区以及周边 1 000 m 范围，实施一、二级实物保护的核设施控制区及周边 200 m 范围，生产、储存易燃易爆危险品的大型企业和储备可燃重要物资的大型仓库、基地以及周边 150 m 范围，发电厂、变电站、加油站和中大型车站、码头、港口、大型活动现场以及周边 100 m 范围，高速铁路以及两侧 200 m 范围，普通铁路以及两侧 100 m 范围，高速公路以及两侧 50 m 范围。

这些地方性法规和政策与国家层面的法律法规相互补充，形成了一个完整的民用无人机飞行活动管理法律体系，为规范民用无人机飞行活动提供了全面的法律保障。

## 6.2.4 无人机运行管理及运行要求

### 6.2.4.1 民用无人机的运行管理

近些年，民用无人机的生产和应用在国内外蓬勃发展，特别是低空、慢速、微轻小型无人机数量快速增加，占到民用无人机的绝大多数。无人机违法违规飞行现象常有发生，给国家公共安全、飞行监管带来了严峻的挑战，为了规范此类民用无人机的运行，亟须加强对民用无人机飞行活动的监管。

无人机运行管理的主要作用是规范无人机运行，并对无人机操作人员的资格进行审核。

当前我国民用无人机的运行管理依据中国民用航空局飞行标准司于 2015 年 12 月 29 日发布的《轻小无人机运行规定（试行）》来进行。

#### 1.《轻小无人机运行规定》（试行）的适用范围

（1）可在视距内或视距外操作的、空机重量小于等于 116 kg、起飞全重不大于 150 kg 的无人机，校正空速不超过 100 km/h；

（2）起飞全重不超过 5 700 kg，距受药面高度不超过 15 m 的植保类无人机。

（3）充气体积在 4 600 $m^3$ 以下的无人飞艇。

#### 2. 民用无人机的运行管理要求

民用无人机机长对民用无人机的运行直接负责，并具有最终决定权。

（1）在开始飞行之前，应做好飞行前准备。

机长应当了解任务执行区域限制的气象条件；确定运行场地满足无人机使用说明书所规定的条件；检查无人机各组件情况、燃油或电池储备、通信链路信号等满足运行要求。对于无人机云系统的用户，应确认系统是否接入无人机云；制定出现紧急情况的处置预案，预案中应包括紧急备降地点等内容。机长应确保无人机运行时符合有关部门的要求，避免进入限制区域。

《民用无人驾驶航空器运行安全管理规则》对于飞行前准备还增加了：①确认满足注册、标识等适用的适航要求；②了解任务执行区域的人员和地形位置，确保所有直接参与飞行操控的人员都了解该次飞行的各项条件、紧急处置预案、各自的职责和潜在的风险。

（2）民用无人机驾驶员资格要求。

民用无人机驾驶员应当根据其所驾驶的民用无人机的等级分类，符合咨询通告《民用无人驾驶航空器系统驾驶员管理暂行规定》（AC－61－FS－2013－20）中关于执照、合格证、等级、训练、考试、检查和航空经历等方面的要求，并依据本咨询通告运行。

民用无人机驾驶员在饮用任何含酒精的液体之后的 8 h 之内或处于酒精作用之下或者受到任何药物影响及其工作能力对飞行安全造成影响的情况下，不得驾驶无人机。

《民用无人驾驶航空器运行安全管理规则》对操控员还规定了，血液中酒精含量等于或者大于 0.04%，不得担任民用无人驾驶航空器操控员。本规则第 92.1013 条规定对于涉及酒精或药物的违禁行为的处罚：由局方责令当事人立即停止担任飞行机组成员，处 1 万元以下的罚款；拒不改正的，处 1 万元以上 5 万元以下的罚款，并处暂扣运营合格证、操控员执照 1 个月至 3 个月；情节严重的，处 5 万元以上 10 万元以下的罚款，并可以吊销相应运营合格证、操控员执照，2 年内不受理其相应申请。构成犯罪的，依法追究刑事责任。

（3）民用无人机使用说明书要求。

民用无人机使用说明书应当使用机长、驾驶员及观测员能够正确理解的语言文字。Ⅴ类民用无人机的使用说明书应包含相应的农林植保要求和规范。

（4）无人机视距内运行（VLOS）要求。

必须在驾驶员或者观测员视距范围内运行；必须在昼间运行；必须将航路优先权让与其他航空器。

《民用无人驾驶航空器运行安全管理规则》对于视距内运行要求修改为：对于需要按照视距内运行程序实施的部分飞行阶段，包括夜间运行，民用无人驾驶航空器操控员或者观测员应当与无人驾驶航空器保持直接且无设备辅助的目视接触。禁止飞越集会人群上空。与其他障碍物之间应当至少保持相应运行所要求的最低安全间隔。应当开启防碰撞灯光。除操控员所持有执照符合夜间运行的要求外，仅在昼间运行。应当将航路优先权让与其他航空器。

（5）视距外运行（BVLOS）要求。

必须将航路优先权让与有人驾驶航空器；当飞行操作危害到空域的其他使用者、地面上人身财产安全或不能按照本咨询通告要求继续飞行，应当立即停止飞行活动；驾驶员应当能够随时控制无人机。对于使用自主模式的无人机，无人机驾驶员必须能够随时超控。

### 3. 民用无人机的运行管理方式

民用无人机分类繁杂，运行种类繁多，所使用空域远比有人驾驶航空器广阔，因此有必要实施分类管理，依据现有无人机技术成熟情况，针对轻小型民用无人机进行以下运行管理。

无人机运行管理的方式主要有采用电子围栏以防止无人机闯入限制区域；采用无人机云系统对无人机的运行进行实时监控；采用登记的方式管理无人机运营人 3 种方式。

（1）电子围栏。

电子围栏通过在相应地理范围中以电子信息模型画出区域边界，并在无人机系统或无人机云系统中使用电子信息模型来防止无人机飞入或飞出这些特定区域。当无人机接近或进入预设的限制区域时，电子围栏系统会触发警告，并通过技术手段如强制悬停、降低高度或自动返航等限制无人机的飞行，从而保障飞行器与地面人群的安全。

《轻小无人机运行规定》（试行）对无人机安装电子围栏的要求如下：

①对于Ⅲ、Ⅳ、Ⅵ和Ⅶ类无人机，应安装并使用电子围栏。

②对于在重点地区和机场净空区以下运行Ⅱ类和Ⅴ类无人机，应安装并使用电子围栏。

《民用无人驾驶航空器运行安全管理规则》中违反本规则第 92.613 条，未按规定安装并使用电子围栏的，由局方责令其停止违法行为、限期整改；情节严重的，对于操控员执照持有人，给予其警告或者 1 000 元以下的罚款；对于运行人，给予其警告或者 3 万元以下的罚款。

（2）无人机云系统。

①接入无人机云的民用无人机。

无人机云系统（unmanned aerial vehicle cloud system，简称“无人机云”），是指轻小型民用无人机运行的动态数据库系统，用于向无人机用户提供航行服务、气象服务等，对民用无人机运行数据（包括运营信息、位置、高度和速度等）进行实时监测。接入系统的无人机应即时上传飞行数据，无人机云系统对侵入电子围栏的无人机具有报警功能。

中国民用航空局批准的 12 家无人机云系统有 U－Cloud 优云、U－Care、飞云系统、北斗云系统（BD－cloud）、无忧云、大翼云、知翼（Findrone）、无人机监管平台、沃天宇、极飞云、拓攻云及中科天网中航空管云。

《轻小无人机运行规定》（试行）对无人机云系统的使用有如下要求：

a. 对于重点地区和机场净空区以下使用的Ⅱ类及Ⅴ类的民用无人机，应接入无人机云，或者仅将其地面操控设备位置信息接入无人机云，报告频率最少每分钟一次。

b. 对于Ⅲ、Ⅳ、Ⅵ和Ⅶ类的民用无人机应接入无人机云，在人口稠密区报告频率最少每秒一次。在非人口稠密区报告频率最少每 30 秒一次。

c. 对于Ⅳ类的民用无人机，增加被动反馈系统。

②未接入无人机云的民用无人机。

未接入无人机云的民用无人机是指运行的无人机没有接入无人机运行的动态数据库系统，运行的无人机不能获取该系统向无人机用户提供的航行、气象等服务，同时也实现不了实时监测。故其管理方式是运行前需要提前向管制部门提出申请，并提供有效监视手段。

（3）民用无人机登记管理。

无人机的登记管理是指通过权利登记机关对拥有无人机的个人和单位进行实名制登记，用以登记无人机权利人、权利性质及种类、权利取得时间，以及无人机的名称、型号、最大起飞重量、空机重量、产品类型和无人机购买者的姓名、移动电话等信息，并在专门的权利登记簿中进行记载的一种法律制度。

实名制登记是对无人机进行有效管理，确保运行秩序，保证对无人机进行有效监控的重要手段。

4. 民用无人机运营人的管理

民用无人机运营人是指从事或拟从事无人机运营的个人、组织或企业。由国家相关部门对运营人进行管理。

运营人使用无人机开展飞行活动，应当遵守治安管理、空域管理、飞行运行管理等法律、法规、规章和标准的要求，不得利用无人机实施危害公共安全和侵犯他人人身财产权利的活动。

5. 植保无人机和无人飞艇运行管理

（1）植保无人机。

植保无人机是指用于农林植物保护作业的无人驾驶飞机。该型无人飞机由飞行平台（固定翼、直升机、多轴飞行器）、导航飞控、喷洒机构3部分组成，通过地面遥控或导航飞控来实现喷洒作业，可以喷洒药剂、种子、粉剂等。

①人员要求。

a. 运营人指定一个或多个作业负责人，该作业负责人应当持有民用无人机驾驶员合格证并具有相应等级，同时接受下列知识和技术的培训或者具备相应的经验。

理论知识：

- 开始作业飞行前应当完成的工作步骤，包括作业区的勘察。
- 安全处理有毒药品的知识及要领和正确处理使用过的有毒药品容器的办法。
- 农药与化学药品对植物、动物和人员的影响和作用，重点在计划运行中常用的药物以及使用有毒药品时应当采取的预防措施。
- 人体在中毒后的主要症状，应当采取的紧急措施和医疗机构的位置。
- 所用无人机的飞行性能和操作限制。
- 安全飞行和作业程序。

飞行技能包括以无人机的最大起飞全重完成起飞、作业线飞行等操作动作。

b. 作业负责人对实施农林喷洒作业飞行的每一人员实施a. 规定的理论培训、技能培训以及考核，并明确其在作业飞行中的任务和职责。

c. 作业负责人对农林喷洒作业飞行负责。其他作业人员应该在作业负责人带领下实施作业任务。

d. 对于独立喷洒作业人员，或者从事作业高度在15 m以上的作业人员应持有民用无人机驾驶员合格证。

②喷洒限制。实施喷洒作业时，应当采取适当措施，避免喷洒的物体对地面的人员和财产造成危害。

③喷洒记录保存。实施农林喷洒作业的运营人应当在其主运行基地保存关于下列内容的记录：服务对象的名称和地址；服务日期；每次作业飞行所喷洒物质的量和名称；每次执行农林喷洒作业飞行任务的驾驶员的姓名、联系方式和合格证编号（如适用），以及通过知识和技术检查的日期。

（2）无人飞艇。

无人飞艇又称自动驾驶飞艇，是一种没有人类驾驶员的飞行器，它可以通过遥控或自主控制系统实现飞行。它采用气囊或类似结构作为浮力装置，通过精密的推进器和螺旋桨系统产生升力和推进力，使其能够在空中自由翱翔。无人飞艇在空中勘测、摄影、广告、救生、高空预警、天文研究、航空工业、军事、环境监测、气象监测和地理调查等领域广泛应用。

无人飞艇的运行要求如下：

（1）禁止云中飞行。在云下飞行时，与云的垂直距离不得少于 120 m。

（2）当无人飞艇附近存在人群时，应在人群以外 30 m 运行。当人群抵近时，飞艇与周边非操作人员的水平间隔不得小于 10 m，垂直间隔不得小于 10 m。

（3）除经局方批准，不得使用可燃性气体，如氢气。

除了《轻小无人机运行规定》（试行）规定外，2023 年由国务院、中央军委公布的《无人驾驶航空器飞行管理暂行条例》对运行管理提出较为详细的规定，规定了飞行计划的审批部门，还规定了隔离飞行和融合飞行的批准及例外、长期飞行活动的申请及审批和备案、飞行活动申请审批权限、紧急任务飞行申请及审批、申请内容、起飞确认、操控飞行活动的行为规范和避让规则等。

#### 6.2.4.2 民用无人机飞行要求

##### 1. 无人机需取得适航许可情况

《无人驾驶航空器飞行管理暂行条例》第八条规定：从事中型、大型民用无人驾驶航空器系统的设计、生产、进口、飞行和维修活动，应当依法向国务院民用航空主管部门申请取得适航许可。从事微型、轻型、小型民用无人驾驶航空器系统的设计、生产、进口、飞行、维修以及组装、拼装活动，无需取得适航许可，但相关产品应当符合产品质量法律法规的有关规定以及有关强制性国家标准。

第十四条规定：对已经取得适航许可的民用无人驾驶航空器系统进行重大设计更改并拟将其用于飞行活动的，应当重新申请取得适航许可。

##### 2. 无人机运行合格证要求

《无人驾驶航空器飞行管理暂行条例》第十一条规定：使用除微型以外的民用无人驾驶航空器从事飞行活动的单位应当具备下列条件，并向国务院民用航空主管部门或者地区民用航空管理机构申请取得民用无人驾驶航空器运营合格证：

（1）有实施安全运营所需的管理机构、管理人员和符合本条例规定的操控人员。

（2）有符合安全运营要求的无人驾驶航空器及有关设施、设备。

（3）有实施安全运营所需的管理制度和操作规程，保证持续具备按照制度和规程实施安全运营的能力。

（4）从事经营性活动的单位，还应当为营利法人。

民用航空管理部门收到申请后，应当进行运营安全评估，根据评估结果依法作出许可或者不予许可的决定。予以许可的，颁发运营合格证；不予许可的，书面通知申请人并说明理由。

使用最大起飞重量不超过 150 kg 的农用无人驾驶航空器在农林牧渔区域上方的适飞空域内从事农林牧渔作业飞行活动，无需取得运营合格证。取得运营合格证后从事经营性通用航空飞行活动，以及从事常规农用无人驾驶航空器作业飞行活动，无需取得通用航空经营许可证和运行合格证。无人机运营合格证要求如表 6-1 所示。运营合格证如图 6-1 所示。通用航空经营许可证如图 6-2 所示。

**表 6-1　无人机运营合格证要求**

| 型别 | 颁证部门 | 运营合格证要求 | 简政措施 | 运营合格证基本条件 |
|---|---|---|---|---|
| 微型 | 无运营合格证要求 | 无需申请 | 取得无人机运营合格证后从事经营性通用航空飞行活动，无需取得通用航空经营许可证和运行合格证 | (1) 具有所需的管理机构、管理人员和操控人员；(2) 具有所需的无人驾驶航空器及有关设施、设备；(3) 具有所需的管理制度、操作规程、运营能力；(4) 从事经营性活动的单位应当为营利法人 |
| 轻型 | 民用航空管理部门 | 使用轻型、小型、中型、大型民用无人驾驶航空器从事飞行活动的单位，需运营合格证 | | |
| 小型 | | | | |
| 中型 | | | | |
| 大型 | | | | |
| 农用 | 无运营合格证要求 | 无需申请（最大起飞重量不超过 150 kg 的农用无人驾驶航空器在农林牧渔区域上方的适飞空域内从事农林牧渔作业飞行活动） | 从事常规农用无人驾驶航空器作业飞行活动，无需取得通用航空经营许可证和运行合格证 | |

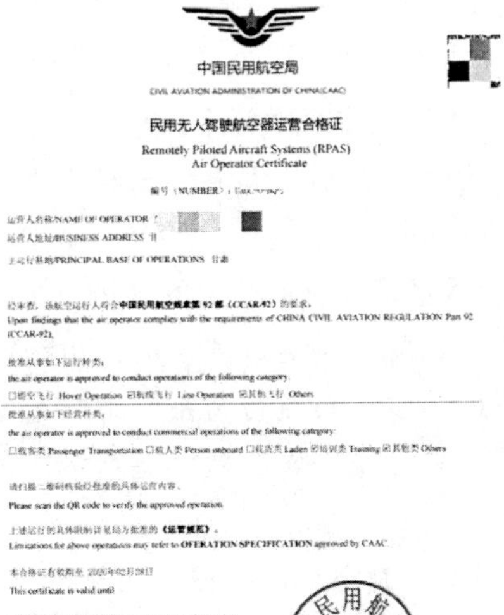
中国民用航空局
CIVIL AVIATION ADMINISTRATION OF CHINA(CAAC)
民用无人驾驶航空器运营合格证
Remotely Piloted Aircraft Systems (RPAS)
Air Operator Certificate
Upon findings that the air operator complies with the requirements of CHINA CIVIL AVIATION REGULATION Part 92 (CCAR-92),
the air operator is approved to conduct operations of the following category:
Hover Operation　Line Operation　Others
the air operator is approved to conduct commercial operations of the following category:
Passenger Transportation　Person onboard　Laden　Training　Others
Please scan the QR code to verify the approved operation.
Limitations for above operations may refer to OPERATION SPECIFICATION approved by CAAC.
This certificate is valid until
FOR THE ADMINISTRATOR OF CAAC
SIGNATURE
POSITION

图 6-1　运营合格证

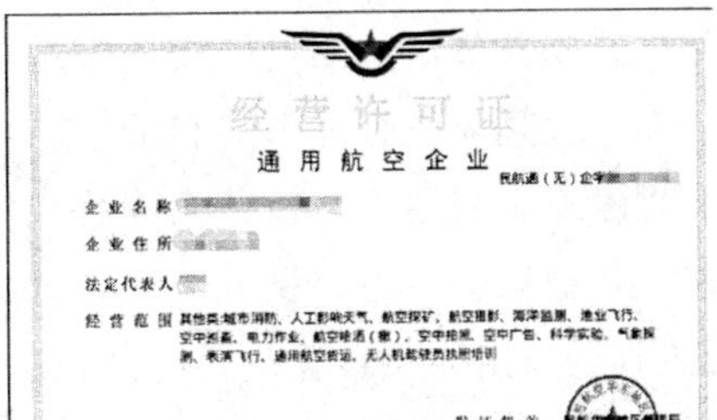
经营许可证
通用航空企业
企业名称
企业住所
法定代表人
经营范围
发证机关
2021 年

图 6-2　通用航空经营许可证

### 2. 应当对无人机进行投保

根据《中华人民共和国民用航空法》第一百五十六条规定：从事通用航空活动的，应当投保地面第三人责任险。

《无人驾驶航空器飞行管理暂行条例》第十二条规定：使用民用无人驾驶航空器从事经营性飞行活动，以及使用小型、中型、大型民用无人驾驶航空器从事非经营性飞行活动，应当依法投保责任保险。

这表示只要是从事经营性活动，无论使用何种型别的无人机，都要投保责任险。使用除微型和轻型无人机从事非经营活动，也要投保责任险。无人驾驶航空器运营和投保要求见表 6-2。

**表 6-2　无人驾驶航空器运营和投保要求**

<table>
<tr><th>型别</th><th>无人机运营合格证</th><th>非经营活动投保</th><th>经营活动投保</th><th>简政措施</th></tr>
<tr><td>微型</td><td>无需运营合格证</td><td rowspan="2">无保险要求</td><td rowspan="6">从事经营性飞行活证动需投保责任险</td><td rowspan="5">取得无人机运营合格证后，从事通用航空活动无需通用航空经营许可证和运行合格证</td></tr>
<tr><td>轻型</td><td rowspan="4">向航空主管部门申请民用无人驾驶航空器运营合格证</td></tr>
<tr><td>小型</td><td rowspan="4">从事非经营性飞行活动需投保责任险</td></tr>
<tr><td>中型</td></tr>
<tr><td>大型</td></tr>
<tr><td>农用</td><td>常规农用无人机适飞空域内作业飞行活动无需运营合格证</td><td>从事常规农用无人机作业无需通用航空经营许可证和运行合格证</td></tr>
</table>

### 3. 未经过批准不得在管制空域内飞行

《无人驾驶航空器飞行管理暂行条例》规定了未经空中交通管理机构批准，不得在管制空域内实施无人驾驶航空器飞行活动。即无论何种型别的无人机未经空中交通管理机构批准不得在管制空域内实施飞行。

《无人驾驶航空器飞行管理暂行条例》第十九条规定：管制空域的具体范围由各级空中交通管理机构按照国家空中交通管理领导机构的规定确定，由设区的市级以上人民政府公布，民用航空管理部门和承担相应职责的单位发布航行情报。第二十一条规定：按照国家空中交通管理领导机构的规定需要设置管制空域的地面警示标志的，设区的市级人民政府应当组织设置并加强日常巡查。

《无人驾驶航空器飞行管理暂行条例》也规定了管制空域的范围。第十九条规定：国家根据需要划设无人驾驶航空器管制空域（以下简称管制空域）。真高 120 m 以上空域，空中禁区、空中限制区以及周边空域，军用航空超低空飞行空域，以及下列区域上方的空域应当划设为管制空域：

（1）机场以及周边一定范围的区域。

（2）国界线、实际控制线、边境线向我方一侧一定范围的区域。

（3）军事禁区、军事管理区、监管场所等涉密单位以及周边一定范围的区域。

（4）重要军工设施保护区域、核设施控制区域、易燃易爆等危险品的生产和仓储区域，以及可燃重要物资的大型仓储区域。

（5）发电厂、变电站、加油（气）站、供水厂、公共交通枢纽、航电枢纽、重大水利设施、港口、高速公路、铁路电气化线路等公共基础设施以及周边一定范围的区域和饮用水水源保护区。

（6）射电天文台、卫星测控（导航）站、航空无线电导航台、雷达站等需要电磁环境特殊保护的设施以及周边一定范围的区域。

（7）重要革命纪念地、重要不可移动文物以及周边一定范围的区域。

（8）国家空中交通管理领导机构规定的其他区域。

《浙江省无人驾驶航空器公共安全管理规定》第十一条规定：国家和省规定的关系国计民生、国家安全和公共安全的重要单位、设施、场所，禁止无人驾驶航空器在其上空飞行。具体范围根据国家和省有关规定确定后向社会公布，并采取多种形式对公众进行宣传。

第十二条规定：在重大活动筹备、举行期间以及延后期限内，省、设区的市人民政府可以设定无人驾驶航空器禁飞时间和禁飞区域，并事先向社会公告。无人驾驶航空器不得在禁飞时间和禁飞区域内起降、飞行。在禁飞时间和禁飞区域内，公安机关可以临时封闭起降场地。

#### 4. 无人机无需申请的飞行情况

《无人驾驶航空器飞行管理暂行条例》第三十一条规定：组织无人驾驶航空器实施下列飞行活动，无需向空中交通管理机构提出飞行活动申请：

（1）微型、轻型、小型无人驾驶航空器在适飞空域内的飞行活动。

（2）常规农用无人驾驶航空器作业飞行活动。

（3）警察、海关、应急管理部门辖有的无人驾驶航空器，在其驻地、地面（水面）训练场、靶场等上方不超过真高 120 m 的空域内的飞行活动；但是，需在计划起飞 1 h 前经空中交通管理机构确认后方可起飞。

（4）民用无人驾驶航空器在民用运输机场管制地带内执行巡检、勘察、校验等飞行任务；但是，需定期报空中交通管理机构备案，并在计划起飞 1 h 前经空中交通管理机构确认后方可起飞。

《无人驾驶航空器飞行管理暂行条例》规定了无人机管制空域范围以外的空域为微型、轻型、小型无人驾驶航空器的适飞空域。微型、轻型无人驾驶航空器在适飞空域内飞行的，无需取得特殊通用航空飞行任务批准文件。

### 5. 无人机必须申请的飞行情况

《无人驾驶航空器飞行管理暂行条例》第十九条规定：未经空中交通管理机构批准，不得在管制空域内实施无人驾驶航空器飞行活动。即管制空域内飞行必须要经过批准后才能飞行。

第三十一条规定：飞行活动存在下列情形之一的，应依照本条例第二十六条的规定提出飞行活动申请：①存在通过通信基站或者互联网进行无人驾驶航空器中继飞行；②运载危险品或者投放物品（常规农用无人驾驶航空器作业飞行除外）；③飞越集会人群上空；④在移动的交通工具上操控无人驾驶航空器；⑤实施分布式操作或者集群等飞行。

第二十六条规定：除本条例第三十一条另有规定外，组织无人驾驶航空器飞行活动的单位或者个人应当在拟飞行前1日12时前向空中交通管理机构提出飞行活动申请。空中交通管理机构应当在飞行前1日21时前作出批准或者不予批准的决定。

按照国家空中交通管理领导机构的规定在固定空域内实施常态飞行活动的，可以提出长期飞行活动申请，经批准后实施，并应当在拟飞行前1日12时前将飞行计划报空中交通管理机构备案。

第二十九条规定：使用无人驾驶航空器执行反恐维稳、抢险救灾、医疗救护等紧急任务的，应当在计划起飞30 min前向空中交通管理机构提出飞行活动申请。空中交通管理机构应当在起飞10 min前作出批准或者不予批准的决定。执行特别紧急任务的，使用单位可以随时提出飞行活动申请。

第三十条规定：飞行活动已获得批准的单位或者个人组织无人驾驶航空器飞行活动的，应当在计划起飞1 h前向空中交通管理机构报告预计起飞时刻和准备情况，经空中交通管理机构确认后方可起飞。

第六十一条规定：本条例施行前生产的民用无人驾驶航空器不能按照国家有关规定自动向无人驾驶航空器一体化综合监管服务平台报送识别信息的，实施飞行活动应当依照本条例的规定向空中交通管理机构提出飞行活动申请，经批准后方可飞行。

《浙江省无人驾驶航空器公共安全管理规定》明确需在前款规定的单位、设施、场所上空飞行的，应当依法报请飞行管制部门批准，并报所在地公安机关备案。

第十二条规定：因执行重大活动的电视传播和航拍、应急救援、气象探测等飞行任务，无人驾驶航空器需要在禁飞时间和禁飞区域内起降、飞行的，应当事先报经公安机关同意。

《通用航空飞行管制条例》第七条规定：从事通用航空飞行活动的单位、个人，如需划设临时飞行空域，必须向有关飞行管制部门提出申请。

（1）飞行活动申报流程。

登录民用无人驾驶航空器综合管理平台（UOM）后进入首页，点击右上角运行管理→飞行活动申请→一般飞行活动。图6-3所示为民用无人驾驶航空器综合管理平台（UOM）。

图 6-3　民用无人驾驶航空器综合管理平台（UOM）

（2）无人机飞行活动申请要求。

无人机飞行活动具体申请要求见表 6-3。

**表 6-3　无人机飞行活动具体申请要求**

| | |
|---|---|
| 受理机构 | 空中交通管理机构 |
| 申请时间 | 拟飞行前 1 日 12 时前 |
| 审批时间 | 飞行前 1 日 21 时前 |
| 报告时间 | 起飞 1 h 前 |
| 固定常态飞行 | 长期飞行活动申请/拟飞行前 1 日 12 时前备案 |
| 紧急任务飞行 | 计划起飞 30 min 前 |
| 特别紧急任务 | 随时申请 |

（3）无人机飞行活动申请内容及权限批准。

①申请内容。

《无人驾驶航空器飞行管理暂行条例》第二十七条规定：无人驾驶航空器飞行活动申请应当包括以下内容：

a. 组织飞行活动的单位或者个人、操控人员信息以及有关资质证书。

b. 无人驾驶航空器的类型、数量、主要性能指标和登记管理信息。

c. 飞行任务性质和飞行方式，执行国家规定的特殊通用航空飞行任务的还应当提供有效的任务批准文件。

d. 起飞、降落和备降机场（场地）。

e. 通信联络方法。

f. 预计飞行开始、结束时刻。

g. 飞行航线、高度、速度和空域范围，进出空域方法。

h. 指挥控制链路无线电频率以及占用带宽。

i. 通信、导航和被监视能力。

j. 安装二次雷达应答机或者有关自动监视设备的，应当注明代码申请。

k. 应急处置程序。

l. 特殊飞行保障需求。

m. 国家空中交通管理领导机构规定的与空域使用和飞行安全有关的其他必要信息。

②权限批准。

《无人驾驶航空器飞行管理暂行条例》第二十八条规定：无人驾驶航空器飞行活动申请按照下列权限批准：

a. 在飞行管制分区内飞行的，由负责该飞行管制分区的空中交通管理机构批准。

b. 超出飞行管制分区在飞行管制区内飞行的，由负责该飞行管制区的空中交通管理机构批准。

c. 超出飞行管制区飞行的，由国家空中交通管理领导机构授权的空中交通管理机构批准。

### 6. 无人机需要隔离与融合飞行要求

（1）隔离飞行。

隔离飞行是指无人驾驶航空器与有人驾驶航空器不同时在同一空域内的飞行。《无人驾驶航空器飞行管理暂行条例》第二十二条规定：无人驾驶航空器通常应当与有人驾驶航空器隔离飞行。

（2）融合飞行。

融合飞行是指无人驾驶航空器与有人驾驶航空器同时在同一空域内的飞行。在特定的情况下，经空中交通管理机构批准，可以进行融合飞行。

《无人驾驶航空器飞行管理暂行条例》第二十二条规定：属于下列情形之一的，经空中交通管理机构批准，可以进行融合飞行：

①根据任务或者飞行课目需要，警察、海关、应急管理部门辖有的无人驾驶航空器与本部门、本单位使用的有人驾驶航空器在同一空域或者同一机场区域的飞行。

②取得适航许可的大型无人驾驶航空器的飞行。

③取得适航许可的中型无人驾驶航空器不超过真高 300 m 的飞行。

④小型无人驾驶航空器不超过真高 300 m 的飞行。

⑤轻型无人驾驶航空器在适飞空域上方不超过真高 300 m 的飞行。

微型、轻型无人驾驶航空器在适飞空域内的飞行；常规农用无人驾驶航空器作业飞行活动时进行融合飞行，无需经空中交通管理机构批准。《民用无人驾驶航空器运行安全管理规则第 92.87 条规定：在中国境内实施融合飞行，或者按照仪表飞行规则（IFR）实施国际运行的民用无人驾驶航空器操控员，应当满足局方规定的语言能力要求和无线电通信资格要求。

### 7. 无人机遵守飞行规范和避让规则

（1）飞行规范。

《无人驾驶航空器飞行管理暂行条例》第五十七条规定：在我国管辖的其他空域内实施无人驾驶航空器飞行活动，应当遵守本条例的有关规定。无人驾驶航空器在室内飞行不适用本条例。

《无人驾驶航空器飞行管理暂行条例》第三十二条明确指出：操控无人驾驶航空器实施飞行活动，应当遵守以下行为规范：

①依法取得有关许可证书、证件，并在实施飞行活动时随身携带备查。

②实施飞行活动前做好安全飞行准备，检查无人驾驶航空器状态，并及时更新电子围栏等信息。

③实时掌握无人驾驶航空器飞行动态，实施需经批准的飞行活动应当与空中交通管理机构保持通信联络畅通，服从空中交通管理，飞行结束后及时报告。

④按照国家空中交通管理领导机构的规定保持必要的安全间隔。

⑤操控微型无人驾驶航空器的，应当保持视距内飞行。

⑥操控小型无人驾驶航空器在适飞空域内飞行的，应当遵守国家空中交通管理领导机构关于限速、通信、导航等方面的规定。

⑦在夜间或者低能见度气象条件下飞行的，应当开启灯光系统并确保其处于良好工作状态。

⑧实施超视距飞行的，应当掌握飞行空域内其他航空器的飞行动态，采取避免相撞的措施。

⑨受到酒精类饮料、麻醉剂或者其他药物影响时，不得操控无人驾驶航空器。

⑩国家空中交通管理领导机构规定的其他飞行活动行为规范。

（2）避让规则。

《无人驾驶航空器飞行管理暂行条例》第三十三条明确指出了操控无人驾驶航空器实施飞行活动，应当遵守以下避让规则：

①避让有人驾驶航空器、无动力装置的航空器以及地面、水上交通工具。

②单架飞行避让集群飞行。

③微型无人驾驶航空器避让其他无人驾驶航空器。

④国家空中交通管理领导机构规定的其他避让规则。

### 8. 无人机飞行禁止行为

《无人驾驶航空器飞行管理暂行条例》第三十四条规定：禁止利用无人驾驶航空器实施下列行为：

（1）违法拍摄军事设施、军工设施或者其他涉密场所。

（2）扰乱机关、团体、企业、事业单位工作秩序或者公共场所秩序。

（3）妨碍国家机关工作人员依法执行职务。

（4）投放含有违反法律法规规定内容的宣传品或者其他物品。

(5) 危及公共设施、单位或者个人财产安全。

(6) 危及他人生命健康，非法采集信息，或者侵犯他人其他人身权益。

(7) 非法获取、泄露国家秘密，或者违法向境外提供数据信息。

(8) 法律法规禁止的其他行为。

《浙江省无人驾驶航空器公共安全管理规定》第十三条也明确规定：任何单位、个人不得利用无人驾驶航空器实施下列行为：

(1) 非法投掷物品。

(2) 携带、运输违禁品。

(3) 扰乱机关、团体、企业事业单位的工作、生产、教学、科研、医疗等活动的正常秩序。

(4) 危害他人人身安全和财产安全，破坏公共设施。

(5) 偷窥、偷拍个人隐私。

(6) 违反法律、法规规定的其他行为。

### 9. 无人机实施飞行活动需报送信息

《无人驾驶航空器飞行管理暂行条例》第二十四条规定：除微型以外的无人驾驶航空器实施飞行活动，操控人员应当确保无人驾驶航空器能够按照国家有关规定向无人驾驶航空器一体化综合监管服务平台报送识别信息。微型、轻型、小型无人驾驶航空器在飞行过程中应当广播式自动发送识别信息。

常规农用无人驾驶航空器作业飞行，在适飞空域内的农林牧渔区上空，飞行高度不超过 30 m，无需申请飞行计划，但要报送动态信息。无人机驾驶航空器飞行活动申请及信息报送规定见表 6-4。

**表 6-4　无人机驾驶航空器飞行活动申请及信息报送规定**

<table>
<tr><th>型别</th><th>申请计划</th><th>飞行批准</th><th>起飞确认</th><th>识别信息报送</th></tr>
<tr><td>微型</td><td rowspan="3">在适飞空域内飞行无需申请飞行计划</td><td rowspan="3"></td><td rowspan="3"></td><td rowspan="3">应在飞行过程中应当广播式自动发送识别信息</td></tr>
<tr><td>轻型</td></tr>
<tr><td>小型</td></tr>
<tr><td>中型</td><td rowspan="2">组织飞行活动的单位或者个人应当在拟飞行前 1 日 12 时前向空中交通管理机构提出飞行活动申请</td><td rowspan="2">空中交通管理机构应在飞行前 1 日 21 时前作出批复</td><td rowspan="2">需在计划起飞 1 h 经空中交通管理机构确认后起飞</td><td rowspan="3">按规定向无人驾驶航空器一体化综合监管服务平台报送识别信息；<br>轻型、小型无人机飞行过程中应当广播式自动发送识别信息</td></tr>
<tr><td>大型</td></tr>
<tr><td>农用</td><td>常规农用无人机作业飞行无需申请</td><td></td><td></td></tr>
</table>

#### 10. 无人机飞行其他规定及要求

《无人驾驶航空器飞行管理暂行条例》第三十五条规定：使用民用无人驾驶航空器从事测绘活动的单位依法取得测绘资质证书后，方可从事测绘活动。外国无人驾驶航空器或者由外国人员操控的无人驾驶航空器不得在我国境内实施测绘、电波参数测试等飞行活动。

第三十六条规定：模型航空器应当在空中交通管理机构为航空飞行营地划定的空域内飞行，但国家空中交通管理领导机构另有规定的除外。

第四十三条规定：任何单位或者个人不得非法拥有、使用无人驾驶航空器反制设备。

第二十五条规定：组织无人驾驶航空器飞行活动的单位或者个人应当遵守有关法律法规和规章制度，主动采取事故预防措施，对飞行安全承担主体责任。

## 6.3　民用无人机飞行活动关键管理制度解析

### 6.3.1　飞行资质与证照管理

民用无人机飞行资质与证照管理是确保飞行活动安全、规范的重要环节。不同类型和用途的民用无人机，其驾驶员所需具备的资质和证照各不相同。

民用无人机驾驶员必须具备相应民用无人机等级的驾驶执照，操控微型、轻型民用无人机无需取得操控员执照，但应当熟练掌握有关机型操作方法，了解风险警示信息和有关管理制度。

在管制空域内飞行，要按照国务院民用航空主管部门的规定经培训合格。

操控小型、中型、大型民用无人机的人员，需要申请取得相应操控员执照。通过操控员资质考试，可获得中国民用航空局颁发的《民用无人驾驶航空器操控员执照》。

从事常规农用无人机作业飞行活动的人员无需取得操控员执照，但应当由农用无人机系统生产者按照国务院民用航空、农业农村主管部门规定的内容进行培训和考核，合格后取得操作证书。

### 6.3.2　飞行空域管理

飞行空域管理是民用无人机飞行活动管理的核心内容之一，旨在合理分配和利用空域资源，确保无人机飞行与其他航空器飞行的安全和秩序。

我国对空域实行分类管理，根据空域的繁忙程度、地理位置和功能用途等因素，将空域划分为管制空域、监视空域和报告空域。

在管制空域内，无人机飞行必须提前向空管部门提出申请，经过严格的审批程序后，按照指定的时间、航线和高度进行飞行。根据《低空空域管理使用规定》，规定管制空域通常位于空中禁区和空中危险区、机场附近、军事要地等重要区域，对飞行安全要求极高。

> 例如，在机场净空保护区内，无人机飞行可能会对民航客机的起降安全造成严重威胁，因此必须严格遵守管制规定。

监视空域则相对宽松一些，无人机在该空域内飞行需要保持与监管部门的通信畅通，以便监管部门实时掌握无人机的飞行状态。在监视空域内，无人机驾驶员需要按照规定向监管部门报告飞行计划和相关信息，监管部门会对无人机的飞行进行实时监控，确保其飞行活动符合规定。

报告空域是对无人机飞行限制相对较少的区域，驾驶员在进入和离开该空域时，只需向相关部门报告飞行计划和基本信息即可。即使在报告空域，无人机驾驶员也必须遵守相关的飞行规则和安全要求，确保飞行活动的安全。

此外，各地还根据实际情况，划定了一些特定的禁飞区域和限飞区域。

> 例如，在军事管理区、国家重点机构、大型活动场所、人口密集区域等附近，通常会设立禁飞区域，禁止无人机飞行；在一些特定的时间段或特殊情况下，也会对某些区域实施临时限飞措施。

《中华人民共和国飞行基本规则》第十七条规定：国家重要的政治、经济、军事目标上空，可以划设空中禁区、临时空中禁区。未按照国家有关规定经特别批准，任何航空器不得飞入空中禁区和临时空中禁区。

第十八条规定：位于航路、航线附近的军事要地、兵器试验场上空和航空兵部队、飞行院校等航空单位的机场飞行空域，可以划设空中限制区。根据需要还可以在其他地区上空划设临时空中限制区。在规定时限内，未经飞行管制部门许可的航空器，不得飞入空中限制区或者临时空中限制区。

### 6.3.3 飞行安全与应急管理

飞行安全与应急管理是民用无人机飞行活动管理的重要组成部分，旨在预防和应对飞行过程中可能出现的各种安全问题和突发事件。

民用无人机驾驶员不得酒驾，不得在受到任何药物影响及其工作能力对飞行安全造成影响的情况下驾驶无人机。在飞行前必须对无人机进行全面的检查和维护，确保无人机的各项设备和系统处于良好的运行状态。同时，驾驶员还需要了解飞行区域的气象条件、地理环境等信息，制订合理的飞行计划。在飞行过程中，驾驶员要时刻保持警惕，密切关注无人机的飞行状态和周围环境，严格遵守飞行规则和操作规程，避免无人机运行时进入限制区域，无论在视距内运行，还是在视距外运行，各类民用无人机必须将航路优先权让与其他民用航空器。

为了应对可能出现的突发事件，民用无人机行业建立了完善的应急管理机制。当无人机出现故障、失去控制或遭遇其他紧急情况时，驾驶员应立即采取应急措施，如启动自动返航程序、迫降等，以确保无人机和地面人员的安全。同时，监管部门也制定了相应的应急预案，一旦发生无人机安全事故，能够迅速组织救援力量，进行事故调查和处理，最大限度地减少事故损失。

如《轻小无人机运行规定》（试行）第 12.2 条规定：当飞行操作危害到空域的其他使用者、地面上人身财产安全或不能按照本咨询通告要求继续飞行，应当立即停止飞行活动。第 13.3.1 条规定：当出现无人机失控的情况，机长应该执行相应的预案，包括：

（1）无人机应急回收程序。

（2）对于接入无人机云的用户，应在系统内上报相关情况。

（3）对于未接入无人机云的用户，联系相关空管服务部门的程序，上报遵照以上程序的相关责任人名单。

在一些城市，相关部门建立了无人机应急救援联动机制。当发生无人机安全事故时，民航管理部门、公安部门、消防部门等相关单位能够迅速响应，协同作战，共同开展救援和处置工作。此外，一些无人机制造商也在产品中配备了先进的应急系统，如自动避障、故障预警等功能，提高了无人机的安全性和应急能力。

例如，《新疆维吾尔自治区民用无人驾驶航空器安全管理规定》第五条规定：自治区人民政府对民用无人机安全管理工作实行统一领导，建立民用无人机安全管理部门协同联动机制，协调解决民用无人机安全管理重大问题。州、市（地）、县（市）人民政府（行政公署）应当建立分级联动机制，督促有关部门落实民用无人机安全管理职责。公安、民用航空、质监、工商、经信等部门依照各自职责，负责民用无人机相关安全管理工作。

## 6.4　民用无人机飞行活动违规处理与法律责任

### 1. 违反登记管理的处罚

《无人驾驶航空器飞行管理暂行条例》第四十七条规定：民用无人驾驶航空器未经实名登记实施飞行活动的，由公安机关责令改正，可以处 200 元以下的罚款；情节严重时，处 2 000 元以上 2 万元以下的罚款。违反本条例规定，涉及境外飞行的民用无人驾驶航空器未依法进行国籍登记的，由民用航空管理部门责令改正，处 1 万元以上 10 万元以下的罚款。

### 2. 违反适航管理的处罚

《无人驾驶航空器飞行管理暂行条例》第四十四条规定：违反本条例规定，从事中型、大型民用无人驾驶航空器系统的设计、生产、进口、飞行和维修活动，未依法取得适航许可的，由民用航空管理部门责令停止有关活动，没收违法所得，并处无人驾驶航空器系统货值金额1倍以上5倍以下的罚款；情节严重的，责令停业整顿。

第四十六条规定：违反本条例规定，对已经取得适航许可的民用无人驾驶航空器系统进行重大设计更改，未重新申请取得适航许可并将其用于飞行活动的，由民用航空管理部门责令改正，处无人驾驶航空器系统货值金额1倍以上5倍以下的罚款。

3. 违反证照管理的处罚

(1) 未取得运营合格证或者违反运营合格证的。

《无人驾驶航空器飞行管理暂行条例》第四十九条规定：违反本条例规定，未取得运营合格证或者违反运营合格证的要求实施飞行活动的，由民用航空管理部门责令改正，处5万元以上50万元以下的罚款；情节严重的，责令停业整顿直至吊销其运营合格证。

(2) 未取得操控员执照或超出操控员执照载明范围的、未取得操作证书从事常规农用无人驾驶航空器作业飞行的。

第五十条规定：违反本条例规定，未取得操控员执照操控民用无人驾驶航空器飞行的，由民用航空管理部门处5 000元以上5万元以下的罚款；情节严重的，处1万元以上10万元以下的罚款。

违反本条例规定，超出操控员执照载明范围操控民用无人驾驶航空器飞行的，由民用航空管理部门处2 000元以上2万元以下的罚款，并处暂扣操控员执照6个月至12个月；情节严重的，吊销其操控员执照，2年内不受理其操控员执照申请。

违反本条例规定，未取得操作证书从事常规农用无人驾驶航空器作业飞行活动的，由县级以上地方人民政府农业农村主管部门责令停止作业，并处1 000元以上1万元以下的罚款。

4. 违反违规飞行的处罚

(1) 在管制区域未报备飞行的。

《无人驾驶航空器飞行管理暂行条例》规定：未经批准操控微型、轻型、小型民用无人驾驶航空器在管制空域内飞行，或者操控模型航空器在空中交通管理机构划定的空域外飞行的，由公安机关责令停止飞行，可以处500元以下的罚款；情节严重的，没收实施违规飞行的无人驾驶航空器，并处1 000元以上1万元以下的罚款。

(2) 未成年人违规飞行将处以罚款。

无民事行为能力人只能操控微型民用无人驾驶航空器飞行，限制民事行为能力人只能操控微型、轻型民用无人驾驶航空器飞行。无民事行为能力人操控微型民用无人驾驶航空器飞行或者限制民事行为能力人操控轻型民用无人驾驶航空器飞行，应当由完全民事行为能力人（需符合取得操控员执照的条件）现场指导。

无民事行为能力人、限制民事行为能力人违反《无人驾驶航空器飞行管理暂行条例》规定操控民用无人驾驶航空器飞行的，由公安机关对其监护人处500元以上5 000元以下的罚款；情节严重的，没收实施违规飞行的无人驾驶航空器。

(3) 外籍无人机在我国境内实施测绘飞行活动。

《无人驾驶航空器飞行管理暂行条例》规定：外国无人驾驶航空器或者由外国人员操控的无人驾驶航空器在我国境内实施测绘飞行活动的，由县级以上人民政府测绘地理信息主管部门责令停止违法行为，没收违法所得、测绘成果和实施违规飞行的无人驾驶航空器，并处 10 万元以上 50 万元以下的罚款；情节严重的，并处 50 万元以上 100 万元以下的罚款，由公安机关、国家安全机关按照职责分工决定限期出境或者驱逐出境。

（4）不遵守无人机行为规范和避让规则的。

《无人驾驶航空器飞行管理暂行条例》第五十一条规定：组织飞行活动的单位或者个人违反本条例第三十二条、第三十三条规定的，由民用航空管理部门责令改正，可以处 1 万元以下的罚款；拒不改正的，处 1 万元以上 5 万元以下的罚款，并处暂扣运营合格证、操控员执照 1 个月至 3 个月；情节严重的，由空中交通管理机构责令停止飞行 6 个月至 12 个月，由民用航空管理部门处 5 万元以上 10 万元以下的罚款，并可以吊销相应许可证件，2 年内不受理其相应许可申请。

### 5. 违反治安管理行为和违反军事设施保护的处罚

《无人驾驶航空器飞行管理暂行条例》第五十六条规定：构成违反治安管理行为的，由公安机关依法给予治安管理处罚；构成犯罪的，依法追究刑事责任；造成人身、财产或者其他损害的，依法承担民事责任。

第五十四条规定：无人驾驶航空器飞行活动违反军事设施保护法律法规的，依照有关法律法规的规定执行。

### 6. 未依法投保责任保险的

《无人驾驶航空器飞行管理暂行条例》第四十八条规定：违反本条例规定，民用无人驾驶航空器未依法投保责任保险的，由民用航空管理部门责令改正，处 2 000 元以上 2 万元以下的罚款；情节严重的，责令从事飞行活动的单位停业整顿直至吊销其运营合格证。

民用无人机飞行活动违规行为的法律责任承担主体包括无人机驾驶员、无人机制造商和销售商、相关运营企业以及监管部门等。

无人机驾驶员作为飞行活动的直接操作者，对违规行为负有主要责任。如果驾驶员违反法律法规，擅自进行违规飞行，导致安全事故或其他不良后果，将依法承担相应的法律责任。

无人机制造商和销售商也可能承担一定的法律责任。如果无人机产品存在质量缺陷，导致飞行事故或安全隐患，制造商和销售商需要承担产品质量责任。

> 例如，若无人机的飞控系统存在设计漏洞，导致飞行过程中失控，制造商和销售商可能需要对受害者进行赔偿，并承担相应的法律责任。

相关运营企业在组织和管理民用无人机飞行活动中，如果存在违规行为或管理不善，也将承担相应的法律责任。

例如，一些无人机物流配送企业，如果未对驾驶员进行严格的资质审核和培训，或者未按照规定对无人机进行维护和管理，导致飞行事故，企业将面临法律责任。

监管部门在履行职责过程中，如果存在监管不力、执法不严等问题，导致民用无人机飞行活动出现违规行为并造成严重后果，也需要承担相应的责任。监管部门应加强对民用无人机飞行活动的日常监管，及时发现和处理违规行为，保障飞行安全和秩序。

## 6.5 高职无人机专业教学与法律实践融合策略

### 6.5.1 课程体系优化

高职院校肩负培养高素质民用无人机专业人才重任，应将民用无人机驾驶员管理法律课程深度融入专业教学体系，扭转重技术、轻法律的传统教学偏向。课程设置应兼顾理论系统性与实践操作性，不仅涵盖民用无人机驾驶员资质管理、飞行安全法规、事故责任法律等核心知识板块，还应紧跟行业发展动态，及时纳入最新法规政策解读、典型案例剖析等前沿内容。

采用多元化教学方法激发学生学习兴趣与参与度。课堂讲授结合实际案例，以生动鲜活案例阐释抽象法律条文，如讲解禁飞区法规时，引入机场无人机闯入致航班延误案例，让学生深刻领会法规意义；组织模拟法庭活动，设定无人机侵权、事故纠纷等模拟案件，学生分组扮演原告、被告、律师、法官等角色，在模拟庭审辩论中深化对法律程序与责任认定的理解；开展小组研讨，针对行业热点法律问题，如新兴无人机应用场景下的法律空白、5G时代无人机远程操控法律风险等，引导学生查阅资料、交流观点，培养批判性思维与解决实际问题能力。

### 6.5.2 实训教学强化

实训教学作为高职教育关键环节，应全方位融入法律实践要素，打造贴近实战的教学场景。在模拟飞行训练场地，依据真实空域法规设置多样化飞行场景，要求学生在起飞前识别空域类型，判断是否需要申请飞行许可，模拟遭遇突发空域管制、恶劣天气等紧急情况时的应对策略。

例如，模拟城市举办大型活动期间的临时空域管制，学生接到通知后，迅速调整飞行计划，申请转场或降落，演练在法规约束下的应急处置能力。

开展综合性实训项目时，以小组为单位承接完整无人机飞行任务，从项目策划、空域申请、设备选型、飞行操作到后期数据处理，全程遵循法律规范。

例如，承接校园宣传片航拍项目，小组首先依据校园空域规定向学校相关部门申请飞行空域，准备详细申请材料，获批后根据拍摄需求挑选适配无人机，飞行过程严格遵守空域高度、范围限制，拍摄完成后妥善处理数据，确保不泄露隐私、不违反数据使用规定。

全程实战演练，让学生将法律知识内化为职业素养与操作习惯，为未来职业生涯筑牢坚实基础。同时，还可加强与行业企业的合作，建立校外实习基地，让学生在真实的工作环境中实践法律知识。

例如，安排学生到无人机测绘公司、物流配送企业等实习，参与实际项目的运作，在实践中学习如何遵守法规进行飞行操作、处理与客户及监管部门的关系等。

企业的专业人员可以作为实习导师，给予学生现场指导，帮助学生更好地理解和应用法律知识，提高学生的职业能力和综合素质。

### 6.5.3 师资队伍建设

教师是实现教学与法律实践融合的关键。高职院校应加强师资队伍建设，打造一支既具备扎实的无人机专业知识，又熟悉相关法律法规的“双师型”教师队伍。

一方面，鼓励教师参加相关的法律培训和进修课程，提升自身的法律素养。例如，组织教师参加中国民用航空局举办的民用无人机法规培训班、参加法律专业的研讨会或学术讲座等，让教师及时了解最新的法律法规动态和行业发展趋势，更新知识结构。

另一方面，引进具有丰富行业经验的企业专家和法律专业人士担任兼职教师。企业专家可以分享实际工作中的案例和经验，让学生了解行业的实际需求和法律应用情况；法律专业人士则可以从专业法律角度为学生解读法规条文，分析法律问题，拓宽学生的法律视野。通过专兼职教师的共同努力，为学生提供更加全面、深入的教学内容。

### 6.5.4 在高职教学中的案例教学

在高职无人机专业的教学中，应引入大量的实际案例，对民用无人机飞行活动违规行为的处理和法律责任进行深入分析与研讨。

例如，选取无人机在禁飞区域飞行引发安全事故的案例，详细剖析驾驶员违反的具体法规条款，从空域管理规定到民用航空安全法规等，明确其应承担的行政罚款、暂扣或吊销执照等行政责任，若造成严重后果，还需承担相应的民事赔偿甚至刑事责任。

通过对这些案例的深入探讨，学生清晰认识到违规行为的严重后果，增强其法律敬畏心。同时，组织学生分组讨论案例中的争议点，如事故责任的主次划分、法律适用的具体情形等，培养学生的批判性思维和法律分析能力。此外，鼓励学生自主收集相关案例，在课堂上进行分享汇报，锻炼其信息收集与整理能力，以及语言表达能力。这样一来，不仅能让学生深刻理解民用无人机飞行法律规范，还能在未来的职业实践中，凭借扎实的法律知识和案例分析经验，准确判断飞行活动的合法性，有效规避法律风险，成为具备法律素养和专业技能的高素质无人机专业人才，为推动民用无人机行业的规范发展贡献力量。

### 6.5.5 对高职学生实践操作的要求

在高职无人机专业的实践教学中，要加强对学生飞行资质与证照管理、飞行空域管理、飞行安全与应急管理等方面的培训和实践操作。

对于飞行资质与证照管理，要让学生了解不同类型无人机的资质要求和证照获取流程，鼓励学生积极参加相关的培训和考核，取得相应的资质证书。在实践操作中，要严格要求学生按照规定进行飞行操作，不得无证飞行或超资质飞行。

在飞行空域管理方面，要教导学生如何识别不同类型的空域，掌握空域申请和审批的流程与要求。通过实际案例分析和模拟飞行训练，学生熟悉在不同空域内的飞行规则和注意事项，培养空域意识和合规飞行能力。

在飞行安全与应急管理方面，要加强学生对无人机安全检查和维护的培训，让学生掌握常见故障的排查和处理方法。同时，通过模拟演练等方式，学生熟悉各种应急情况下的应对措施和操作流程，提高应急处置能力和安全意识。

### 6.5.6 考核评价体系完善

建立科学合理的考核评价体系是确保教学与法律实践融合效果的重要保障。改革传统的考核方式，不再仅仅以理论考试成绩作为评价学生的唯一标准，而是综合考量学生的理论知识掌握程度、实践操作能力、法律意识和职业素养等多个方面。

在理论考核中，增加与法律法规相关的题目占比，考查学生对民用无人机驾驶员管理法律制度的理解和应用能力。

> 例如，设置案例分析题，学生根据给定的案例，分析其中涉及的违法违规行为，并提出正确的处理方法。

在实践考核中，注重考查学生在实际操作中是否遵守法律法规。

> 例如，在模拟飞行考核中，设置违规场景，观察学生的应对措施，看学生是否能够及时发现并纠正违规行为，确保飞行安全。

同时，对学生的职业素养和法律意识进行评价。可以通过学生在小组项目中的表现、对法律问题的讨论参与度、日常行为中的合规意识等方面进行综合评估。对于在法律实践方面表现优秀的学生，给予适当的奖励和表彰，激励学生积极学习和遵守法律法规。

通过以上课程体系优化、实训教学强化、师资队伍建设和考核评价体系完善等多方面的策略，实现高职无人机专业教学与法律实践的深度融合，培养既具备扎实专业技能，又具有强烈法律意识和职业素养的高素质民用无人机专业人才，为我国民用无人机产业的健康发展提供有力的人才支撑。

## 6.6　民用无人机飞行活动管理制度教学项目

### 项目描述

本项目聚焦民用无人机飞行活动管理制度，旨在让高职学生全面且深入地理解该领域规范。通过理论讲解、案例研讨、模拟飞行管理等多样化教学手段，引导学生掌握从飞行计划申报、空域使用到飞行安全保障等一系列环节的管理规定，使学生能够在未来工作与生活中，精准运用相关知识解决实际问题，同时培养学生的管理思维与职业素养。

### 项目目标

知识目标

(1) 学生能够清晰阐述民用无人机飞行活动管理涉及的主要法律法规及政策文件，如《无人驾驶航空器飞行管理暂行条例》等。

(2) 准确掌握民用无人机飞行计划申报流程、不同类型空域的划分及使用规则、飞行安全保障要求等内容。

(3) 深入理解违反民用无人机飞行活动管理规定需承担的法律责任与后果。

能力目标

(1) 具备分析实际案例中民用无人机飞行活动管理问题的能力，能够依据管理规定准确判断行为的合规性，并提出合理的解决建议。

(2) 能够根据不同场景，为无人机飞行活动制订合法合规的飞行计划，包括飞行路线规划、时间安排等。

(3) 培养学生的组织协调能力，使其能够在模拟飞行管理活动中，与不同角色进行有效沟通，保障飞行活动顺利开展。

思政目标

(1) 强化学生的规则意识，使其深刻认识到制度在规范民用无人机飞行活动、保障公共安全中的重要性，从而自觉遵守飞行活动管理规定。

(2) 培养学生的安全意识与责任意识，明白无人机不当飞行可能带来的严重危害，进而在工作中始终保持严谨负责的态度。

(3) 激发学生的创新意识，鼓励学生在合法合规的前提下，思考如何优化民用无人机飞行活动管理流程，推动行业发展。

## 任务一　民用无人机飞行活动管理资料收集与整理

### 任务描述

学生以小组为单位，通过互联网、图书馆、民航部门官方网站等多种渠道，收集我国民用无人机飞行活动管理相关的法律法规、政策文件、行业标准等资料，并进行系统整理，制作成资料汇编文档。

### 任务学习

知识点：信息检索技巧、资料分类整理方法、民用无人机飞行活动管理体系框架。

### 任务实施

(1) 小组内明确分工，确定负责不同渠道信息收集的成员。

(2) 利用两周时间全面收集资料，对收集到的资料进行筛选、分类和编号。

(3) 共同撰写资料汇编文档的目录和前言，按照法律法规、政策文件、行业标准等类别进行排版整理，形成完整的资料汇编。

## 任务二　案例研讨与分析

### 任务描述

教师提供一系列涵盖民用无人机飞行活动合法与违规行为的真实案例，学生分组对案例进行深入剖析。找出案例中涉及的管理问题，依据相关管理规定进行详细解读，分析案例中行为的后果，并提出预防类似违规行为的措施。每个小组制作 PPT 进行案例汇报，全班共同讨论。

**• 任务学习 •**

知识点：民用无人机飞行活动管理规定、违规行为判定、法律责任分析、问题解决策略。

**• 任务实施 •**

（1）教师提前将案例资料发放给学生，学生分组研读案例，明确案例中的关键信息。

（2）小组内讨论分析案例，确定涉及的管理规定条文，撰写案例分析报告，并制作 PPT。

（3）各小组进行 15～20 min 的案例汇报，汇报后全班进行 30～40 min 的讨论，教师引导学生深入思考案例中的管理问题。

## 任务三　模拟飞行活动管理

**• 任务描述 •**

设置模拟飞行活动场景，如城市公园区域飞行、影视拍摄飞行等。部分学生扮演飞行活动管理者，依据民用无人机飞行活动管理规定对飞行计划进行审核、对飞行现场进行监管；另一部分学生扮演无人机飞行团队，提交飞行计划并进行模拟飞行操作。活动结束后，进行角色互换，并对模拟管理过程进行总结反思。

**• 任务学习 •**

知识点：民用无人机飞行计划审核流程、飞行现场监管要点、沟通协调技巧、应急事件处理。

**• 任务实施 •**

（1）教师提前准备好模拟飞行活动场景的背景资料、道具等，学生分组进行角色分配。

（2）每组进行 45～60 min 的模拟飞行活动管理，活动过程中严格按照管理流程进行操作。

（3）角色互换后再次进行模拟，活动结束后，小组内进行总结，分析管理过程中的优点与不足，教师进行点评和总结。

## 任务四　民用无人机飞行活动管理指南制作

**• 任务描述 •**

学生以小组为单位，根据所学的民用无人机飞行活动管理制度知识，结合实际飞行场景，为广大无人机飞行爱好者及从业者制作一份通俗易懂的管理指南。指南内容应包括飞行前准备、飞行计划申报流程、飞行安全注意事项、违规处理等，形式上要图文并茂，便于理解。

## 任务学习

知识点：民用无人机飞行活动管理要点提炼、指南设计与制作规范、信息传播技巧。

## 任务实施

(1) 小组讨论确定指南的主题、框架和主要内容。

(2) 分工收集资料，包括文字、图片等素材，运用排版软件进行指南的制作。

(3) 对制作完成的指南进行内部审核和修改，确保内容准确、形式美观，最终提交给教师。

## 项目总结与评估

### 1. 总结

项目结束后，组织学生进行项目总结汇报，分享在项目实施过程中的收获、遇到的问题及解决方法。教师对整个项目进行总结，强调重点知识和关键能力，对学生在项目中的表现进行整体评价。

### 2. 评估

采用多元化的评估方式，包括小组互评、学生自评、教师评价。评估内容涵盖知识掌握程度、能力提升情况、团队协作表现、思政目标达成情况等。具体评估指标如下：

(1) 知识考核。通过项目过程中的提问、案例分析报告、最终的知识测验等方式，评估学生对民用无人机飞行活动管理知识的掌握程度。分数占总成绩的40%。

(2) 能力评估。根据学生在模拟飞行活动管理、指南制作等任务中的表现，评估其分析问题、解决问题、组织协调等能力。分数占总成绩的40%。

(3) 思政表现。观察学生在项目实施过程中的规则意识、安全意识、责任意识等方面的表现，结合学生自评和小组互评，对思政目标达成情况进行评估。分数占总成绩的20%。

# 习题

## 一、单选题

1. 民用无人机飞行活动中，未实名登记就飞行，属于（　　）行为。

A. 合法但不提倡　　B. 违规

C. 视情况而定　　D. 行业内部问题

## 二、多选题

1. 如果民用无人机在飞行活动中干扰了地面通信基站，驾驶员应承担的责任是（　　）。

A. 恢复通信基站正常运行的费用　　B. 行政罚款

C. 可能面临的治安处罚　　D. 无需承担责任，由无人机制造商负责

2. 在高职无人机专业教学中，为融合法律实践，学校可以采取的措施有（　　）。

A. 与法律实务部门建立合作关系　　B. 减少理论课程，增加实践课程

C. 举办法律知识竞赛　　D. 编写专门的法律实践教材

3. 我国民用无人机飞行活动管理法律制度框架主要包含的层面有（　　）。

A. 宪法　　B. 民用航空法等相关法律

C. 中国民用航空局发布的部门规章　　D. 地方政府出台的管理办法

## 三、简答题

1. 简述民用无人机飞行活动发展为何催生管理需求。

2. 民用无人机飞行活动关键管理制度中，空域管理的核心要点是什么？

3. 民用无人机飞行活动违规处理时，涉及的法律责任有哪些类型？

4. 民用无人机进行商业航拍活动，需遵循哪些关键管理规定？

5. 简述民用无人机飞行活动管理法律制度不断完善的意义。

6. 高职无人机专业学生在参与实际无人机飞行项目时，如何提升自身的法律实践能力？

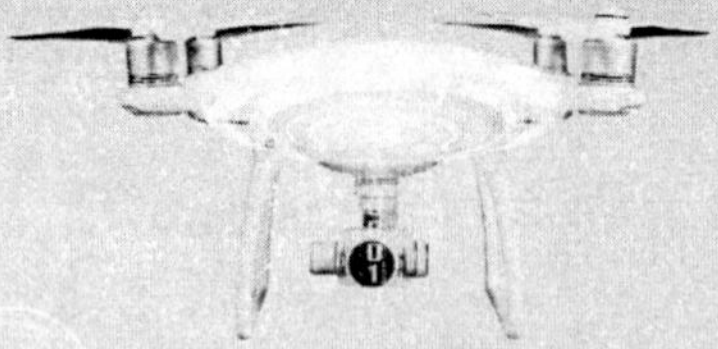

# 第7章

# 无人机监督管理和应急处置法律

## 7.1 无人机产业发现现状及无人机监督管理和应急处置的重要性

### 7.1.1 无人机产业发展现状

近年来，无人机技术飞速发展，在各个领域的应用日益广泛。从农业领域的植保、测绘，到影视拍摄、物流配送，再到电力巡检、环境监测等，无人机凭借其灵活性、高效性和低成本等优势，逐渐成为各行业不可或缺的工具。无人机行业现状呈现出蓬勃发展的态势。

1. 市场规模持续扩大

我国民用无人机市场规模迅速增长。2023年中国民用无人机市场规模达1 174.3亿元，同比增长32%，并预计在未来几年将继续保持高速增长。其中，工业级无人机的应用深度和广度不断提升，已成为民用无人机市场的主要驱动力。轻小型无人机产品推出周期短，更新换代较快，在全球市场上占据较大市场份额。

2. 应用领域不断拓展

(1) 民用领域。工业无人机在农林植保、地理测绘、巡逻巡检、快递物流等领域的应用日益广泛。通过无人机的高空拍摄和智能分析，可以及时获取详细的农情信息，提高农业生产效率。同时，无人机在地理测绘、巡逻巡检等方面也发挥着重要作用，提高了工作效率和安全性。

(2) 军事领域。无人机在侦察、打击、运输等方面发挥着重要作用。随着技术的不断进步，无人机在军事领域的应用将更加广泛和深入。

(3) 科研与教育领域。无人机在科研实验、教学演示等方面也发挥着重要作用。

通过无人机实验，学生可以直观地了解飞行原理、控制算法等。

（4）消费级无人机。消费级无人机面向普通消费者，用于航拍、跟拍，专业机构用于影视创作。消费级无人机市场也保持稳定增长。

### 3. 企业数量与实力增强

（1）无人机运营企业。得益于政策的支持、技术的进步以及市场需求的扩大，中国无人机运营企业数量保持增长态势。这些企业在无人机系统的设计研发、生产制造、销售和服务等方面不断提升自身实力，推动了无人机行业的快速发展。

（2）重点企业布局。无人机行业内的重点企业在不同领域进行了布局。

> 例如，固定翼无人机企业主要包括中航无人机、航天彩虹等；多旋翼无人机领域有大疆创新、科比特等；无人直升机主要参与企业有北京中航智科技等；复合翼无人机企业有纵横股份、天峋创新等。

这些企业在各自领域内形成了核心技术优势，推动了无人机技术的不断创新和应用拓展。

### 4. 政策支持与法规完善

近年来，我国陆续发布了无人机植保、监管、驾驶员培训、人工智能等一系列相关政策，为无人机行业的发展提供了良好的生产经营环境。

同时，政府还加强了对无人机飞行的监管和管理，完善了相关法规和标准，保障了无人机行业的健康有序发展。

## 7.1.2 监督管理和应急处置的必要性

随着无人机数量的迅速增加和应用场景的不断拓展，无人机带来的安全隐患和管理问题也日益凸显。

在安全方面，无人机可能对航空安全、公共安全和个人隐私造成威胁。一些无人机未经许可闯入机场净空保护区，干扰民航客机的正常起降，严重威胁航空安全。

> 例如，曾发生多起无人机在机场附近飞行，导致航班延误或紧急避让的事件，给航空运输带来了极大的安全风险。此外，无人机在人员密集区域飞行时，一旦失控坠毁，可能会对地面人员和财产造成严重损害。同时，一些无人机配备的高清摄像设备可能被不法分子用于窥探他人隐私，侵犯公民的合法权益。

在管理方面，无人机的无序飞行给空域管理带来了巨大挑战。由于缺乏有效的监管，无人机在空域中随意飞行，与其他航空器之间的冲突风险增加，影响了空域的正常秩序。

此外，无人机的生产、销售和使用环节也存在一些问题，如部分无人机质量参差不齐，缺乏必要的安全保障措施；一些无人机用户未经培训，不了解相关的法律法规和飞行规则，导致违规飞行事件频繁发生。

为了应对这些问题，加强无人机的监督管理和应急处置显得尤为重要。通过建立健全相关法律法规，明确无人机的生产、销售、使用和管理等各个环节的规范及要求，加强对无人机的监管力度，可以有效降低无人机带来的安全风险，维护空域秩序和公共安全。同时，完善应急处置机制，提高应对无人机突发事件的能力，能够在最短时间内采取有效措施，减少事故损失，保障人民群众的生命财产安全。

# 7.2 无人机监督管理法律制度

## 7.2.1 生产与销售环节监管

### 7.2.1.1 生产标准与认证

无人机的生产环节是保障其安全性能的重要基础。国家对无人机的生产制定了严格的标准和规范，要求无人机制造商必须按照相关标准进行生产，确保无人机的质量和安全性。

> 例如，无人机的飞行控制系统、电池、通信设备等关键部件必须符合国家规定的技术标准，具备良好的稳定性和可靠性。

同时，为了保证无人机的质量和安全性，国家实行了产品认证制度。无人机制造商必须将其生产的产品送交给相关认证机构进行检测和认证，只有通过认证的产品才能进入市场销售。认证机构会对无人机的各项性能指标进行严格检测，包括飞行性能、安全性能、电磁兼容性等方面，确保产品符合国家相关标准和要求。

国内主要民用无人机标准制定情况数据信息来自全国标准信息公共服务平台(https：//std. samr. gov. cn)，包含国家标准、行业标准、地方标准及团体标准。

1. 国家标准

(1)《民用无人驾驶航空器系统安全要求》(GB 42590—2023)。该标准是我国首个强制性国家标准，旨在规范无人驾驶航空器的设计、生产和应用，确保其安全可靠地服务于社会各个领域。

《民用无人驾驶航空器系统安全要求》是《无人驾驶航空器飞行管理暂行条例》的配套支撑标准，可以有效指导研制单位设计生产、规范检测机构合规检测和保障使用者安全使用，有利于进一步筑牢民用无人机产品安全底线，贯彻民用无人机管理要求，促进民用无人机产业健康发展。

该标准是我国民用无人机领域首项强制性国家标准，适用于除航模之外的微型、轻型和小型民用无人机，提出了电子围栏、远程识别、应急处置、结构强度、机体结构、整机跌落、动力能源系统、可控性、防差错、感知和避让、数据链保护、电磁兼容性、抗风性、噪声、灯光、标识、使用说明书共 17 个方面的强制性技术要求及相应的试验方法。

(2)《民用无人驾驶航空器系统分类及分级》(GB/T 35018—2018)。该标准规定了民用无人驾驶航空器系统的分类及分级要求，适用于民用无人驾驶航空器系统的产品研制、交付使用及安全监管。

(3)《无人机用氢燃料电池发电系统》(GB/T 38954—2020)。该标准规定了无人机用氢燃料电池发电系统的通用要求、技术要求、试验方法，以及标志、包装和运输要求。该标准适用于以压缩氢气为燃料，为空载质量不超过 116 kg 且最大起飞重量不超过 150 kg 的无人机提供动力和非动力用电的燃料电池发电系统。

(4)《民用轻小型无人机系统安全性通用要求》(GB/T 38931—2020)。该标准规定了民用轻小型无人机系统全生命周期内安全性工作的一般要求、详细要求和安全性验证。该标准适用于最大起飞重量在 0.25～150 kg 之间的民用无人机系统的研制、生产、试验和使用的安全性工作。其他民用无人机系统可参考使用。

(5)《民用轻小型无人机系统抗风性要求及试验方法》(GB/T 38930—2020)。该标准规定了民用轻小型无人机系统的抗风性要求及试验方法，包括抗风能力要求、试验目的、试验条件、试验环境、试验中断和恢复、试验判据、试验过程、试验数据处理、试验结果评定及试验报告。该标准适用于民用轻小型旋翼类无人机（起飞重量在 0.25～150 kg 之间）系统（含飞行器和地面站），包括无人直升机系统、多旋翼无人机系统、垂直起降固定翼无人机系统（仅起降阶段）以及其他旋翼无人机系统；其他类型无人机系统可参照执行。

(6)《轻小型多旋翼无人机飞行控制与导航系统通用要求》(GB/T 38997—2020)。该标准规定了轻小型多旋翼无人机飞行控制与导航系统的通用要求、验证试验，以及标识、包装、运输和贮存要求。本标准适用于轻小型多旋翼无人机（起飞重量在 0.25～150 kg 之间）的飞行控制与导航系统设计与制造。其他无人机飞行控制与导航系统可参照执行。

(7)《民用多旋翼无人机系统试验方法》(GB/T 38058—2019)。该标准规定了民用多旋翼无人机系统及部件的试验方法。该标准适用于民用轻小型（最大起飞重量在 150 kg 以下）电动多旋翼无人机系统及部件的设计、制造、检测和认证等；其他类型无人机系统也可参照执行。

(8)《民用轻小型无人机系统电磁兼容性要求与试验方法》(GB/T 38959—2020)。该标准规定了民用轻小型无人机系统（含飞行器和地面站）电磁兼容性要求与试验方法，包括电磁发射和抗扰度试验项目、试验要求、试验条件、试验设备、试验方法和试验报告。该标准适用于民用轻小型无人机系统（起飞重量在 0.25～150 kg 之间）的设计、制造和试验，其他类型无人机系统也可参照执行。

(9)《无人机低空遥感监测的多传感器一致性检测技术规范》(GB/T 41450—

2022)。该标准规定了无人机低空遥感监测的多传感器一致性检测的基本要求、检测条件、检测飞行、辐射一致性检测、几何一致性检测、检测结果评价与整理。该标准适用于以固定翼和多旋翼低空无人机为平台的多传感器遥感监测的辐射及几何一致性检测。

(10)《民用无人机唯一产品识别码》(GB/T 41300—2022)。该标准规定了民用无人机整机产品识别码的结构和识别方式。该标准适用于民用无人机整机产品的唯一标识、生存周期和产品追溯的管理。

2. 行业标准

(1)《无人机围栏》(MH/T 2008—2017)。该标准规定了无人机围栏的范围、构型、数据结构、性能要求和测试要求等。该标准适用于无人机系统和无人机云系统中的无人机围栏。

(2)《无人机物流配送运行要求》(JT/T 1440—2022)。该标准规定了无人机物流配送的基本要求、场地设施要求、作业要求、信息交互和安全要求。该标准适用于支线无人机物流、末端无人机物流的运行。本标准的发布实施将规范无人机物流配送运行,有助于引导无人机物流企业开展无人机物流配送时合规操作,提高运输衔接效率,对促进我国无人机物流业态发展具有重要意义。

(3)《无人机云系统数据规范》(MH/T 2011—2019)。该标准规定了符合《轻小无人机运行规定(试行)》(AC－91－31)要求的民用无人机云系统中数据内容和格式及民用无人机云系统之间传输数据要求、数据加密要求、编码规则、性能要求。该标准适用于在中国境内运行的民用无人机云系统和它们之间的数据交换与集成。

(4)《植保无人驾驶航空器质量评价技术规范》(NY/T 3213—2023)。该标准规定了植保无人驾驶航空器的型号编制规则、基本要求、质量要求、试验方法和检验规则。适用于植保无人驾驶航空器的质量评定。

(5)《无人驾驶航空器系统作业飞行技术规范》(MH/T 1069—2018)。该标准规定了使用民用无人驾驶航空器系统开展作业飞行时的基本要求、作业组织与实施、信息传输与数据处理技术要求、维护与保养、异常处置措施及其他要求等。该标准适用于使用空机重量 116 kg(含)以下且起飞全重 150 kg(含)以下的民用无人驾驶航空器或植保类无人机执行非游戏或娱乐目的而进行的作业飞行操作。

(6)《架空输电线路无人机巡检作业技术导则》(DL/T 1482—2023)。该标准规定了架空输电线路无人机巡检的一般要求、巡检方式、巡检内容、巡检作业和巡检资料整理等。适用于采用多旋翼无人机、固定翼无人机、复合翼无人机对架空输电线路进行的巡视、检测作业。其他类型无人机巡检以及架空配电线路无人机巡检可参照使用。

(7)《警用无人驾驶航空器外观制式涂装规范》(GA 1732—2020)。该标准规定了警用无人驾驶航空器类外观制式规范的术语和定义、涂装要素、涂装式样、涂装定位和尺寸、涂装要求、试验方法。该标准适用于警用无人驾驶航空器的外观制式涂装。

(8)《植保无人机农药喷雾安全作业规范》(T/NANTEA 0013—2020)。该标准规定了植保无人机安全作业前准备、现场作业、作业后维护等。该标准适用于四旋翼植保无人机，八旋翼植保无人机可参照执行。

（9）《农用植保无人机技术要求及测试方法》（T/JSAMIA 2—2017）。该标准规定了农用植保无人机的术语和定义、缩略语、技术要求和测试方法。该标准适用于农用植保无人机的设计和制造、推广前的性能测试及使用中的性能监测。

3. 地方标准

（1）《无人机用锂离子电池组技术要求》（DB44/T 1885－2016）。该标准规定了无人机用可充电锂离子电池组的术语和定义、技术要求、试验方法、型式检验、标志、包装、运输、储存等。该标准适用于航拍、植保、消防等民用无人机用锂离子电池组。

（2）《农业植保无人机安全作业规范》（DB1301/T 518—2024）。该标准规定了农业植保无人机的总体要求、作业前、作业中、作业后的要求。该标准适用于旋翼农业植保无人机安全作业。

（3）《植保无人机航化作业施药技术规程》（DB22/T 3364—2022）。该标准确立了植保无人机航化作业施药技术的程序，规定了作业基本条件、规划作业、作业前准备施药技术、植保无人机维护、防治效果检查等阶段的操作指示，描述了记录与档案等追溯方法。该标准适用于植保无人机开展农作物病虫害施药作业。

（4）《水土流失动态监测野外核查无人机应用技术规程》（DB41/T 2080—2020）。该标准规定了水土流失动态监测野外核查无人机应用总体要求、无人机与载荷类型、作业前准备、现场作业、现场作业后工作、数据处理与成果、无人机操作及辅助人员、紧急事故处理等。该标准适用于水土流失动态监测野外核查无人机操作应用。

（5）《植保无人机田间试验技术规范》（DB41/T 2098—2021）。该标准规定了植保无人机田间喷雾及药效试验的试验项目、试验条件、试验设计、试验记录、调查方法和分析评价等。该标准适用于植保无人机田间喷雾及药效试验。

（6）《滇池湖滨地表特征无人机遥感调查规程》DB5301/T 74—2022）。该标准从无人机遥感影像数据采集、处理、解译、成果输出、成果应用等方面规定了滇池湖滨地表特征无人机遥感调查的要求、原则和基本方法。该标准适用于滇池湖滨地表特征的调查及监测，昆明市域内其他湖库湖滨带的地表特征调查可参照本标准。

（7）《作物生长多旋翼无人机监测技术规程》（DB32/T 4141—2021）。该标准规定了作物生长多旋翼无人机监测的适用范围、设备、设备安装、测量方法、现场检测及质量评定等内容。该标准适用于稻麦冠层归一化植被指数、比值植被指数、叶面积指数、叶层氨含量、叶层氮积累量及叶干重无损监测诊断。

（8）《基于无人机多光谱影像的水稻叶瘟病病情诊断技术规程》（DB23/T 3229—2022）。该标准规定了基于无人机多光谱影像诊断水稻叶瘟病病情的范围、规范性引用文件、术语和定义、基本要求、诊断处理流程、数据获取预处理、发生程度识别、面积量算和专题产品制作。该标准适用于水稻叶瘟病病情的无人机多光谱影像诊断。

4. 团体标准

（1）《无人机综合验证场一般要求》（T/CAGIS 4—2021）。该标准规定了无人机综合验证场的等级划分，以及各等级验证场的场地条件、系统设备、实验检校配置、专业人员配置等要求。该标准适用于遥感与测绘无人机综合验证场的设计、建设和评估。其他应用领域的无人机验证场可参考使用。

（2）《民用无人机驾驶员合格评定规则》（T/AOPA 0008—2019）。该标准是由中国航空器有者及驾驶员协会按照相关法律、法规及规范性文件负责管理视距内运行的空机重量大于 7 kg 以及在隔离空域超视距运行的无人机驾驶员的人员资质。该标准适用于协会无人机管理办公室对民用无人机驾驶员合格证的颁发和管理工作。

（3）《无人机编队表演安全运营通用要求》（T/SHUAV 1—2021）。该标准规定了无人机编队表演安全运营的术语和定义、运营企业资质和运营条件、运营服务类型划分、运营服务要求及运营保障要求。该标准适用于使用无人机开展编队表演的运营服务及管理活动。其他无人机服务可参考执行。

（4）《消防用多旋翼无人机系统技术要求》（T/SZUAVIA 005—2017）。该标准规定了消防用多旋翼；无人机系统的术语和定义、功能要求、性能要求，环境适应性、安全性、电磁放容，是设计、制造和检验消防用多旋翼元人机系统的基本依据。该标准适用于消防用多旋翼元人机系统的设计、制造、运输、贮存、使用等过程。

（5）《无人机用锂电池通用技术要求》（T/CASME XXX—2024）。该标准规定了无人机用锂电池的技术要求和试验方法。该标准适用于无人机用锂电池的制造和检验。

（6）《电力行业无人机巡检作业人员培训考核规范》（T/CEC 193—2018）。该标准规定了电力行业从事无人机巡检作业人员的能力标准及能力评价大纲、能力等级证书及有效期。该标准也是无人机巡检作业人员培训应达到的能力标准。适用于应用旋翼无人机和固定翼无人机对电力架空输电线路、架空配电线路和变电一次设备开展巡检作业人员的能力标准及能力等级的评价工作。

（7）《输变电工程无人机航空摄影测量技术应用导则》（T/CEC 5020—2020）。该标准规定了无人机航空摄影测量技术在输变电工程中应用的作业方法、精度指标和技术要求等。该标准适用于 220 kV 及以上电压等级输变电工程勘测设计阶段无人机摄影测量工作。输变电工程应用无人机航空摄影测量技术除应执行本标准外，同时应符合国家、行业现行有关法律法规及技术标准的规定。

### 7.2.1.2 销售管理规定

在销售环节也有一系列严格的管理规定。销售商必须从合法渠道采购无人机产品，确保所销售的无人机具有合法的来源和质量保证。同时，销售商有义务向消费者提供产品的相关信息，包括产品的性能、使用方法、安全注意事项以及相关的法律法规要求等。

为了加强对无人机销售的管理，一些地区实行了销售登记制度。销售商在销售无人机时，需要对购买者的身份信息进行登记，包括姓名、联系方式、身份证号码等，以便监管部门能够及时掌握无人机的销售情况和流向。此外，对于一些特定类型的无人机，如大型商用无人机，销售商还需要对购买者的资质进行审核，确保购买者具备相应的操作能力和资质条件。

《无人驾驶航空器飞行管理暂行条例》第九条规定：民用无人驾驶航空器系统生产者应当按照国务院工业和信息化主管部门的规定为其生产的无人驾驶航空器设置唯一产品识别码。微型、轻型、小型民用无人驾驶航空器系统的生产者应当在无人驾驶航空器机体标注产品类型以及唯一产品识别码等信息，在产品外包装显著位置标明守法运行要求和风险警示。

《民用无人驾驶航空器生产管理若干规定》第六条规定：民用无人驾驶航空器生产者应当在民用无人驾驶航空器投放市场前，将唯一产品识别码信息报工业和信息化部备案，但用于测试飞行以及组装、拼装的民用无人驾驶航空器，应当在首次飞行前将唯一产品识别码信息报工业和信息化部备案。

《浙江省无人驾驶航空器公共安全管理规定》第十条规定：无人驾驶航空器销售者应当向购买者正确介绍使用方法和安全注意事项，并告知购买者进行实名登记。无人驾驶航空器操控人员应当具有相应知识和技能。鼓励无人驾驶航空器所有者购买无人驾驶航空器第三者责任险。

## 7.2.2 用户资质与飞行活动监管

### 7.2.2.1　用户资质要求

不同类型和用途的无人机对用户资质有不同的要求。对于轻型、微型无人机，一般情况下，个人用户只需通过在线理论学习和考核，获得相应的操控员合格证，即可合法使用。这种合格证的获取相对较为简便，主要是为了满足个人娱乐和简单应用的需求。

而对于从事商业运营、专业作业等复杂飞行活动的无人机用户，如进行商业航拍、物流配送、电力巡检等任务，则需要具备更高等级的资质。这些用户必须参加由中国民用航空局认可的专业培训机构组织的系统培训，包括理论学习和实践操作。理论学习涵盖航空动力学、气象学、导航原理、无人机系统组成与维护等专业知识；实践操作则要求用户在模拟飞行和实际飞行中，熟练掌握各种飞行技能和应急处置能力。经过严格的考核后，用户才能获得相应的商用驾驶员执照。

### 7.2.2.2　飞行活动限制与审批

为了保障航空安全和公共安全，对无人机的飞行活动进行了严格的限制。无人机不得在机场净空保护区、军事管理区、国家重点机构、大型活动场所、人口密集区域等敏感地带飞行。在其他区域飞行时，也需要遵守相关的飞行高度、速度和距离等限制规定。

对于一些特殊的飞行活动，如在管制空域内飞行、进行大型商业活动的无人机表演等，用户必须提前向相关部门提出申请，经过审批后方可进行。申请时，用户需要提交详细的飞行计划，包括飞行时间、飞行路线、飞行高度、无人机型号等信息，以及相关的安全保障措施和应急预案。相关部门会对申请进行严格审核，确保飞行活动符合安全要求和法律法规规定。

### 7.2.3 与其他航空器的协调

随着无人机的广泛应用，无人机与其他航空器之间的协调问题日益突出。为了避免无人机与其他航空器之间发生冲突，保障空域的安全和有序运行，需要建立有效的协调机制。

一方面，无人机用户在飞行前需要了解该空域内其他航空器的飞行活动情况，合理规划飞行路线和时间，避免与其他航空器发生冲突；另一方面，相关部门也加强了对空域的统一管理和协调，通过建立空域信息共享平台、加强飞行活动的审批和监管等措施，确保无人机与其他航空器之间能够安全、有序地共享空域资源。

《无人驾驶航空器飞行管理暂行条例》第二十三条规定：国家空中交通管理领导机构统筹建设无人驾驶航空器一体化综合监管服务平台，对全国无人驾驶航空器实施动态监管与服务。

第二十四条规定：除微型以外的无人驾驶航空器实施飞行活动，操控人员应当确保无人驾驶航空器能够按照国家有关规定向无人驾驶航空器一体化综合监管服务平台报送识别信息。微型、轻型、小型无人驾驶航空器在飞行过程中应当广播式自动发送识别信息。

第三十七条规定：国家空中交通管理领导机构应当组织有关部门、单位在无人驾驶航空器一体化综合监管服务平台上向社会公布审批事项、申请办理流程、受理单位、联系方式、举报受理方式等信息并及时更新。

第二十二条规定：无人驾驶航空器通常应当与有人驾驶航空器隔离飞行。

第三十二条规定：操控无人驾驶航空器实施飞行活动，应当遵守下列行为规范：(1) 依法取得有关许可证书、证件，并在实施飞行活动时随身携带备查；(2) 实施飞行活动前做好安全飞行准备，检查无人驾驶航空器状态，并及时更新电子围栏等信息；(3) 实时掌握无人驾驶航空器飞行动态，实施需经批准的飞行活动应当与空中交通管理机构保持通信联络畅通，服从空中交通管理，飞行结束后及时报告；(4) 按照国家空中交通管理领导机构的规定保持必要的安全间隔；(5) 操控微型无人驾驶航空器的，应当保持视距内飞行；(6) 操控小型无人驾驶航空器在适飞空域内飞行的，应当遵守国家空中交通管理领导机构关于限速、通信、导航等方面的规定；(7) 在夜间或者低能见度气象条件下飞行的，应当开启灯光系统并确保其处于良好工作状态；(8) 实施超视距飞行的，应当掌握飞行空域内其他航空器的飞行动态，采取避免相撞的措施；(9) 受到酒精类饮料、麻醉剂或者其他药物影响时，不得操控无人驾驶航空器；(10) 国家空中交通管理领导机构规定的其他飞行活动行为规范。

第三十三条规定：操控无人驾驶航空器实施飞行活动，应当遵守下列避让规则：(1) 避让有人驾驶航空器、无动力装置的航空器以及地面、水上交通工具；(2) 单架飞行避让集群飞行；(3) 微型无人驾驶航空器避让其他无人驾驶航空器；(4) 国家空中交通管理领导机构规定的其他避让规则。

《民用无人驾驶航空器运行安全管理规则》第 92.521 条规定：空域被监视能力：运行人应当确保其使用的民用无人驾驶航空器按照局方相关要求向民用无人驾驶航空器综合管理平台报送身份和飞行动态数据，且在运行时不得关闭报送功能；运行人应当确保其使用的微型、轻型、小型民用无人驾驶航空器按照局方相关要求广播身份和飞行动态数据。

第 92.515 条规定：局方确定承担相应职责的单位应当在民用无人驾驶航空器综合管理平台上发布全国范围的管制空域信息；民用无人驾驶航空器航行服务提供方应当在其服务系统上发布其服务范围内的管制空域信息，信息内容应当与民用无人驾驶航空器综合管理平台保持一致；经空中交通管理机构批准的临时管制空域，有关无人驾驶航空器航行服务提供方应当在其服务系统上发布该信息，并与民用无人驾驶航空器综合管理平台同步。

此外，一些地区还开展了无人机与有人机的协同飞行试验，探索无人机与有人机在空域内的协同运行模式和技术方法，为未来无人机与其他航空器的协调发展提供经验和借鉴。

例如，《无人驾驶航空器飞行管理暂行条例》第二十二条规定：属于下列情形之一的，经空中交通管理机构批准，可以进行融合飞行：

(1) 根据任务或者飞行课目需要，警察、海关、应急管理部门辖有的无人驾驶航空器与本部门、本单位使用的有人驾驶航空器在同一空域或者同一机场区域的飞行。

(2) 取得适航许可的大型无人驾驶航空器的飞行。

(3) 取得适航许可的中型无人驾驶航空器不超过真高 300 m 的飞行。

(4) 小型无人驾驶航空器不超过真高 300 m 的飞行。

(5) 轻型无人驾驶航空器在适飞空域上方不超过真高 300 m 的飞行。

属于下列情形之一的，进行融合飞行无需经空中交通管理机构批准：

(1) 微型、轻型无人驾驶航空器在适飞空域内的飞行。

(2) 常规农用无人驾驶航空器作业飞行活动。

# 7.3　无人机应急处置法律制度

## 7.3.1　应急预案制定

### 7.3.1.1　不同主体的预案要求

针对无人机可能引发的突发事件，不同主体需要制定相应的应急预案。政府部门作为监管主体，需要制定全面的应急预案，涵盖无人机突发事件的预防、监测、预警、应急处置和恢复等各个环节。政府部门的应急预案应明确各部门的职责分工、应急响应流程、资源调配机制以及与其他相关部门的协同配合机制等，确保在突发事件发生时能够迅速、有效地开展应急处置工作。

《民用无人驾驶航空器系统空中交通管理办法》第三条规定：中国民用航空局指导监督全国民用无人驾驶航空器系统空中交通管理工作，地区管理局负责本辖区内民用无人驾驶航空器系统空中交通服务的监督和管理工作。

第七条规定：空管保障措施包括：使用空域范围和时间、管制程序、间隔要求、协调通报程序、应急预案等。

第十一条规定：隔离空域由空管单位会同运营人划设。划设隔离空域应综合考虑民用无人驾驶航空器通信导航监视能力、航空器性能、应急程序等因素，并符合下列要求：

（1）隔离空域边界原则上距其他航空器使用空域边界的水平距离不小于 10 km。

（2）隔离空域上下限距其他航空器使用空域垂直距离 8 400 m（含）以下不得小于 600 m，8 400 m 以上不得小于 1 200 m。

第十三条规定：空管单位发现民用无人驾驶航空器脱离隔离空域时，应当防止与其他航空器发生冲突，通知运营人采取相关措施，并向相关管制单位通报。空管单位应当同时向民用无人驾驶航空器和隔离空域附近运行的其他航空器提供服务。在空管单位和民用无人驾驶航空器系统驾驶员之间应建立可靠的通信。空管单位应为民用无人驾驶航空器指挥与控制链路失效、民用无人驾驶航空器避让侵入的航空器等紧急事项设置相应的应急工作程序。

《无人驾驶航空器飞行管理暂行条例》第三十九条规定：空中交通管理机构、民用航空管理部门以及县级以上公安机关应当制定有关无人驾驶航空器飞行安全管理的应急预案，定期演练，提高应急处置能力。县级以上地方人民政府应当将无人驾驶航空器安全应急管理纳入突发事件应急管理体系，健全信息互通、协同配合的应急处置工作机制。

第三十八条规定：任何单位或者个人发现违反本条例规定行为的，可以向空中交通管理机构、民用航空管理部门或者当地公安机关举报。收到举报的部门、单位应当及时依法作出处理；不属于本部门、本单位职责的，应当及时移送有权处理的部门、单位。

无人机运营企业也需要制定自己的应急预案。企业的应急预案应根据自身的业务特点和实际情况，针对可能出现的无人机故障、失控、坠落等突发事件，制定具体的应急处置措施。

例如，企业应明确在突发事件发生时，操作人员应采取的紧急操作步骤，如启动自动返航程序、迫降等；同时，企业还应制定人员疏散、现场保护、事故报告等相关措施，确保在最短时间内控制局面，减少事故损失。

《民用无人驾驶航空器系统空中交通管理办法》第十三条规定：驾驶员应当持续监视民用无人驾驶航空器飞行；当驾驶员发现民用无人驾驶航空器脱离隔离空域时，应向相关空管单位通报。

《无人驾驶航空器飞行管理暂行条例》第二十五条规定：组织无人驾驶航空器飞行活动的单位或者个人应当遵守有关法律法规和规章制度，主动采取事故预防措施，对飞行安全承担主体责任。第三十九条规定：无人驾驶航空器系统的设计者、生产者，应当确保无人驾驶航空器具备紧急避让、降落等应急处置功能，避免或者减轻无人驾驶航空器发生事故时对生命财产的损害。使用无人驾驶航空器的单位或者个人应当按照有关规定，制定飞行紧急情况处置预案，落实风险防范措施，及时消除安全隐患。

第四十条规定：无人驾驶航空器飞行发生异常情况时，组织飞行活动的单位或者个人应当及时处置，服从空中交通管理机构的指令；导致发生飞行安全问题的，组织飞行活动的单位或者个人还应当在无人驾驶航空器降落后 24 h 内向空中交通管理机构报告有关情况。

此外，一些涉及无人机使用的重要场所，如机场、大型活动场馆等，也需要制定专门的应急预案。这些场所的应急预案应重点考虑无人机对场所安全和人员安全的影响，制定相应的防范和应急处置措施。例如，机场的应急预案应包括对无人机闯入净空保护区的监测、预警和应急处置措施，确保航班的正常起降和航空安全。

第四十一条规定：对空中不明情况和无人驾驶航空器违规飞行，公安机关在条件有利时可以对低空目标实施先期处置，并负责违规飞行无人驾驶航空器落地后的现场处置。有关军事机关、公安机关、国家安全机关等单位按职责分工组织查证处置，民用航空管理等其他有关部门应当予以配合。

第四十二条规定：无人驾驶航空器违反飞行管理规定、扰乱公共秩序或者危及公共安全的，空中交通管理机构、民用航空管理部门和公安机关可以依法采取必要技术防控、扣押有关物品、责令停止飞行、查封违法活动场所等紧急处置措施。

#### 7.3.1.2　预案内容要素

一个完整的无人机应急预案应包括以下内容要素：

（1）应急组织机构和职责。明确应急指挥机构、各成员单位的职责分工和联系方式，确保在突发事件发生时能够迅速组建应急指挥体系，高效开展应急处置工作。

（2）监测与预警。建立健全无人机突发事件的监测机制，及时收集和分析相关信息，对可能发生的突发事件进行预警。同时，明确预警的发布渠道、方式和级别，以便相关人员能够及时采取应对措施。

（3）应急响应流程。制定详细的应急响应流程，包括事件报告、应急启动、现场处置、救援行动、扩大应急等环节。明确各环节的责任主体、工作内容和时间要求，确保应急响应工作的有序进行。

（4）应急资源保障。确定应急处置所需的资源，如人员、设备、物资等，并制定相应的资源调配机制。确保在突发事件发生时，能够及时调配所需资源，满足应急处置工作的需要。

（5）后期处置。包括事故调查、损失评估、恢复重建等内容。明确事故调查的责任主体和程序，对事故造成的损失进行评估，制订恢复重建计划，总结经验教训，提出改进措施，防止类似事件再次发生。

## 7.3.2 应急处置措施

### 7.3.2.1 现场应对与控制

当无人机突发事件发生时，现场人员应立即采取措施进行应对和控制。首先，要确保现场人员的安全，及时疏散周围群众，设置警戒区域，防止无关人员进入危险区域。

例如，《无人驾驶航空器飞行管理暂行条例》第四十条规定：无人驾驶航空器飞行发生异常情况时，组织飞行活动的单位或者个人应当及时处置，服从空中交通管理机构的指令；导致发生飞行安全问题的，组织飞行活动的单位或者个人还应当在无人驾驶航空器降落后 24 h 内向空中交通管理机构报告有关情况。

对于失控或出现故障的无人机，操作人员应尝试采取紧急操作措施，如启动自动返航程序、迫降等，尽量避免无人机造成更大的危害。如果无人机已经造成人员伤亡或财产损失，应立即组织救援力量，对受伤人员进行救治，对受损财产进行保护和清理。

同时，现场人员应及时向相关部门报告事件情况，包括无人机的型号、飞行状态、事故地点、人员伤亡和财产损失等信息，以便相关部门能够迅速做出决策，开展应急处置工作。

例如，《轻小无人机运行规定》（试行）第 4.1.1 条规定：在飞行中遇有紧急情况时：

①机长必须采取适合当时情况的应急措施。

②在飞行中遇到需要立即处置的紧急情况时，机长可以在保证地面人员安全所需要的范围内偏离本咨询通告的任何规定。

第 4.1.2 条规定：如果在危及地面人员安全的紧急情况下必须采取违反当地规章或程序的措施，机长必须毫不迟疑地通知有关地方当局。

第 4.2 条规定：机长必须负责以可用的、最迅速的方法将导致人员严重受伤或死亡、地面财产重大损失的任何航空器事故通知最近的民航及相关部门。

第 12.3.1 条规定：出现无人机失控的情况，机长应该执行相应的预案，包括：①无人机应急回收程序；②对于接入无人机云的用户，应在系统内上报相关情况；③对于未接入无人机云的用户，联系相关空管服务部门的程序，上报遵照以上程序的相关责任人名单。

#### 7.3.2.2　信息收集与通报

在应急处置过程中，信息收集和通报至关重要。相关部门应及时收集无人机突发事件的相关信息，包括无人机的飞行轨迹、通信信号、气象条件等，以便分析事件原因，制定应对策略。

同时，要建立健全信息通报机制，及时将事件的相关信息通报给其他相关部门、单位和公众。对于可能影响公众安全的事件，要及时发布预警信息，提醒公众注意安全。在事件处置过程中，要及时向公众通报事件的进展情况和处置结果，保障公众的知情权。

### 7.3.3　事后处理与责任追究

#### 7.3.3.1　事故调查与评估

无人机突发事件发生后，相关部门应及时组织事故调查。事故调查的目的是查明事件的原因、经过和损失情况，确定事故责任，总结经验教训，提出改进措施。

事故调查应遵循科学、公正、实事求是的原则，由专业的调查人员组成调查组，开展调查工作。调查组应收集相关证据，包括无人机的残骸、飞行数据、通信记录、现场照片和视频等，对事故进行全面、深入的分析。

在事故调查的基础上，还需要对事故造成的损失进行评估。损失评估包括人员伤亡、财产损失、环境影响等方面的评估，为后续的赔偿和恢复重建工作提供依据。

#### 7.3.3.2　责任认定与处罚

根据事故调查的结果，对相关责任主体进行责任认定。责任主体包括无人机驾驶员、制造商、销售商、运营企业以及相关监管部门等。

如果事故是由于无人机驾驶员的操作失误或违规飞行造成的，驾驶员应承担相应的法律责任。根据违法情节的轻重，驾驶员可能面临罚款、暂扣或吊销资质等行政处罚，甚至可能被追究刑事责任。

《无人驾驶航空器飞行管理暂行条例》第四十二条规定：无人驾驶航空器违反飞行管理规定、扰乱公共秩序或者危及公共安全的，空中交通管理机构、民用航空管理部门和公安机关可以依法采取必要技术防控、扣押有关物品、责令停止飞行、查封违法活动场所等紧急处置措施。

如果无人机存在质量缺陷，导致事故发生，制造商和销售商应承担产品质量责任。他们可能需要召回问题产品，赔偿受害者的损失，并接受相应的行政处罚。如果因质量问题造成严重后果，相关责任人还可能被追究刑事责任。

第五十四条规定：生产、改装、组装、拼装、销售和召回微型、轻型、小型民用无人驾驶航空器系统，违反产品质量或者标准化管理等有关法律法规的，由县级以上人民政府市场监督管理部门依法处罚。

对于运营企业，如果在无人机的使用和管理过程中存在违规行为或管理不善，导致事故发生，企业应承担相应的法律责任。企业可能面临罚款、责令停产停业等行政处罚，情节严重的，还可能吊销营业执照。

第五十一条规定：组织飞行活动的单位或者个人违反本条例第三十二条、第三十三条规定的，由民用航空管理部门责令改正，可以处1万元以下的罚款；拒不改正的，处1万元以上5万元以下的罚款，并处暂扣运营合格证、操控员执照1个月至3个月；情节严重的，由空中交通管理机构责令停止飞行6个月至12个月，由民用航空管理部门处5万元以上10万元以下的罚款，并可以吊销相应许可证件，2年内不受理其相应许可申请。

此外，如果监管部门在无人机的监督管理过程中存在监管不力、执法不严等问题，导致事故发生，监管部门也应承担相应的责任。监管部门应反思自身工作中的不足，改进监管措施，加强对无人机的监管力度。

第五十五条规定：违反本条例规定，有关部门、单位及其工作人员在无人驾驶航空器飞行以及有关活动的管理工作中滥用职权、玩忽职守、徇私舞弊或者有其他违法行为的，依法给予处分。

## 7.4 高职无人机专业教学中相关法律的融入

### 7.4.1 课程设置调整

在高职无人机专业的课程设置中，应增加无人机监督管理和应急处置法律相关课程。这些课程可以包括“无人机法律法规”“无人机安全与应急管理”等，系统地向学生传授无人机相关的法律法规知识和应急处置技能。

课程内容应涵盖无人机生产、销售、使用等各个环节的法律法规要求，以及无人机应急处置的原则、方法和流程等。通过课程学习，学生了解无人机行业的法律环境，掌握无人机安全飞行和合法运营的基本要求，增强法律意识和安全意识。

同时，在其他专业课程中，也应融入相关的法律知识。例如，在“无人机操控技术”课程中，讲解无人机飞行操作规范时，应强调遵守法律法规的重要性；在“无人机应用技术”课程中，结合不同的应用场景，介绍相关的法律限制和要求。通过这种方式，学生在学习专业知识的同时，能够潜移默化地接受法律教育。

### 7.4.2 教学方法创新

为了提高学生对无人机监督管理和应急处置法律知识的学习兴趣和效果，需要创新教学方法。

采用案例教学法，通过实际案例分析，引导学生深入理解法律法规的具体应用。

例如，选取一些典型的无人机违法飞行案例、事故案例等，让学生分析案例中涉及的法律问题、责任认定和处理结果，培养学生运用法律知识解决实际问题的能力。

开展模拟演练教学，设置各种无人机应急处置场景，让学生模拟扮演不同的角色，如应急指挥人员、无人机驾驶员、救援人员等，进行应急处置演练。通过模拟演练，学生亲身体验应急处置的过程，熟悉应急处置的流程和方法，提高应急处置能力和团队协作能力。

此外，还可以邀请行业专家、法律专业人士等来校举办讲座，介绍无人机行业的最新法律法规动态和实际应用经验，拓宽学生的视野。同时，组织学生开展小组讨论、法律知识竞赛等活动，激发学生的学习积极性和主动性。

### 7.4.3 实践教学强化

实践教学是高职教育的重要环节，在无人机专业实践教学中，应强化相关法律知识的应用。

在无人机实训课程中，设置各种与法律相关的实践任务。

例如，要求学生在进行无人机飞行训练前，按照法律法规要求，进行空域申请、飞行计划制订等；在飞行过程中，严格遵守飞行规则和安全要求，确保飞行活动合法合规。

通过实践操作，学生将法律知识转化为实际行动，提高法律应用能力。

组织学生参加实际的无人机项目，如商业航拍、物流配送等，让学生在项目实践中了解和遵守相关的法律法规。在项目实施过程中，指导学生制定项目方案，明确项目实施过程中的法律风险和应对措施，确保项目的顺利进行。

此外，还可以与相关企业和机构合作，建立校外实习基地，让学生在真实的工作环境中学习和实践。实习期间，企业导师可以指导学生了解企业的运营管理流程和相关的法律法规要求，让学生在实践中不断提高自己的法律素养。

通过全程实战演练，学生将法律知识内化为职业素养与操作习惯，为未来职业生涯筑牢坚实基础。

### 7.4.4 师资队伍建设

教师是实现教学与法律实践融合的关键。高职院校应加强师资队伍建设，打造一支既具备扎实的无人机专业知识，又熟悉相关法律法规的“双师型”教师队伍。

一方面，鼓励教师参加相关的法律培训和进修课程，提升自身的法律素养。学校可以定期组织教师参加中国民用航空局举办的民用无人机法规培训班、参加法律专业的研讨会或学术讲座等，让教师及时了解最新的法律法规动态和行业发展趋势，更新知识结构。例如，安排教师参加关于无人机新兴应用领域法律法规解读的培训，使教师能够将最新的法律知识传授给学生。

另一方面，引进具有丰富行业经验的企业专家和法律专业人士担任兼职教师。企业专家可以分享实际工作中的案例和经验，让学生了解行业的实际需求和法律应用情况。例如，邀请在无人机物流配送领域工作多年的企业专家，为学生讲述在实际配送过程中如何遵守空域管理规定、处理突发情况等。法律专业人士则可以从专业法律角度为学生解读法规条文，分析法律问题，拓宽学生的法律视野。通过专兼职教师的共同努力，为学生提供更加全面、深入的教学内容，帮助学生更好地掌握无人机专业知识和相关法律知识。

### 7.4.5 考核评价体系完善

建立科学合理的考核评价体系是确保教学与法律实践融合效果的重要保障。改革传统的考核方式，不再仅仅以理论考试成绩作为评价学生的唯一标准，而是综合考量学生的理论知识掌握程度、实践操作能力、法律意识和职业素养等多个方面。

在理论考核中，增加与法律法规相关的题目占比，考查学生对民用无人机驾驶员管理法律制度的理解和应用能力。

> 例如，设置案例分析题，让学生根据给定的案例，分析其中涉及的违法违规行为，并提出正确的处理方法。同时，也可以设置一些关于法规条文细节的选择题或填空题，检验学生对法律知识的记忆和理解。

在实践考核中，注重考查学生在实际操作中是否遵守法律法规。

> 例如，在模拟飞行考核中，设置违规场景，观察学生的应对措施，查看学生是否能够及时发现并纠正违规行为，确保飞行安全。对于在实践操作中严格遵守法律法规的学生，给予较高的评价；对于出现违规行为的学生，要指出问题所在，并要求其进行整改。

此外，对学生的职业素养和法律意识进行评价。可以通过学生在小组项目中的表现、对法律问题的讨论参与度、日常行为中的合规意识等方面进行综合评估。

> 例如，观察学生在小组项目中是否积极主动地遵守法律规范，是否能够提出合理的法律建议；在课堂讨论中，看学生对法律问题的分析是否准确、深入，是否能够运用所学的法律知识解决实际问题。对于在法律实践方面表现优秀的学生，给予适当的奖励和表彰，激励学生积极学习和遵守法律法规。

通过以上课程体系优化、实训教学强化、师资队伍建设和考核评价体系完善等多方面的策略，实现高职无人机专业教学与法律实践的深度融合，培养出既具备扎实专业技能，又具有强烈法律意识和职业素养的高素质民用无人机专业人才，为我国民用无人机产业的健康发展提供有力的人才支撑。

## 7.5　无人机监督管理和应急处置法律教学项目

### 项目描述

本项目专注于无人机监督管理和应急处置相关法律知识的教学，面向高职学生。教师通过课堂讲授、案例研究、模拟执法与应急演练等方式，让学生全面掌握无人机从日常监管到紧急状况下处置的法律规范。旨在培养学生运用法律手段解决实际问题的能力，使其在未来相关工作中，能够依法依规对无人机进行有效监督管理，并妥善应对各类突发情况。

### 项目目标

#### 知识目标

（1）学生能够系统阐述无人机监督管理和应急处置涉及的主要法律法规，如《无人驾驶航空器飞行管理暂行条例》中关于监管与应急的条款，以及相关的地方性法规。

（2）准确理解无人机日常监督管理的流程和要求，包括登记备案、飞行监管、违规查处等环节的法律规定。

（3）深入掌握无人机应急处置的法律依据，如紧急情况下的飞行限制、救援行动中的法律授权与责任界定等。

#### 能力目标

（1）具备分析实际案例中无人机监督管理和应急处置法律问题的能力，能够依据法律条文准确判断行为的合法性，并提出合理的解决措施。

（2）能够根据不同场景，制定符合法律规定的无人机监督管理方案，包括监管计划、检查流程等。

（3）在模拟应急演练中，能够按照法律规定组织实施应急处置行动，协调各方资源，保障应急救援工作合法、有序进行。

思政目标

（1）强化学生的法治观念，使其深刻认识到法律在规范无人机行业、保障公共安全中的重要作用，从而自觉遵守和维护法律权威。

（2）培养学生的责任意识和担当精神，在面对无人机监管和应急处置任务时，能够积极履行职责，保护公众利益。

（3）激发学生的创新思维，鼓励学生在合法合规的前提下，探索优化无人机监督管理和应急处置机制的方法，推动行业发展。

## 任务一　无人机监督管理和应急处置法律资料收集

### 任务描述

学生以小组为单位，通过网络搜索、图书馆查阅、政府部门官网查询等途径，收集我国无人机监督管理和应急处置相关的法律法规、政策文件、技术标准等资料，并进行分类整理，制作成电子文档。

### 任务学习

知识点：信息检索技巧、法律资料分类方法、无人机监管与应急法律体系构成。

### 任务实施

（1）小组内分工明确，确定负责不同信息源收集的成员。

（2）利用两周时间广泛收集资料，对资料进行筛选、标注关键信息。

（3）按照法律法规、政策文件、技术标准等类别进行电子文档制作，建立索引方便查阅。

## 任务二　典型案例分析研讨

### 任务描述

教师提供一系列涵盖无人机监督管理和应急处置的真实案例，包括合法监管案例、违规处置案例以及应急救援成功与失败案例等。学生分组对案例进行深入分析，找出案例中的法律问题，依据相关法律规定进行解读，分析案例中行为的法律后果，并提出改进建议。各小组制作 PPT 进行案例汇报，全班共同讨论。

### 任务学习

知识点：无人机监督管理法律条款应用、应急处置法律责任认定、案例分析方法。

**任务实施**

（1）教师提前发放案例资料，学生分组研读案例，梳理案件关键信息。

（2）小组内讨论分析，确定涉及的法律条文，撰写案例分析报告，制作 PPT。

（3）各小组进行 15～20 min 的案例汇报，汇报后全班进行 30～40 min 的讨论，教师引导学生深入思考案例中的法律问题。

## 任务三　模拟无人机监督执法

**任务描述**

设置模拟执法场景，如对无人机飞行区域的日常巡查、对违规飞行行为的查处等。部分学生扮演执法人员，依据无人机监督管理法律规定进行执法行动，包括现场检查、证据收集、违规处理等；另一部分学生扮演无人机所有者或操作者，模拟实际场景中的应对反应。活动结束后，进行角色互换，并对模拟执法过程进行总结反思。

**任务学习**

知识点：无人机监督执法程序、法律适用、沟通技巧、执法文书制作。

**任务实施**

（1）教师准备好模拟执法场景的背景资料、道具以及相关执法文书模板，学生分组进行角色分配。

（2）每组进行 45～60 min 的模拟执法活动，严格按照执法程序操作。

（3）角色互换后再次模拟，活动结束后，小组内总结执法过程中的优点与不足，教师进行点评。

## 任务四　无人机应急处置方案制定与演练

**任务描述**

设定不同类型的无人机应急场景，如无人机坠落伤人、无人机干扰重要设施运行等。学生分组制定相应的应急处置方案，方案需依据相关法律规定，明确应急响应流程、各部门职责、处置措施等内容。然后进行模拟应急演练，检验方案的可行性。演练结束后，对方案进行优化完善。

**任务学习**

知识点：无人机应急处置法律依据、应急方案制定原则与方法、团队协作与应急指挥。

## 任务实施

（1）教师给出应急场景设定，学生分组讨论制定应急处置方案。

（2）各小组进行模拟应急演练，演练过程中严格按照方案执行，记录出现的问题。

（3）演练结束后，小组内对方案进行评估和优化，形成最终的应急处置方案报告。

## 项目总结与评估

1. 总结

项目结束后，组织学生进行项目总结汇报，分享在项目实施过程中的收获、遇到的问题及解决方法。教师对整个项目进行总结，强调重点知识和关键能力，对学生在项目中的表现进行整体评价。

2. 评估

采用多元化的评估方式，包括小组互评、学生自评及教师评价。评估内容涵盖知识掌握程度、能力提升情况、团队协作表现、思政目标达成情况等。具体评估指标如下：

（1）知识考核。通过项目过程中的提问、案例分析报告、最终的知识测验等方式，评估学生对无人机监督管理和应急处置法律知识的掌握程度。分数占总成绩的40％。

（2）能力评估。根据学生在模拟执法、应急方案制定与演练等任务中的表现，评估其分析问题、解决问题、组织协调等能力。分数占总成绩的40％。

（3）思政表现。观察学生在项目实施过程中的法治观念、责任意识、创新思维等方面的表现，结合学生自评和小组互评，对思政目标达成情况进行评估。分数占总成绩的20％。

## 习　题

一、单选题

1. 无人机监督管理和应急处置法律制定的主要背景不包括（　　）。

A. 无人机数量快速增长　　B. 无人机违规飞行频发

C. 传统航空管理体系完全适用无人机　　D. 保障公共安全需求

2. 以下不属于我国无人机监督管理法律制度中的登记制度内容的是（　　）。

A. 实名登记　　B. 二维码标识

C. 无需登记小型民用无人机　　D. 登记信息变更申报

3. 在高职无人机专业教学中，以下不是融入相关法律的有效途径的是（　　）。

A. 开设专门法律课程　　B. 在实操课程中穿插法律讲解

C. 让学生自行查阅法律资料　　D. 举办法律知识讲座

## 二、多选题

1. 无人机应急处置法律制度中对无人机应急操作规范包括（　　）。

A. 明确飞行路线　　B. 规定操作流程

C. 要求操作人员具备相应资质　　D. 随意选择飞行时间

2. 无人机应急处置法律制度涉及（　　）。

A. 突发事件中无人机的调用　　B. 对违规应急操作无人机的处罚

C. 无人机应急救援的技术标准　　D. 应急状态下无人机飞行空域临时管理

## 三、判断题

1. 在高职无人机专业教学中融入相关法律，只是为了满足课程设置要求，对学生实际操作没有帮助。（　　）

2. 无人机监督管理法律制度的完善可以完全杜绝无人机违规飞行现象。（　　）

## 四、简答题

简述无人机监督管理法律制度中飞行限制区域的类别及意义。

## 五、案例分析题

某无人机爱好者在机场附近违规飞行，影响了民航客机正常起降。按照无人机监督管理法律，他可能面临哪些处罚？

## 六、论述题

结合实际，谈谈在高职无人机专业教学中融入无人机监督管理和应急处置法律的重要性及具体措施。

# 第8章 无人机社会风险及法律规制

## 8.1 无人机带来的社会风险全景审视

随着无人机产业和人工智能的高速发展，民用无人机的“黑飞”和“乱飞”现象严重干扰了我国正常的航空秩序，危害国家安全和公共安全，且对人们的日常生产生活也造成了一定的负面影响，侵犯公民的个人隐私等。

### 8.1.1 公共安全的直接威胁

无人机的广泛使用给公共安全带来了诸多直接威胁。

（1）无人机在人口密集区、交通枢纽、电力设施等区域违规飞行，可能造成人员伤亡和财产损失。

> 在人员密集场所，如大型演唱会、体育赛事现场以及城市中心的繁华街道，无人机一旦失控坠落，后果不堪设想。由于其机身材质多为金属或坚硬塑料，在高速坠落时，可能会对地面人员造成严重的身体伤害，甚至危及生命。而且，这些人员密集区域人群聚集，疏散难度大，无人机坠落引发的恐慌可能会导致人群混乱，进一步加剧安全风险。

（2）个人隐私的侵犯隐患。

随着无人机技术的发展，其携带的高清摄像和录音设备越来越先进，这使得无人机侵犯个人隐私的隐患日益凸显。

在日常生活中，无人机在规定空域内进行航拍执行任务时，不可避免飞经市区内公民的住宅、房屋、办公或商业街区等拍摄到公民的隐私，在系统传输的过程中，可能导致数据的泄露，从而对公民的肖像权和隐私权造成侵害。

无人机可能也会未经许可进入私人领域，如居民住宅的上空、私人庭院等，对居民的日常生活进行拍摄和监听。这些拍摄到的画面和录制的声音可能会被不法分子获取和利用，用于窥探他人隐私、进行敲诈勒索等违法活动，严重侵犯公民的隐私权。

（3）社会安全和稳定的威胁。

无人机的便捷性和隐蔽性使其可能被不法分子利用，用于非法运输违禁物品、间谍活动或协助盗窃等犯罪行为，严重威胁社会安全和稳定。

在边境地区，曾出现不法分子利用小型无人机隐蔽性强、低空飞行不易被察觉的特点，跨越边境线运输毒品、枪支零部件等违禁物品，此类行为不仅规避了传统的地面巡逻检查，还对边境安全造成极大冲击。此外，部分无人机被用于协助盗窃犯罪。有案例显示，不法分子通过无人机搭载摄像头侦察目标住宅的门窗位置、人员活动规律，甚至利用无人机携带小型工具破坏窗户锁具，为地面盗窃行动提供便利。此类行为严重侵犯了公民财产安全，破坏了社区的治安稳定。

### 8.1.2　军事和国家安全风险

无人机具备高清摄像和远距离传输功能，可能被用于非法活动，如侦察、擅闯敏感区域等，导致国防设施等重要部位被窃取泄密。这不仅会严重威胁国家安全，还可能引发严重的政治后果。

在一些敏感场所，如军事基地、政府机关、科研机构等，无人机的非法窥探可能会获取军事设施信息、干扰军事训练和作战行动，破坏军事平衡，并导致国家机密和敏感信息的泄露。这些场所通常涉及国家的安全和利益，无人机的非法接近和拍摄可能会获取到重要的军事部署、科研成果等信息，对国家的安全构成严重威胁。在国际层面可能引发国际安全问题，加剧国家间紧张局势。

### 8.1.3　数据泄露风险

无人机采集传输大量数据，在数据的存储、传输和共享环节可能存在泄露风险。

例如，在无人机传输飞行路径、拍摄的图像或视频等数据时，无线通信没有采用足够强的加密措施，其信号可能被恶意第三方使用专业的信号拦截设备捕获。同时无人机上一般会有存储拍摄数据的存储卡等存储设备。如果无人机丢失或被盗，存储在其中的数据就可能被窃取。无人机的控制软件和固件也有可能存在安全漏洞，不法分子可以利用这些漏洞来获取无人机的控制权，进而访问存储在无人机上的数据或者在数据传输过程中进行窃取。

### 8.1.4 航空安全威胁

无人机因其灵活性和多功能性在多个领域得到了广泛应用。然而，正是这些小型飞行器的普及，也给航空安全带来了新的威胁。

机场净空保护区是保障民航客机安全起降的关键区域，然而无人机非法闯入这一区域的事件却屡有发生。无人机的出现会干扰民航客机的正常飞行，影响飞机的导航系统和通信设备，增加飞机与无人机碰撞的风险。一旦发生碰撞，将对机上乘客和机组人员的生命安全造成巨大威胁，同时也给机场运营带来严重影响，导致航班延误、取消，给旅客带来经济损失和不便，对整个航空运输系统的正常运转产生连锁反应。

### 8.1.5 对网络安全存在风险

随着无人机的广泛使用，有更多的网络黑客开始考虑使用民用无人机来携带和传染病毒，在飞行过程中利用通信技术进入网络终端实施网络攻击，从而对政府、医院、高校、科研院所和企业等官网系统进行破坏。

例如，2017 年全球爆发的“勒索”病毒传染恶性事件，正是网络黑客违法使用民用无人机传染病毒攻克网络的典型事例。

### 8.1.6 货物高空坠落风险

无人机在运送小件货物时，可能受到大风、降雪、下雨等自然因素以及树木、电线杆等物体的影响，导致物品中途掉落，对居民人身安全造成威胁。

例如，2024 年 10 月 24 日河南嵩山，无人机运送物资突然坠落，幸好降落伞及时打开，低速下降，无人员伤亡。

### 8.1.7 对社会经济利益存在损害

无人机的无序飞行会造成航班的延误和取消，增加航空公司的运营成本，同时影响旅客的出行计划，造成经济损失。此外，无人机“黑飞”还可能对旅游业、商业等相关行业造成负面影响。

在商业领域，无人机的不当使用可能会破坏市场竞争的公平性。例如，一些企业可能会利用无人机非法获取竞争对手的商业机密，如生产工艺、产品设计、营销策略等，从而在市场竞争中获得不正当优势。这种行为不仅损害了其他企业的合法权益，也扰乱了市场的正常竞争秩序。

在物流配送领域，无人机的安全问题如果得不到有效解决，可能会影响整个物流行业的发展。如果无人机在配送过程中频繁出现故障、丢失货物或发生安全事故，将导致物流配送延误、货物损失，降低物流服务的质量和效率，进而影响消费者对物流行业的信任，阻碍物流行业的创新和发展。

### 8.1.8 对空域管理秩序的冲击

无人机的无序飞行给空域管理带来了巨大挑战。

由于无人机数量众多且飞行灵活性高，传统的空域管理模式难以对其进行有效监管。许多无人机驾驶者缺乏必要的空域知识和法规意识，随意在禁飞区、限飞区飞行，或者不按照规定的高度和航线飞行，导致空域资源被不合理占用，增加了无人机与其他航空器之间的冲突风险。

在一些城市的上空，无人机与直升机、小型飞机等其他航空器同时飞行的情况时有发生，这不仅增加了空中交通拥堵的可能性，还可能引发空中碰撞事故，严重影响了空域的正常秩序。此外，无人机的无序飞行也给空中交通管制部门带来了巨大压力，增加了管制难度和成本。

## 8.2 无人机带来社会风险成因的剖析

1. 安全意识淡薄

无人机操控者的安全意识缺失是引发社会风险的重要源头。许多操控者对航空安全知识一知半解，对净空保护区、军事管理区等敏感区域的飞行禁令缺乏足够重视，抱着“不会被发现”“偶尔一次没关系”的侥幸心理随意放飞无人机。

一些新手操控者在购买无人机后，既不认真学习产品使用说明书中的安全操作规范，也不主动了解当地关于无人机飞行的相关规定，便急于上手操作。他们错误地认为，无人机体积小、质量轻，即便发生意外也不会造成严重后果。比如，在大型活动现场，部分人会为了拍摄精彩画面，无视现场的禁飞标识，擅自操控无人机升空，这不仅可能干扰活动的正常秩序，还可能因无人机失控与人群发生碰撞，造成人员伤亡。

此外，还有些操控者过度依赖无人机的自动飞行功能，忽视了对周围环境的观察和判断。在复杂天气条件下，如大风、暴雨等，仍冒险飞行，导致无人机失控坠落，对地面设施和人员安全构成威胁。

### 2. 监管体系待完善

面对无人机涉及的领域越来越多，导致监管力量不足，难以全面有效监管。

一方面，监管人员数量与无人机普及速度不匹配。近年来，无人机市场呈现爆发式增长，消费级和工业级无人机的保有量持续攀升，而专业的无人机监管人员数量增长相对缓慢。尤其是在一些无人机使用较为集中的行业和区域，监管人员往往需要面对成百上千架无人机的飞行活动，有限的人力难以对每一架无人机的飞行轨迹、操作行为进行实时跟踪和监管。例如，在大型农业产区，农忙时节会有大量无人机进行植保作业，监管人员难以逐一核查每架无人机的合规性，容易出现监管漏洞。

另一方面，针对无人机的监管覆盖存在盲区。对于小型、微型无人机，尤其是重量在 250 g 以下的轻量型设备，目前的监管措施相对宽松，部分地区甚至未将其纳入强制登记范围。这类无人机数量庞大、操作灵活，很容易在人群密集区域、敏感场所附近悄然飞行，给公共安全带来潜在威胁。同时，在一些偏远地区，监管力量的投入相对薄弱，难以对无人机飞行进行有效监控，使得这些区域成为监管的“灰色地带”。

### 3. 法律法规滞后

随着无人机技术的不断创新和应用场景的不断拓展，新的无人机类型和飞行模式不断涌现，而现有的法律法规往往无法及时对这些新情况进行规范和调整，对于这些新型应用中可能出现的安全风险、责任划分等问题缺乏明确规定，给监管工作带来了很大难度。

> 例如，对于一些具备自主飞行、智能避障等高级功能的无人机，现有的法规在其安全监管、责任认定等方面存在空白；针对使用无人机进行物流配送活动的具体法规仍显抽象和笼统，缺乏细致规定，且我国尚未建立针对无人机物流配送的专门监管机构。

### 4. 技术手段滞后

当前相关技术手段仍存在明显局限，难以实现对无人机的全天候、全覆盖精准监管。人工巡查受人力、时间和空间的限制，难以对广阔的空域进行全面监控。而雷达监测虽然在一定程度上能够检测到无人机的存在，但对于小型无人机的探测精度有限，且容易受到地形、天气等因素的影响。例如，在复杂的城市环境中，雷达信号可能会被建筑物遮挡或干扰，导致无法准确检测到无人机。

5. 各部门协调配合不够顺畅

民用无人机的管理涉及多个部门（如民航部门、公安部门、工信部门等），不同部门之间的职责和管理权限存在交叉与重叠，容易出现管理漏洞和协调不畅的问题。在实际执法过程中，各部门有各自的监管职责，但在信息共享、执法联动等方面缺乏高效的协调机制，由于缺乏有效的跨部门协同，无人机违规行为的后续处理流程往往被拉长，违规者难以及时受到处罚，这不仅削弱了监管的威慑力，也使得违规现象屡禁不止。

6. 法律责任的界定和处罚力度不够明确和严格

对于一些无人机违法违规行为，现有的法律法规在责任认定及处罚标准上存在模糊不清的情况，导致执法人员在实际操作中难以准确把握。同时，对无人机违规行为的处罚力度不足，对一些违法违规者的威慑力不足，难以形成强大的威慑力，从而难以有效遏制无人机违法违规行为的发生。

## 8.3 强化法律规制的具体策略

### 8.3.1 完善法律法规体系

针对无人机技术的快速发展和应用，应及时修订和完善相关法律法规及监管体系，填补法律空白，明确法律规定。在国家层面，应进一步细化《中华人民共和国民用航空法》中关于民用无人机的相关规定，明确无人机的定义、分类、适航标准、飞行规则等内容，使其更具针对性和可操作性。同时，制定专门的《民用无人机管理法》，对无人机的生产、销售、使用、监管等各个环节进行全面规范，明确各方责任和义务，构建完整的法律体系，提高无人机设计和生产标准，防止不符合标准产品流入市场。

在地方层面，各地应根据国家法律法规和本地区的实际情况，制定更加具体、细致的地方性法规和实施细则。

例如，进一步明确禁飞区和限飞区的范围与划定标准；对无人机驾驶员的资质要求，根据无人机的类型、用途及飞行环境等因素，进一步细化资质分类，如设立商业飞行、娱乐飞行、专业救援等不同类别的驾驶证；提高无人机驾驶员的培训标准和考核难度，确保驾驶员具备足够的飞行技能和安全意识；同时，建立定期复审机制，确保驾驶员的技能和知识持续更新；完善无人机飞行的审批程序和备案制度，对于特定区域或特殊情况的飞行，应建立更为严格的报备与审批制度，确保飞行活动在可控范围内进行；对于违反飞行规定的行为，应加大处罚力度，提高违法成本；加强对无人机销售和使用的监管等。

通过国家和地方法律法规的协同配合，形成全方位、多层次的民用无人机法律规制体系。

### 8.3.2 加强部门协同监管

建立健全跨部门协同监管机制，明确各部门在民用无人机管理中的职责和分工，加强部门之间的沟通、协调和信息共享。民航部门应负责无人机的空域管理、飞行安全监管以及驾驶员资质管理等工作；公安部门应加强对无人机违法违规飞行行为的查处，利用雷达监测、无线电信号追踪、电子围栏等信息技术对飞行实时监控，建立广泛的监控网络，及时处理违规飞行，维护公共安全和社会秩序；工信部门应负责无人机的生产、销售管理，规范市场秩序。

同时，建立跨部门联合执法机制，定期开展联合执法行动，对无人机违法违规行为进行集中整治。加强部门之间的信息共享平台建设，实现无人机登记信息、飞行计划、违法违规记录等数据的实时共享，提高监管效率和精准度。通过部门协同监管，形成监管合力，有效遏制无人机违法违规行为的发生。

### 8.3.3 应推动技术创新

国家应加大鼓励创新，同时制定统一的技术标准和安全规范，研发更为高效的无人机监控系统，提升对无人机飞行活动的实时监测和预警能力。

### 8.3.4 明确法律责任与处罚

进一步明确无人机违法违规行为的法律责任和处罚标准，增强法律法规的威慑力。对于不同类型的违法违规行为，应根据其情节轻重和危害程度，制定相应的处罚措施。

> 例如，对于未经许可闯入禁飞区、干扰民航客机正常飞行等严重危害公共安全的行为，应加大处罚力度，提高罚款金额，提高违法成本，并处以拘留等行政处罚；对于情节特别严重，构成犯罪的，应依法追究刑事责任。

同时，完善民事赔偿责任制度，明确无人机造成他人人身伤害、财产损失时的赔偿责任主体和赔偿标准。加强对受害者的权益保护，确保其在遭受无人机侵权时能够及时获得合理的赔偿。通过明确法律责任和处罚标准，引导无人机使用者自觉遵守法律法规，保障公共安全和社会秩序。

### 8.3.5 提升公众法律意识

加强对无人机法律法规的宣传教育，提高公众的法律意识和安全意识。

通过多种渠道，如电视、广播、报纸、网络等媒体，广泛宣传无人机的法律法规、飞行安全知识以及违法违规行为的后果，引导公众正确认识和使用无人机。

在学校教育中，将无人机法律法规纳入相关课程体系，对学生进行普及教育。

例如，在航空航天相关专业的课程中，增加无人机法律规制的内容；在中小学的安全教育课程中，介绍无人机的安全使用知识和法律法规要求。通过学校教育，培养学生的法律意识和安全意识，为未来无人机的规范使用奠定基础。

此外，组织开展针对无人机使用者的培训和考核，提高其法律素养和操作技能。

要求无人机使用者在购买无人机时，必须参加相关的法律培训和考核，取得合格证书后方可使用。通过培训和考核，无人机使用者了解和掌握法律法规的要求，自觉遵守飞行规则，减少违法违规行为的发生。

## 8.4　法律规制下的无人机行业发展前景

国家在确保安全的前提下积极创新空域供给和使用机制，完善无人驾驶航空器飞行配套基础设施和服务体系。

《无人驾驶航空器飞行管理暂行条例》的颁布对我国无人机产业发展将起到极大的促进作用。受益于民用无人机行业相关的规范加速建立健全，未来民用无人机行业将会呈现良好的发展趋势。

### 8.4.1　规范发展带来的机遇

#### 8.4.1.1　技术创新

在严格的法律规制下，无人机行业将迎来更加规范、健康的发展机遇。法律的完善和监管的加强将促使无人机企业更加注重产品质量与安全性能，加大研发投入，提高技术水平，推动无人机技术的创新和升级，向智能化、自主化方向发展。

例如，企业将更加注重无人机的飞行稳定性、避障功能、数据安全等方面的研发，使无人机能够在复杂的环境中稳定飞行，完成各种高难度任务；在动力系统方面，研发更高效、更持久的电池或新型动力源，将有效延长无人机的续航时间；通过人工智能识别技术，实现无人机能够自主飞行、智能避障、图像识别等功能；利用物联网技术，实现多架无人机的协同作业和数据共享。

#### 8.4.1.2 促进市场竞争

规范的市场环境将吸引更多的优质企业进入无人机行业，促进市场竞争，推动行业的整合和优化。一些规模较小、技术落后、管理不规范的企业将逐渐被市场淘汰，而具有核心技术、良好品牌形象和完善服务体系的企业将脱颖而出，成为行业的领军者。这将有助于提高整个行业的发展质量和竞争力，推动无人机行业向规模化、专业化、产业化方向发展。

#### 8.4.1.3 提高经济效益

在偏远山区，交通不便的地方，无人机物流的出现使农产品方便并快速运输出去，提高当地的经济水平。

### 8.4.2 新兴应用领域的拓展

随着法律规制的不断完善，无人机在新兴应用领域的拓展将更加有序和安全。除了传统的军事、农业、物流等领域，无人机还将进一步拓展到医疗、环保、安防巡检、教育等新兴领域，如应急救援、环保监测、海洋调查、空中交通管理、智能城市建设等。

例如，通过无人机搭载高清摄像头和传感器，对城市的地形地貌、建筑物、交通流量等进行实时监测和数据采集，为城市规划和管理提供准确的信息支持。

在环境监测方面，无人机可以对大气质量、水质、土壤污染等进行监测，及时发现环境问题，为环境保护提供有力的技术手段。在医疗救援领域，无人机可以用于紧急药品和医疗设备的配送，提高救援效率。在一些偏远地区或交通不便的地方，无人机可以快速将急需的药品和医疗设备送达患者手中，为挽救生命争取宝贵的时间。在应急救援中，无人机可快速到达灾害现场，进行人员搜索、物资投放等任务。在智慧城市建设中，无人机可以用于城市规划、环境监测、交通管理等方面。无人机将为人们的生活带来更多便利和创新。

### 8.4.3 国际合作与交流的加强

在全球范围内，无人机行业的发展也面临着类似的法律规制问题。加强国际合作与交流，共同探讨无人机的法律规制和管理经验，同时，加强国内外同行学者和产业界的合作，开展前沿性的技术研究和应用探索，推动无人机应用模式的创新和成熟，促进整个无人机产业的快速发展，将有助于推动我国无人机行业与国际接轨，提升我国在国际无人机领域的话语权和影响力。

我国可以积极参与国际无人机标准的制定和国际规则的讨论，将我国的技术优势和管理经验融入国际标准和规则中，为我国无人机企业的国际化发展创造有利条件。同时，加强与其他国家在无人机技术研发、市场开拓、监管合作等方面的交流与合作，引进国外先进的技术和管理经验，促进我国无人机行业的快速发展。

## 8.5　高职教育在应对无人机社会风险中的作用

### 8.5.1　课程设置与教学内容优化

高职教育应紧密结合无人机社会风险和法律规制的实际需求，优化课程设置和教学内容。在课程设置方面，增加无人机法律法规、飞行安全管理、隐私保护等相关课程，将法律知识和安全意识融入无人机专业教学的全过程。

> 例如，开设“无人机法律与法规”“无人机飞行安全与风险管理”等课程，系统地向学生传授无人机相关的法律法规和安全知识。

在教学内容方面，注重案例教学和实践教学，通过实际案例分析，让学生深入了解无人机违法违规行为的后果和法律责任。

> 例如，选取一些典型的无人机安全事故案例和违法违规案例，组织学生进行分析和讨论，引导学生从法律和安全的角度思考问题，提高学生的法律意识和解决实际问题的能力。

同时，加强实践教学环节，让学生在实际操作中熟悉无人机的飞行规则和安全要求，培养学生的安全操作技能和职业素养。

### 8.5.2　培养学生的法律素养与责任意识

高职教育应注重培养学生的法律素养和责任意识，使学生成为具有高度社会责任感和法律意识的无人机专业人才。在教学过程中，通过课堂讲授、案例分析、模拟法庭等教学方法，引导学生学习和掌握无人机相关的法律法规，培养学生的法律思维和法律信仰。

在实际工作中，要严格遵守法律法规，认真履行职责，确保无人机的安全飞行和合法使用。同时，加强对学生的职业道德教育，培养学生的责任意识和敬业精神。让学生明白，作为无人机专业人员，他们的行为不仅关系到个人的职业发展，更关系到公共安全和社会利益。

### 8.5.3　为行业输送合规专业人才

高职教育的目标之一是为行业输送高素质的技术技能人才。在应对无人机社会风险方面，高职教育应培养出一批既具备扎实的无人机专业知识和技能，又熟悉法律法规和安全要求的合规专业人才。这些人才将在无人机的生产、销售、使用、监管等各个环节发挥重要作用，为规范无人机行业发展、降低社会风险提供有力的人才支持。

通过与企业的深度合作，开展订单式培养、现代学徒制等人才培养模式，使学生在学习过程中能够接触到企业的实际需求和行业的最新动态，提高其实践能力和就业竞争力。同时，鼓励学生参加相关的职业资格考试和技能竞赛，获取相应的职业资格证书，提高学生的综合素质和就业质量。

总之，无人机的广泛应用给社会带来了诸多风险，加强法律规制是应对这些风险的必然选择。通过完善法律法规体系、加强部门协同监管、明确法律责任与处罚、提升公众法律意识等策略，可以有效降低无人机的社会风险，保障公共安全和社会秩序。同时，高职教育在应对无人机社会风险中发挥着重要作用，通过优化课程设置、培养学生的法律素养和责任意识，为行业输送合规专业人才，推动无人机行业的健康、可持续发展。

## 8.6 无人机社会风险及法律规制教学项目

### 项目描述

本项目聚焦于无人机在社会应用中产生的各类风险，以及相应的法律规制手段。教师通过理论教学、实际案例剖析、模拟风险应对等方式，使学生全面了解无人机引发的隐私侵犯、安全威胁、公共秩序干扰等社会风险，深入掌握针对这些风险的法律规范与治理措施。旨在培养学生运用法律知识识别、评估和应对无人机社会风险的能力，为其未来从事相关行业或社会管理工作奠定坚实基础。

### 项目目标

#### 知识目标

（1）学生能够系统阐述无人机在隐私保护、公共安全、空域管理等方面引发的主要社会风险类型及表现形式。

（2）准确理解我国现行法律法规中针对无人机社会风险的规制条款，包括飞行限制、登记管理、责任追究等方面的法律规定。

（3）深入了解国际上在无人机社会风险治理方面的先进经验和相关法律制度，拓宽国际视野。

#### 能力目标

（1）具备识别和分析实际场景中无人机社会风险的能力，能够依据法律规定准确判断风险的性质和程度。

(2) 能够根据不同的风险场景，制定合理的风险防控方案和应对策略，运用法律手段解决潜在的风险问题。

(3) 培养学生的沟通协调能力，使其在团队协作中共同应对无人机社会风险，如在模拟风险应对活动中与不同角色进行有效沟通。

思政目标

(1) 强化学生的社会责任意识，使其深刻认识到规范无人机使用对于维护社会公共利益的重要性，从而自觉遵守相关法律法规。

(2) 培养学生的法治思维，引导学生在面对无人机社会风险时，善于运用法律武器维护自身权益和社会秩序。

(3) 激发学生的创新意识，鼓励学生在合法合规的前提下，探索创新无人机社会风险治理模式，推动行业健康发展。

## 任务一　无人机社会风险资料收集与整理

**任务描述**

学生以小组为单位，通过互联网搜索、学术数据库查阅、新闻报道收集等方式，广泛收集近年来无人机引发的各类社会风险案例及相关资料。对收集到的资料进行分类整理，按照隐私风险、安全风险、公共秩序风险等类别制作成电子文档，并附上简要的风险分析说明。

**任务学习**

知识点：信息收集与筛选技巧、风险分类方法、资料整理与分析能力。

**任务实施**

(1) 小组内明确分工，确定负责不同信息源收集的成员。

(2) 利用一周时间全面收集资料，对资料进行初步筛选，去除重复和无关信息。

(3) 按照风险类别对资料进行分类，撰写风险分析说明，完成电子文档的制作。

## 任务二　法律规制条款研读与案例分析

**任务描述**

教师提供我国及部分发达国家关于无人机社会风险规制的法律法规文本，学生分组进行研读。结合之前收集的社会风险案例，分析案例中涉及的法律问题，依据相关法律条款进行解读，明确违法违规行为的法律后果，并提出预防类似风险的法律建议。

各小组制作 PPT 进行案例汇报，全班共同讨论。

**• 任务学习 •**

知识点：无人机相关法律法规解读、法律条款应用、案例分析方法、法律建议撰写。

**• 任务实施 •**

（1）教师提前发放法律法规文本，学生分组研读，标注重点条款。

（2）小组内将案例与法律条款相结合进行分析，撰写案例分析报告，制作 PPT。

（3）各小组进行 15～20 min 的案例汇报，汇报后全班进行 30～40 min 的讨论，教师引导学生深入理解法律规制的实际应用。

## 任务三　模拟风险应对演练

**• 任务描述 •**

设置多种模拟无人机社会风险场景，如无人机闯入敏感区域、利用无人机进行偷拍等。部分学生扮演风险应对人员，依据法律规定和事先制定的风险防控方案进行应对处理，包括现场处置、证据收集、法律程序启动等；另一部分学生扮演相关当事人，模拟实际场景中的行为和反应。活动结束后，进行角色互换，并对模拟应对过程进行总结反思。

**• 任务学习 •**

知识点：无人机社会风险应对流程、法律程序执行、沟通协调技巧、应急决策能力。

**• 任务实施 •**

（1）教师准备好模拟风险场景的背景资料、道具等，学生分组进行角色分配。

（2）每组进行 45～60 min 的模拟风险应对演练，严格按照风险防控方案和法律程序操作。

（3）角色互换后再次进行模拟，活动结束后，小组内总结应对过程中的优点与不足，教师进行点评。

## 任务四　制作社区无人机使用规范宣传手册

**• 任务描述 •**

学生以小组为单位，根据所学的无人机社会风险及法律规制知识，结合社区实际情况，为社区居民制作一份通俗易懂的无人机使用规范宣传手册。手册内容应包括常见的无人机社会风险、法律规定的使用限制、违规责任以及安全使用建议等，形式上要图文并茂，便于理解。

## 任务学习

知识点：无人机社会风险要点提炼、法律知识科普方法、宣传手册设计与制作规范。

## 任务实施

（1）小组讨论确定宣传手册的主题、框架和主要内容。

（2）分工收集资料，包括文字、图片等素材，运用排版软件进行手册的制作。

（3）对制作完成的宣传手册进行内部审核和修改，确保内容准确、形式美观，最终提交给教师。

## 项目总结与评估

### 1. 总结

项目结束后，组织学生进行项目总结汇报，分享在项目实施过程中的收获、遇到的问题及解决方法。教师对整个项目进行总结，强调重点知识和关键能力，对学生在项目中的表现进行整体评价。

### 2. 评估

采用多元化的评估方式，包括小组互评、学生自评及教师评价。评估内容涵盖知识掌握程度、能力提升情况、团队协作表现、思政目标达成情况等。具体评估指标如下：

（1）知识考核。通过项目过程中的提问、案例分析报告、最终的知识测验等方式，评估学生对无人机社会风险及法律规制知识的掌握程度。分数占总成绩的40%。

（2）能力评估。根据学生在模拟风险应对演练、宣传手册制作等任务中的表现，评估其分析问题、解决问题、组织协调等能力。分数占总成绩的40%。

（3）思政表现。观察学生在项目实施过程中的社会责任意识、法治思维、创新意识等方面的表现，结合学生自评和小组互评，对思政目标达成情况进行评估。分数占总成绩的20%。

# 习　题

## 一、单选题

1. 以下不属于无人机带来的社会风险的是（　　）。

A. 侵犯个人隐私　　　　B. 助力农业精准施肥

C. 干扰民航飞行安全
D. 用于非法物品运输

2. 我国目前针对无人机管理，主要依据的法律不包括（　　）。

A.《中华人民共和国民用航空法》
B.《无人驾驶航空器飞行管理暂行条例》
C.《中华人民共和国刑法》
D.《中华人民共和国著作权法》

3. 在法律规制下，无人机行业未来发展前景中，以下说法错误的是（　　）。

A. 合法合规飞行将促进无人机行业健康发展
B. 行业发展会受到法律限制而停滞
C. 催生更多符合法律规定的无人机应用场景
D. 推动无人机技术与法律监管协同进步

二、多选题

1. 高职教育在应对无人机社会风险中可以发挥的作用有（　　）。

A. 培养具备法律意识的专业人才
B. 开展无人机安全与法律相关研究
C. 直接参与制定无人机相关法律
D. 为监管部门提供技术支持和人员培训

2. 现有无人机法律规制存在的问题有（　　）。

A. 部分法规更新不及时
B. 监管部门职责划分不清晰
C. 处罚力度过强
D. 缺乏统一的监管平台

三、判断题

1. 强化无人机法律规制只需增加罚款金额即可。（　　）

2. 在法律规制下，无人机在物流配送领域将不再有发展空间。（　　）

四、简答题

强化无人机法律规制的具体策略有哪些？

五、案例分析题

小张利用无人机拍摄他人隐私视频并在网上传播，依据现有法律，他可能违反了哪些规定？会面临什么处罚？

六、论述题

结合实际，谈谈你对法律规制下无人机行业发展前景的看法。

# 第9章 国外民用无人机法律制度

## 9.1 美国民用无人机法律制度

随着科技的飞速发展，民用无人机在全球范围内得到了广泛的应用，其在航拍、物流、农业、测绘等众多领域展现出巨大的潜力。然而，无人机的广泛使用也带来了一系列诸如安全、隐私等方面的问题，因此，各国纷纷制定相关法律制度来规范无人机的使用。了解国外民用无人机法律制度，对于我国完善相关法规体系以及高职无人机专业教育具有重要的借鉴意义。

### 9.1.1 管理机构与立法体系

美国负责民用无人机管理的主要机构是联邦航空管理局（FAA）。FAA在联邦层面制定了一系列法规来规范无人机的运行。其中，《联邦航空条例》（FAR）是美国民用航空领域的基础性法规，虽然它并非专门针对无人机，但其中的许多条款适用于无人机飞行。

FAA现在的态度是除非经过特别授权，任何人不得在国家空域系统内运行无人机。作为公共飞机运行的无人机，其授权是适航证（COA）；作为民用飞机运行的无人机，其授权是特殊的适航性证明；模型飞机的授权依据则是AC91－57。同时，FAA也是美国无人机运行的执法机构，它可以对违反规定的无人机运行者处以罚款、吊销执照等制裁。

为了更具体地管理民用无人机，FAA陆续发布了一系列针对无人机的规定。例如，《Part 107规则》对商业无人机运营进行了详细规范，包括对无人机驾驶员资质、飞行操作要求、安全措施等方面的规定。除了对无人机飞行的限制，它还特别提到了无人机飞手认证的问题。无人机飞手需要持有小型无人机级别的认证，没有获得认证的飞手需要在持证人员的监管下飞行。不过，有别于国内无人机玩家接触的名目繁多的飞行认证，FAA的认证门槛不高。完成以下其中一种航空知识学习：在FAA许可的测试中心通过初级航空知识测试；持有Part 61驾驶员认证，在前24个月内完成一次飞行审查，并完成FAA提供的在线小型无人机培训课程通过交通安全部门的审查；飞手年龄不得小于16岁。持有飞行认证的飞手有义务在飞行前对无人机及操作系统进行全面检查，若飞行中造成500美元以上的财产损失和人员的重大伤害，需在10天内向FAA提供报告。

## 9.1.2 美国无人机管理内容

美国联邦航空局第7610.4号令（FAA Order 7610.4）描述了无人机运行者取得飞行许可的程序，无人机作为FAR中所界定的“飞机”，其运行应适用FAR中的大部分规定，具体包括以下内容。

### 1. 运行规则

（1）安全避撞。

无论是基于仪表飞行还是目视飞行，无人机的运行必须能够“看见－避让”或“感知－避让”。

（2）机长职责。

无人机机长负责决定无人机是否达到安全飞行的条件，且无人机机长和机组人员在受药物（不限于违法的药物）和酒精影响（饮酒后8 h之内）时，不得工作；在执法人员提出要求时，无人机机长和机组人员需要进行血液酒精测试。

### 2. 安全规章

依据联邦法典第49条（CFR Title 49），无人机运行首者需要建立一套安全性程序，并允许TSA观察员审查无人机的运行计和相关的执行状况，程序中的一部分将要求无人机运行者在专属区协议中控制进入飞机的权限，并在成行运行任务前履行安全规察职责。而且，无人机运行者还必须建立应急方案以应对劫机及其他威胁。

无人机运行必须要保证控制中心的安全，且要求应与FAR中对机上飞行员座的要求一样，即只允许被授权人员进入。若存在对无人机运行的干扰或劫机的情形，无人机运行者将履行对无人机和控制中心进行监测、观察的职责，无论威胁是来自地面还是空中，无人机运行者均应与当地相关机构、飞机场和ATC取得联系。关于此种威胁的信息可以从TSA的信息通报和安全指示中获得。

在无人机进入美国空域执行运输任务的距离从起飞点起算超过10 mile（1 mile＝1.609 m）航向距离时，或者在进入敏感空域（如华盛顿周边空域）时，应当能够通过转发器或与ATC和其他政府机构的双向通信对无人机进行定位并识别。

### 3. 执照管理

FAR对各种类型的飞行员、机组人员和其他相关人员的技术、经验以及医学证明等方面做出了不同的要求，但 FAA 并没有专门针对无人机的机组人员、工程人员、机械师、维修人员等相关人员的知识、经验等方面的标准做出规定。依据 FAR 的相关规定，对一年内有过违法使用、种植、生产、销售、购买以及进出口麻醉药品的人的执照申请将予以拒绝；对已经取得执照而有上述行为的人，对其执照将予以暂停或撤销。以上规定对无人机相关运行人员也应当具有拘束力。

#### 4. 适航管理

依据 FAR 相关规定，民用无人机制造商除了要取得型号证明和适航证明外，还需要取得产品证明。产品证明一般要求生产者具有一套质量控制系统，以确保生产无人机每一环节均达到型号证明中的规范要求。

#### 5. 无人机在非限定区域内运行

1999 年，美国国防部与 FAA 开始合作项目，制定了 FAA Order 7610.4。根据 FAA Order 7610.4 的现行规定，无人机应当在限定的区域或警戒区域内运行，如果无人机运行者想要在限定区域或警戒区域以外飞行。必须取得 COA（COA 程序保证了 FAA 对在非限定空域飞行的无人机的数量的管理）。

### 9.1.3 商业与娱乐用途的区别管理

对于商业用途的无人机飞行，FAA 要求操作人员必须获得相应的许可证。

美国已经允许商业无人机在 200 ft（约 61 m）以下空域使用，不过仅适用于 45 家已经取得飞行许可的公司，而且需要遵循 FAA 的飞行规则。在遵循 FAA 的规则下，有两种方式可以获得飞行许可：一种是政府机构或者研究机构做调查研究用的，即申请豁免证书或者授权；另一种是适用于商业的，则是通过《2012 年 FAA 现代化与改革法案》第 333 节（也称 333 豁免条款）获得飞行许可。

2016 年 6 月 21 日，FAA 正式发布了规范商业运营商使用无人机的一项新法规《小型无人机飞行条例》（也被称为《Pant 107》），并于 2016 年 8 月末生效。这项新规较为温和，打破了之前全面禁飞的局面，并没有对商业用途的无人机做出严格的限制，适用范围是重量不超过 55 bl（约合 25 kg）的小微型无人机。

根据《Part 107 规则》，商业无人机驾驶员需要通过航空知识测试，证明其具备必要的航空法规、气象、飞行操作等方面的知识。此外，商业无人机飞行还受到严格的操作限制，如飞行高度不得超过 400 in（特殊情况需申请豁免），必须保持与人员、建筑物和其他障碍物的安全距离等。

对于娱乐用途的无人机飞行，FAA 也制定了相应的指导方针。虽然要求相对宽松，但使用者同样需要遵守一些基本规则，如在视距内飞行、不得在机场附近或禁飞区域飞行等。此外，美国模型航空学会（AMA）为娱乐飞行制定了一系列安全准则，许多娱乐无人机使用者会遵循这些准则进行飞行活动。

FAA 在 2015 年初对商用无人机做出最新规定，从 2015 年 3 月起先后为 2 000 余家企业颁发了商用无人机许可。如今，已进入批量审批阶段。除了规范商用无人机市场，美国政府对消费级无人机也进行了严苛的规定：消费级无人机机主必须将其无人机在监管部门登记备案（若机主不愿配合备案，将会面临高额罚款及刑罚）；不能超过500in（约152m）；必须在视线范围内进行操作；操作者不得小于17周岁，且必须通过运输安全管理局的审核。

### 9.1.4 隐私保护与数据安全

美国在民用无人机隐私保护方面没有统一的联邦法律，但许多州制定了相关法律来保护个人隐私。一些州规定，未经许可使用无人机对私人领地进行拍摄或监视属于违法行为。此外，在无人机收集和使用数据方面，也需要遵循相关的隐私和数据安全法规，确保个人信息不被滥用。

美国在2015年2月发布的《总统备忘录：提升国内使用无人机系统的经济竞争力，同时保障隐私、民权和公民自由》中提及，在将无人机系统纳入国家航空系统时，美国联邦政府应当采取措施保证，不仅考虑经济竞争力和公共安全，也应当考虑无人机系统可能引起的隐私、民权和公民自由方面的保护问题。

该备忘录强调无人机系统作为收集信息的平台，信息的收集、使用、保留和传播要遵守宪法、联邦法律及其他条例和政策。例如，政府必须遵守《隐私法》（1974年），限制个人信息（包括PII）的收集和传播，并允许个人获取和修改信息记录。

除了遵守《隐私法》，政府机构还应当确保其相关政策和程序满足以下要求：

①收集和使用。基于无人机系统收集和使用信息，应当与授权的范围和目的一致。

②保留。基于无人机系统收集的包含个人识别信息的个人信息保存不超过180天，除非该信息为相关机构执行特殊任务所必须，或满足《隐私法》或其他法律的规定。

③传播。基于无人机系统收集的信息，若不在《隐私法》规定的信息记录留存范围内，除非法律规定或为满足授权目的或符合政府机构要求，否则不能对外传播。

④禁止性规定。保证相关的政策足以禁止违反宪法第一修正案或可能导致歧视的数据收集、使用、保留或传播。

⑤透明度。告知可能影响其隐私的无人机计划及其变更，并告知其授权运行的地域范围。

⑥责任。确保政策和程序能对有权获取敏感信息（包括PII）的个人进行有效监督；确保应用于无人机系统的任何数据共享协议或政策，数据使用政策，数据留存管理政策符合法律、条例和政策的规定。

⑦该备忘录计划建立“多方参与程序”，以发展和交流商业及消费级无人机领域隐私保护、责任与透明度的最佳实践，该程序同时吸收政府机构和私企参与。

### 9.1.5 执法与处罚措施

FAA拥有执法权，负责对违反无人机法规的行为进行调查和处罚。处罚措施包括罚款、暂扣或吊销许可证等。对于严重的违规行为，如在机场附近非法飞行、干扰航空交通等，可能会面临高额罚款甚至刑事指控。此外，地方执法机构也可以根据当地的法规对无人机违规行为进行处理。

FAA 于 2015 年宣布了一系列限定无人飞行器的规定，若在未进行注册的情况下非法飞行，飞行员将会面临最高 25 万美金的罚款，并被判入狱最长 3 年。

## 9.2　欧盟民用无人机法律制度

### 9.2.1　欧盟层面的统一法规

欧盟致力于建立统一的民用无人机法律制度，以确保整个欧盟范围内的协调管理。《欧盟无人机规则》是欧盟民用无人机管理的核心法规，该规则对无人机进行了分类，并根据不同类别制定了相应的管理要求。

欧盟将无人机分为开放类、特定类和认证类。开放类无人机通常是轻型、风险较低的无人机，其使用限制相对较少；特定类无人机则需要满足特定的安全和操作要求；认证类无人机一般用于高风险的商业或专业应用，需要经过严格的认证程序。

欧盟所制定的法律法规集中针对起飞时重量大于 150 kg 的无人机类型，对于其他的重量小于 150 kg 的无人机的应用法规则交由各个成员国自行制定，但前提是这些成员国所制定的法规必须要遵从整个欧盟的一般性规定：

（1）所有的无人机操控员必须经过登记并持有从业执照。

（2）飞行高度不得超过 120 m。

（3）不得在机场附近操作使用无人机。

（4）不得在其他飞行物附近操作使用无人机，如热气球、滑翔伞、超轻型飞机等。

（5）在未经允许的情况下不得对其他人进行拍照和摄像。

无人机操控人员必须登记以下信息：所执行的飞行任务和每次飞行的时间；飞行前和飞行中所遇到的问题；执行飞行操作中与安全相关的重大事件；检修、保养以及零件的更换措施。

（1）专业无人机。对于职业无人机操作人员必须满足以下要求：年满 18 周岁；在西班牙国家航空安全局（AESA）登记注册；有责任保险；有无人机飞行员资格证书；有医疗证书。

（2）休闲娱乐无人机。无人机要进行休闲娱乐飞行，要求较低：可以由未成年人处理；无需在国家航空安全局（AESA）进行注册；责任保险不是必需的，但建议使用；无需拥有无人机飞行员资格证书，知道如何安全地处理它就足够了；医疗证明不是必需的。但是，用于娱乐用途的无人机，其最大重量不超过 2 kg。

### 9.2.2 成员国的实施细则

尽管欧盟有统一的法规，但各成员国可以根据本国的实际情况制定实施细则。例如，一些成员国可能会在特定区域（如城市中心、敏感设施附近）进一步限制无人机的飞行；一些成员国还可能对无人机的噪声水平、飞行时间等做出额外的规定。

在隐私保护方面，欧盟的《通用数据保护条例》（GDPR）适用于无人机收集的数据。这意味着无人机使用者在收集、存储和使用个人数据时，必须遵守 GDPR 的严格规定，确保数据主体的权利得到保护。

根据荷兰《个人数据保护法》（DPA），“同意”是处理个人数据的 6 项法律依据之一。在没有法律依据的情况下处理个人数据是不被允许的。欧盟《一般数据保护条例》（GDPR）也规定，“同意”是数据处理的法律基础。

GDPR 规定了有效同意的要件，其中某些在 DPA 中没有具体规定。有效同意的要件之一是数据控制者必须能够证明，数据主体确实同意处理其个人数据。根据 DPA，数据主体有权随时撤回其同意。撤回同意应当同给出同意一样容易。GDPR 的新规定为，数据主体必须在做出同意前被告知其撤回权。此外，数据主体还必须被告知撤回不影响在撤回前基于同意对其个人数据的处理。这不仅需要隐私政策的修订，也可能需要相关组织内部流程的改变，以确保撤回同意与给出同意同样容易。

### 9.2.3 培训与认证要求

对于操作特定类和认证类无人机的人员，欧盟要求进行相应的培训和认证。培训内容包括航空法规、飞行安全、应急程序等方面的知识。通过培训和考试后，操作人员可以获得欧盟认可的无人机操作证书。

此外，欧盟还鼓励成员国开展无人机安全宣传和教育活动，提高公众对无人机法规和安全操作的认识。

### 9.2.4 安全与安保措施

欧盟高度重视民用无人机的安全和安保问题。除了对无人机的技术标准和安全性能有严格要求外，还要求无人机具备一些安全功能，如定位系统、避障功能等。

《关于无人机系统的适航性认证的政策声明》是目前欧盟内的唯一政策性文件，是欧盟成员认证无人机系统的基本准则。该声明对无人机系统做出了准确定义，规定了适用范围是关于无人机的型号认证和限定的型号认证程序。该政策声明的总体目标是使受理无人机系统适航性申请更加便利，从而促进 EASA 建立并保持高度统一的欧洲民用航空安全标准，主要目标是保证地面人员、财产安全的适航性目标和环境保护目标。

在安保方面，欧盟采取了一系列措施来防范无人机被用于恶意目的。例如，加强对无人机销售的监管，限制某些具有潜在危险的无人机的销售；研发无人机探测和反制技术，以应对无人机可能带来的安全威胁。

## 9.3　日本民用无人机法律制度

### 9.3.1　法律框架与管理模式

日本的民用无人机管理主要依据《航空法》等相关法律法规。日本国土交通省负责制定民用无人机的管理政策和规则，并对无人机的飞行活动进行监管。

日本的管理模式相对灵活，在保障安全的前提下，积极鼓励无人机技术的创新和应用。政府通过与企业、行业协会等合作，共同推动无人机产业的发展。

### 9.3.2　日本无人机管理内容

日本无人机管理内容如下：

(1) 建立安全标准。JAAA 在无人机飞行、机身、监测和维修方面建立了安全标准。

(2) 认证系统。旋翼无人机不仅应用于农业，而且还应用于观测和环境等。JAAA 能够执行安全运行旋翼无人机的任务。日本已经制定了要求运行者接受指定训的系统，专门针对旋翼无人机运行的认证和对所有飞机、使用者进行登记的系统，但日本并没有将无人机运行完全地设计进所有类型的空域。从根本上说，JAAA 所制定的安全标准以及认证和登记系统只适用于旋翼无人机在非管理空域运行，大部分只在地面以上 400 ft（约 122 m）以下飞行。

2020 年修改后的《航空法》规定，无人机持有者需要登记本人信息、机体的型号和制造商，还必须在机体上用贴纸等标示中央政府告知的识别号码，并在飞行中通过电波发送号码。

未登记机体的飞行用户将被处以 1 年以下徒刑或者 50 万日元（约合人民币 2.8 万元）以下罚金。登记需要每隔 3 年更新一次，如果国土交通省认为存在厂商实施召回等安全上的问题，则会拒绝或取消登记。

### 9.3.3　飞行限制与许可制度

日本对无人机的飞行限制有明确的规定。2016 年 3 月，日本国会通过了《无人机管制法》对民用无人机进行法律监管。将首相官邸、皇宫、外国政要下榻地等上空列为无人机禁飞区域，并且授予警方可以采取反制技术摧毁可疑无人机的权力。禁止无人机在机场、体育场、建筑密集区和人口密集区飞行，特别规定禁止无人机夜间飞行，违者将受到 50 万日元的罚款。民用无人机的飞行高度不能超过 150 m，距离机场不少于 9 km。在机场附近、军事设施周边、人口密集区域等特定区域飞行，需要提前向相关部门申请许可。

对于商业用途的无人机飞行，通常需要满足一定的条件并获得许可。例如，从事商业航拍、物流配送等业务的无人机，需要具备相应的资质和保险，并且要遵守严格的操作规范。

### 9.3.4 产业促进与安全保障平衡

日本在加强无人机管理的同时，注重促进无人机产业的发展。政府通过制定产业政策、提供研发支持等方式，鼓励企业加大在无人机技术研发和应用方面的投入。

为了平衡产业促进与安全保障的关系，日本不断完善无人机的安全技术标准和监管机制。要求无人机制造商提高产品的安全性和可靠性，同时加强对无人机操作人员的培训和管理，确保无人机的安全飞行。

### 9.3.5 公众教育与意识提升

日本注重提高公众对无人机安全和法律的意识。通过开展宣传活动、举办培训课程等方式，向公众普及无人机的使用规则和安全知识。在学校教育中也逐渐增加了有关无人机技术和法律的内容，培养学生对无人机的正确认识和使用能力。

## 9.4 澳大利亚民用无人机法律制度

### 9.4.1 分层分类管理体系

澳大利亚建立了分层分类的民用无人机管理体系。根据无人机的重量、飞行目的和潜在风险，将无人机分为不同的类别进行管理。

对于轻型无人机（通常重量在 2 kg 以下），在满足一定条件下可以在较为宽松的规则下飞行，如在视距内飞行、远离人群和敏感区域等。对于中型、大型无人机以及用于商业用途的无人机，则需要遵守更严格的规定，如进行注册、操作人员需要获得相应的许可证等。

早在 2002 年，澳大利亚民用航空安全局就发布了世界上第一个专门针对无人机运行的规范，即《民用航空安全条例》（CASR）第 101 部分——无人驾驶飞行器和火箭作业。在《民用航空安全条例》所提供的框架之下，所有类型的遥控飞机（RPA）都可以在澳大利亚空域内运行，并且澳大利亚民用航空安全局成立了专门的项目组来审查该条例，为无人机在澳大利亚的商业化运作的监管要求和审批程序提供了更加全面的指导性意见。同时，该指导性意见将考虑把 RPA 长期纳入正常的航空业务中，使其可以在所有类型的空域中运行。项目组的审查分两个阶段进行。第一阶段将涉及一系列指导性意见的提出，主要针对无人机运行、建造和维护阶段的运营商、远程 UAS 的飞行员、制造商及其维护者，使其能够以安全、合法的方式运行。第二阶段则包括对 CASR 第 101 部分进行审查，以及在必要时对其进行修订。修订后的条例则必须包括无人机的制造和维护，以及空域使用等有关问题。此外，进行有关无人机风险管理的公众教育也势在必行，以确保每个人都了解与无人机运行有关的安全问题。

澳大利亚关于无人机管控的规范主要包括两种：民用航空安全规章（CASR）和咨询通报（AC）。其中，民用航空安全规章的制定由澳大利亚基础设施与交通部于 1998 年完成，最近的一次修订是在 2011 年完成的；AC 则是针对 CASR 所制定的，为 CASR 提供的建议和指导，或通过一些说明性的材料来解释某些特定的管理需求。相比作为法律实施的 CASR 而言，AC 通常只有建议的性质，并没有强制约束力。CASA 于 2002 年制定的 CASR 第 101 部分专门针对无人机做出了规定，并于同年发布了 AC101－1（0）、AC101－2（0）AC101－3（0）3 个咨询通告。

## 9.4.2　无人机管理内容

### 1. 经营许可证（operator certificate. OC）发放管理

商用无人机的运行必须以取得 OC 为前提。如果提交执照申请的无人机运营商或个人能够在达到 OC 的最低标准的情况下安全地运行无人机，并且符合 CASA 根据无人机类型和计划运行地点认为所必须达到的其他相关要求，CASA 即可向申请人颁发 OC。

在澳大利亚，OC 的首次申请时间可能会长达 90 天，但是延期申请在 30 天之内即可完成。对于已经取得 OC 的无人机，其运行也必须遵循 CASA 的指导，即遵守 AC101－I（O）的相关规定，综合评价无人机、无人机地面控制系统、通信和数据连接系统、维修系统和运行人员等各项内容。

### 2. 无人机系统的运行监管管理

根据 AC101－1（0）的规定，如果无人机运行机组成员能够持续监测无人机与空中交通管理（ATM）的通信线路，并且飞行员有能力对无人机启动紧急控制，无人机也可以自动运行。无人机必须能够完全遵循有人驾驶飞机在同种类空域运行所需达到的全部要求，包括设备要求和适航规章。这就要求无人机生产商制造出来的无人机能够与在同类型空域飞行的有人驾驶飞机同样安全且无缝地运行。

若无人机与有人驾驶飞机共同在地面以上 400 ft（约 122 m）以下的空域中运行，则无人机运行者必须提供能够依据仪表飞行程序的运行计划，且该计划必须表明没有机载飞行人员以及飞行的其他细节。

关于防撞问题，CASA 可以要求大型无人机（一般是指 150 kg 以上的无人机）装备二次监视雷达转发器、防撞系统或一个与该型号无人机运行相适应的前视电视机。

CASA 建议在机长对无人机失去控制时，无人机应当自动运行至一个预先指定的区域，以便恢复控制或终止飞行任务。需要注意的是，无论基于何种原因导致对无人机失去控制，均应通知 ATC。如果无人机机长与 ATC 失去联系，则其应当尝试建立其他替代方式的通信（比如电话），且无人机应当根据最后收到的指令飞行；如果不能与 ATC 重新建立联系，则应当终止无人机的飞行。

在与 ATC 的对接方面，根据 AC101－1（0）的规定，应当采取与有人驾驶飞机相类似的方式进行。

3. 无人机适航证管理

CAR1998 对无人机适航证的取得做了相关规定，而 AC101－1（0）也指出生产者适航证的取得是其在无人机设计的过程中需要予以考虑的问题，而无人机系统的设计应当使发生故障的概率最小化。

如果在澳大利亚设计和建立无人机系统，制造商即可在将其方案提交给 CASA 最终决定之前制定自己的标准。而 CASA 在对申请进行了相应的风险评估之后，如果认为其符合标准，则可在授予无人机型号证书的同时，授予其运行者执照。

CASA 在对标准、规章和指导性意见进行适当改进，改进的规章与 ICAO 及其他规制定机构的相关要求保持一致，并且其正在和一些工业机构进行合作，以确保一般适用规则和相关规章的迅速发展，从而提供与有人驾驶飞机同等的安全水平，最终使得无人机系统被完全、无缝地整合到非隔离空域。

4. 无人机飞行人员的执照管理

根据 CASR 第 101 部分的规定，一个无线电操作员证书的取得，需要通过航空执照理论考试，并完成无人机生产商为该型号的无人机运行所设置的课程，同时还必须具有在非管控空域运行无人机 5 h 以上的经验。

5. 飞行员训练和获得执照的标准

澳大利亚关于飞行员训练和获得执照的标准，具体内容包括人员因素、安全管理系统、风险评估和管理等内容。

### 9.4.3 偏远地区与城市地区的差异管理

考虑到澳大利亚地域广阔，不同地区的人口密度和空域使用情况差异较大，澳大利亚在无人机管理上采取了差异化的策略。

在偏远地区，由于人口稀少、空域相对宽松，对无人机的飞行限制相对较少，以促进无人机在农业、矿业等领域的应用。而在城市地区，由于人口密集、空域复杂，对无人机的管理更为严格，以确保公共安全和空域秩序。

### 9.4.4 应急管理与灾害应对管理

澳大利亚在应急管理和灾害应对方面，充分认识到无人机的重要作用，因此制定了专门的规范来指导无人机在这些场景中的使用。

在发生自然灾害如火灾、洪水等时，经过授权的无人机可以用于灾情监测、救援物资投放等任务。为了确保无人机在应急管理中的安全和有效使用，相关部门对参与应急任务的无人机操作人员进行培训，使其熟悉应急操作流程和相关法律规定。

## 9.5　国外民用无人机法律制度在高职无人机专业教学中的应用

### 9.5.1 课程内容优化

在高职无人机专业教学中，应将国外民用无人机法律制度的相关内容融入课程体系。

> 例如，在“无人机法律法规”课程中，增加对美国、欧盟、日本等国家和地区法律制度的介绍和分析。通过对比不同国家的法律规定，让学生了解国际上民用无人机管理的趋势和特点，拓宽学生的视野。

在其他专业课程中，如“无人机应用技术”“无人机飞行安全”等，结合国外的案例和实践经验，讲解法律制度对无人机应用和安全的影响。

> 例如，在讲解无人机商业应用时，介绍美国和欧盟对商业无人机飞行的许可制度与操作规范，让学生明白在实际工作中如何遵守相关法律规定。

### 9.5.2 教学方法创新

采用多样化的教学方法，提高学生对国外民用无人机法律制度的学习兴趣和理解能力。可以组织学生进行案例分析和讨论，选取国外典型的无人机违法案例，让学生分析其中涉及的法律问题和责任认定。通过模拟法庭、角色扮演等活动，让学生亲身体验法律程序和法律责任的承担。

邀请行业专家和法律专业人士进行讲座，介绍国外民用无人机法律制度的最新动态和实践经验。同时，鼓励学生开展小组研究，对国外某个国家或地区的法律制度进行深入研究，并撰写研究报告，培养学生的自主学习能力和研究能力。

### 9.5.3 实践教学强化

在实践教学环节中，引入国外民用无人机法律制度的实践案例。例如，在无人机模拟飞行训练中，设置国外不同地区的飞行场景，要求学生根据当地的法律规定制订飞行计划和操作流程。通过这种方式，学生在实践中熟悉国外的法律环境和操作要求。

组织学生参加国际无人机竞赛或交流活动，让学生在实际操作中了解国外的规则和标准，与国外的学生和专业人士进行交流、学习。同时，鼓励学生参与企业的国际化项目，了解国外企业在无人机应用中的法律合规要求，提高学生的国际化视野和职业能力。

## 9.6 国外民用无人机法律制度教学项目

### 项目描述

本项目面向高职学生，专注于国外民用无人机法律制度的研究与学习。教师通过文献研究、案例对比分析、线上国际交流等方式，让学生全面了解不同国家在民用无人机管理方面的法律体系。旨在培养学生跨文化法律研究能力，使其能够精准把握国外民用无人机法律的要点，为未来从事相关领域工作或继续深造奠定坚实基础，同时增强学生的国际视野与法治素养。

#### 知识目标

(1) 学生能够系统阐述至少3个具有代表性国家（如美国、欧盟部分国家、日本等）的民用无人机法律框架，包括法律层级、主要法律内容及相互关系。

(2) 准确理解不同国家在民用无人机注册登记、飞行许可、空域管理、安全责任等方面的具体法律规定。

(3) 深入了解国外民用无人机法律制度的发展趋势以及不同国家法律制度间的差异与共性。

#### 能力目标

(1) 具备收集、整理和分析国外法律文献资料的能力，能够从海量信息中提取关键法律信息。

(2) 能够对比不同国家民用无人机法律制度的优劣，结合实际案例进行分析，并提出合理的改进建议。

(3) 培养学生的跨文化沟通能力，通过线上国际交流等活动，与国外相关人士就民用无人机法律问题进行有效沟通。

#### 思政目标

(1) 强化学生的国际法治观念，使其认识到在全球化背景下，遵守国际规则与他国法律的重要性。

(2) 培养学生的批判性思维，引导学生客观看待国外法律制度，取其精华，为我国相关法律制度的完善提供参考。

(3) 激发学生的创新意识，鼓励学生在借鉴国外先进经验的基础上，思考如何推动我国民用无人机行业的规范化、国际化发展。

## 任务一　国外民用无人机法律资料收集与整理

### 任务描述

学生以小组为单位，通过国际法律数据库、各国政府官网、学术期刊网站等渠道，收集美国、欧盟部分国家、日本等国家和地区的民用无人机法律条文、政策文件、研究报告等资料。对收集到的资料进行分类整理，按照法律框架、具体管理规定、案例分析等类别制作成电子文档，并附上资料来源说明。

### 任务学习

知识点：国际法律信息检索技巧、多语言资料处理能力、资料分类与整理方法。

### 任务实施

（1）小组内分工，确定负责不同国家或信息源收集的成员，若涉及非英语资料，安排有相应语言能力的同学负责。

（2）利用 3 周时间全面收集资料，对资料进行初步筛选，去除重复和无关信息。

（3）按照既定类别对资料进行分类，撰写资料来源说明，完成电子文档制作。

## 任务二　典型国家法律制度对比分析

### 任务描述

教师指定美国、欧盟某国、日本作为重点研究对象，学生分组对，这 3 个国家的民用无人机法律制度进行深入对比分析。从注册登记流程、飞行许可条件、空域划分规则、违规处罚措施等方面进行详细对比，找出差异与共性，分析背后的原因，并制作对比分析图表。结合实际案例，分析不同法律制度下的实践效果。各小组制作 PPT 进行汇报，全班共同讨论。

### 任务学习

知识点：法律制度对比方法、案例分析技巧、图表制作与数据可视化。

### 任务实施

（1）教师提前提供相关案例资料，学生分组研读各国法律资料和案例。

（2）小组内分工合作，完成法律制度对比分析图表的制作，撰写案例分析报告，制作 PPT。

（3）各小组进行 20～30 min 的汇报，汇报后全班进行 40～60 min 的讨论，教师引导学生深入理解不同法律制度的特点。

## 任务三　线上国际交流与研讨

### 任务描述

联系国外相关高校或研究机构，组织线上交流活动。学生分组准备关于国外民用无人机法律制度的问题，在交流活动中与国外师生或专家进行互动交流。活动结束后，整理交流内容，撰写心得体会，分析国外同行在法律制度研究与实践中的先进经验和启示。

### 任务学习

知识点：跨文化交流技巧、问题设计与沟通能力、信息整理与总结能力。

### 任务实施

（1）教师提前联系国外合作方，确定交流时间和主题。

（2）无人机法律制度的重点问题进行讨论，设计交流问题。线上交流活动时长控制在 90～120 min，学生积极参与互动。

（3）活动结束后，各小组整理交流内容，撰写心得体会，重点突出对我国民用无人机法律制度的启示。

## 任务四　撰写我国民用无人机法律制度优化建议

### 任务描述

学生以小组为单位，根据对国外民用无人机法律制度的研究成果，结合我国国情，针对我国民用无人机法律制度的现状，从注册登记、飞行监管、安全保障等方面提出优化建议。建议要具有针对性、可行性和创新性，形成书面报告。

### 任务学习

知识点：法律制度优化思路、国情分析与结合能力、报告撰写规范。

### 任务实施

（1）小组讨论确定我国民用无人机法律制度的薄弱环节，结合国外先进经验提出优化方向。

（2）分工收集资料，撰写优化建议报告，报告内容包括现状分析、国外经验借鉴、具体建议及可行性分析等。

（3）对报告进行内部审核和修改，确保逻辑清晰、内容准确，最终提交给教师。

## 项目总结与评估

1. 总结

项目结束后，组织学生进行项目总结汇报，分享在项目实施过程中的收获，遇到的问题及解决方法。教师对整个项目进行总结，强调重点知识和关键能力，对学生在项目中的表现进行整体评价。

2. 评估

采用多元化的评估方式，包括小组互评、学生自评、教师评价。评估内容涵盖知识掌握程度、能力提升情况、团队协作表现、思政目标达成情况等。具体评估指标如下：

（1）知识考核。通过项目过程中的提问、资料整理成果、最终的知识测验等方式，评估学生对国外民用无人机法律制度知识的掌握程度。分数占总成绩的 40%。

（2）能力评估。根据学生在法律制度对比分析、线上交流、优化建议撰写等任务中的表现，评估其分析问题、解决问题、跨文化沟通等能力。分数占总成绩的 40%。

（3）思政表现。观察学生在项目实施过程中的国际法治观念、批判性思维、创新意识等方面的表现，结合学生自评和小组互评，对思政目标达成情况进行评估。分数占总成绩的 20%。

## 习　题

一、单选题

1. 美国联邦航空局（FAA）针对民用无人机出台的（　　）法规，规定了无人机的注册登记要求。

A.《航空航天法》　　B.《第 107 部小型无人机规则》

C.《民用航空安全法》　　D.《无人机商业使用准则》

2. 在欧盟民用无人机法律制度中，对无人机飞行的分类不包括（　　）。

A. 开放类　　B. 特定类

C. 审定类　　D. 商用类

3. 国外民用无人机法律制度对我国的启示中，以下说法错误的是（　　）。

A. 不需要建立统一的监管平台　　B. 完善法规体系，明确责任划分

C. 加强对操作人员的培训和资质管理　　D. 重视隐私保护和安全保障

二、多选题

1. 在高职无人机专业课教学中，应用国外民用无人机法律制度知识可以（　　）。

A. 丰富教学案例　　B. 让学生了解国际标准

C. 帮助学生就业后适应不同环境　　D. 替代我国现有的法律制度教学

2. 日本民用无人机法律制度的特点有（　　）。

A. 严格的飞行区域限制　　B. 注重隐私保护

C. 宽松的执照要求　　D. 对无人机制造商监管严格

三、判断题

1. 澳大利亚民用无人机法律制度中，在任何区域飞行的无人机都不需要申请许可。（　　）

2. 国外民用无人机法律制度完全适用于我国高职无人机专业教学，无需调整。（　　）

四、简答题

简述澳大利亚民用无人机法律制度中对飞行高度和距离的规定。

五、案例分析题

小李在德国（欧盟成员国）准备使用无人机进行一次商业拍摄活动，根据欧盟民用无人机法律制度，他需要做哪些准备？

六、论述题

结合高职无人机专业教学，谈谈如何借鉴国外民用无人机法律制度提升教学质量。

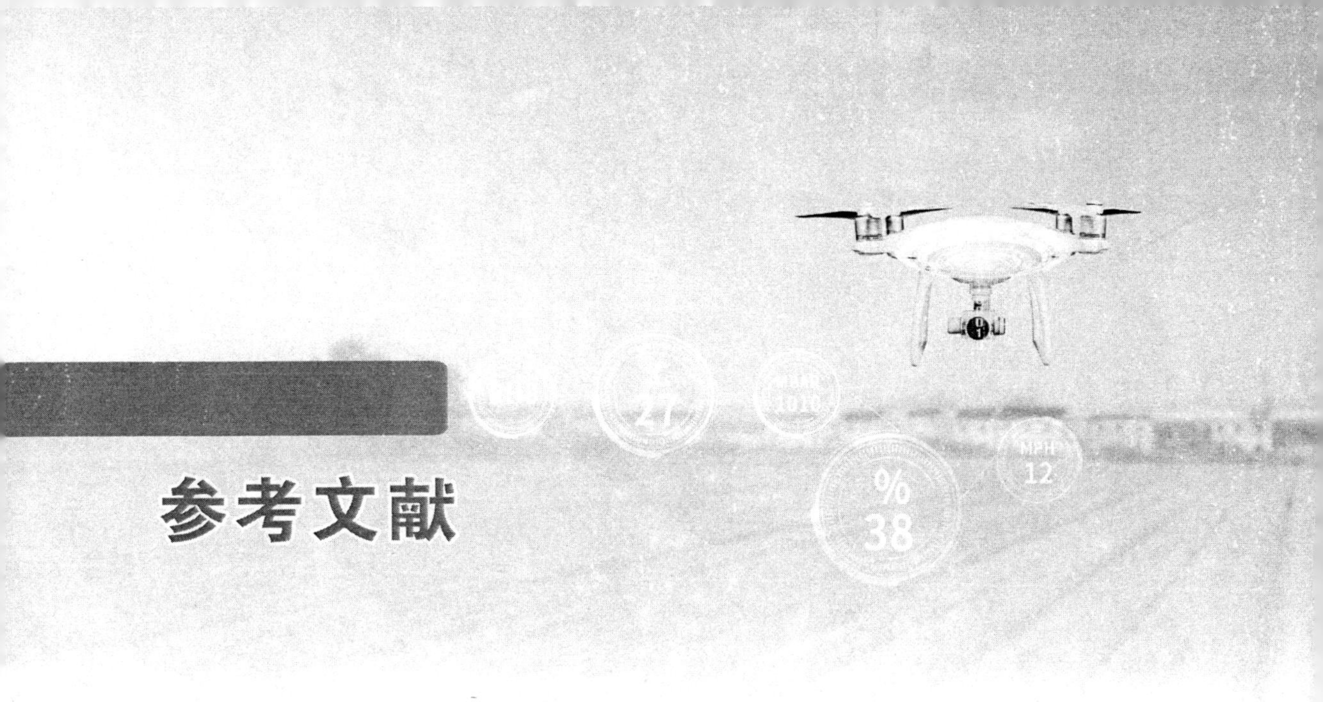

# 参考文献


［1］朱菲菲，宋建堂．无人机法律法规与安全飞行［M］．2版．北京：机械工业出版社，2023.

［2］石靖敏．中国民用无人机管理［M］．北京：机械工业出版社，2023.

［3］朱菲菲，宋建堂．无人机法律法规与安全飞行［M］．2版．北京：机械工业出版社，2023.

［4］石靖敏．中国民用无人机管理［M］．北京：机械工业出版社，2023.

［5］张延书．和而不同：低空经济领域地方立法的理据与进路［J］．江西社会科学，2025，45（5）：49-62.

［6］陈俊彦，杨晨，朱洪．城市空中交通管理的地方法规制度体系研究［J］．交通与港航，2025，12（3）：9-14.

［7］吴文博，卞慧君，孙鹏飞．美国无人驾驶航空器及其反制系统的监管体系与法律政策概述［J］．中国无线电，2025（2）：23-24，28.

［8］郭丁铭．低空智联视域下无人机的分类监管及其法律规制［J］．江淮论坛，2024（6）：106-113.

［9］范柏乃，沈佳楠，余静．如何用法律规范、保障和促进低空经济发展［J］．浙江经济，2024（12）：10-13.